"十四五"职业教育国家规划教材

住房和城乡建设部"十四五"规划教材

应佐萍 主编

桑轶菲 徐姝莹 姚赫男 副主编

房地产营销策划实务

FANGDICHAN YINGXIAO CEHUA SHIWU

（第三版）

东北财经大学出版社
Dongbei University of Finance & Economics Press
大连

图书在版编目（CIP）数据

房地产营销策划实务 / 应佐萍主编. —3版. —大连：东北财经大学
出版社，2024.8. —（21世纪高等职业教育精品教材·房地产类）. —ISBN
978-7-5654-5304-5

Ⅰ.F293.352

中国国家版本馆CIP数据核字第2024MM4686号

东北财经大学出版社出版

（大连市黑石礁尖山街217号　邮政编码　116025）

网　　　址：http://www.dufep.cn

读者信箱：dufep@dufe.edu.cn

大连图腾彩色印刷有限公司印刷　东北财经大学出版社发行

幅面尺寸：185mm×260mm　　　字数：324千字　　　印张：14.25

2024年8月第3版　　　　　　　2024年8月第1次印刷

责任编辑：李丽娟　吉　扬　　　　　责任校对：何　群

封面设计：张智波　　　　　　　　　版式设计：原　皓

定价：42.00元

教学支持　售后服务　　联系电话：（0411）84710309

版权所有　侵权必究　　举报电话：（0411）84710523

如有印装质量问题，请联系营销部：（0411）84710711

党的二十大报告指出："坚持房子是用来住的、不是用来炒的定位，加快建立多主体供给、多渠道保障、租购并举的住房制度。"本教材正是基于国家促进房地产市场平稳健康发展的指导意见，响应构建房地产高质量发展新模式的倡议，从房地产项目全程营销节点和营销策划技能出发，结合房地产专业经营管理技术、技能人才培养、房地产类岗位职业道德和房地产行业现状及发展而编写的。

本教材是"十三五""十四五"职业教育国家规划教材、住房和城乡建设部"十四五"规划教材、浙江省普通高校"十三五"新形态教材，也是浙江省精品在线开放课程、省级课程思政示范课程"房地产营销与策划"的配套教材。

本次修订体现出以下特色：

1.融入课程思政元素

本教材将课程思政融入案例教学，体现爱国情怀、文化自信、绿色环保、美好人居、职业道德等思政元素，注重房地产策划人员的政策把握与价值观引导。此外，还增加了课程思政教学设计，有利于教师更好地开展课程思政教育，强化教材育人理念。

2.体现"岗课赛证"融通

本教材遵循高等职业教育教学和人才成长规律，将岗位技能要求、房地产策划师职业证书和房地产策划技能竞赛有关内容有机融入教材，将学历教育与实际工作岗位和职业资格证书考试等相结合，突出教材的适用性。

3.校企双元合作开发教材

本教材编写团队中既有教学经验丰富的一线骨干教师，也有具备多年实际工作经验的企业人员，他们不仅深入参与教材的大纲设计与编写工作，还提供了很多真实的案例、实训项目和视频资源，使教材更加贴近实际工作岗位，体现教材的实用性。此外，教师还可以根据教材中提供的课程设计实践教学示例，在教学中引入企业或竞赛项目，开展课程设计实践教学，培养学生实践操作的能力。

4.数字化教学资源丰富

本教材在系统知识框架的基础上，结合行业数字化发展，更新案例、标准规范等内容，每个项目开头设置核心知识思维导图，项目五还增加了房地产策划大赛选拔任务书示例以及课程设计实践教学示例，并制作了图片、视频、微课和文本等学习素材，通过二维码技术嵌入教材中。此外，本教材以智慧职教MOOC学院平台为依托，为读者提供形式更为丰富的数字化教学资源，便于教师开展信息化教学，也便于读者自主学习。

本教材共分5个项目，包括房地产营销策划基本认知、房地产项目市场评估、房地产项目产品策划、房地产项目推广策划和房地产项目策划实务。

　　本教材由浙江建设职业技术学院应佐萍教授担任主编，浙江建设职业技术学院桑轶菲副教授、天津国土资源和房屋职业学院徐姝莹副教授、浙江建设职业技术学院姚赫男讲师担任副主编，全书由应佐萍负责组织修订和统稿。其具体编写分工为：应佐萍编写项目一的任务一，项目三的任务一、任务三，项目四，项目五的任务五；杭州希捷商务咨询有限公司执行董事章简博士编写项目一的任务二、任务三；徐姝莹编写项目二的任务一、任务四，徐姝莹和天津中储恒盛置业有限公司李娜副总经理合作编写项目五的任务二；浙江建设职业技术学院桑轶菲编写项目三的任务二、任务四和任务六；姚赫男编写项目二的任务二，项目三的任务五和项目五的任务四；周成学编写项目二的任务二、任务四；朱群红副教授参与编写项目二的任务三；朱争鸣博士和青海建筑职业技术学院李善慧参与编写项目五的任务三、任务五；内蒙古建筑职业技术学院于珊副教授编写项目五的任务一，浙江绿城社区商业集团有限公司副总经理焦锦参与编写项目三的任务五。浙江建设职业技术学院叶剑锋、陈杰、郭戬，杭州时间房地产咨询代理有限公司孙田，杭州爱想广告策划有限公司万佳奇，绿城服务集团有限公司为本书提供了部分案例和视频资源。

　　本教材可作为高等职业院校房地产经营与管理专业、房地产智能检测与估价专业、现代物业管理专业以及其他相关专业的教材和指导用书，也可作为房地产项目营销策划人员和房地产行业从业人员、执业资格考试人员学习和培训参考用书。

　　本教材在编写过程中，参考并引用了大量国内外文献资料，在此谨向相关作者表示衷心的感谢。由于编者水平有限，书中难免存在不足和疏漏之处，敬请各位读者批评指正。

编　者

2024年5月

目录

项目一 房地产营销策划基本认知

学习目标

知识目标

1. 理解房地产的概念；
2. 掌握房地产的基本特性；
3. 掌握房地产营销的概念与内涵；
4. 熟悉房地产项目策划的方法、步骤和流程；
5. 掌握土地、建筑物和房地产的整体概念；
6. 熟悉物业类型和特点。

能力目标

1. 能用技术经济指标描述土地和建筑物；
2. 会查找地块、点评物业特性并学会制作演讲PPT；
3. 能制订房地产项目营销计划；
4. 能将营销理论与物业销售结合起来。

素养目标

1. 结合习近平新时代中国特色社会主义思想，鼓励学生在房地产项目营销策划中贯彻创新、协调、绿色、开放、共享的发展理念。
2. 响应高质量发展的号召，鼓励学生在房地产营销策划中注重新技术、新工艺、新理念运用。

项目一思维导图

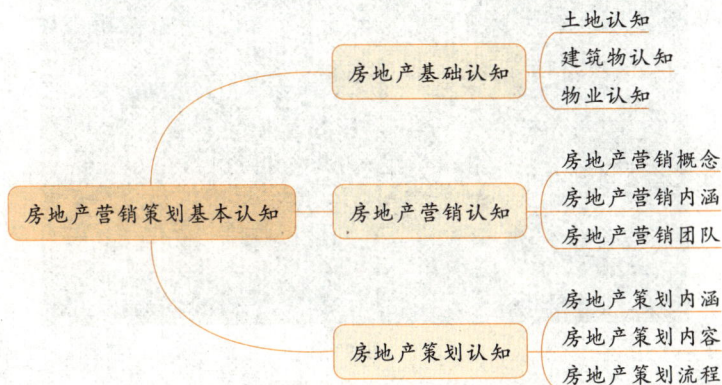

房地产营销策划基本认知	房地产基础认知	土地认知
		建筑物认知
		物业认知
	房地产营销认知	房地产营销概念
		房地产营销内涵
		房地产营销团队
	房地产策划认知	房地产策划内涵
		房地产策划内容
		房地产策划流程

▶▶▶▶▶▶ 引例　**绿城·桃源小镇《耕读赋》暨2016新品发布会盛启　惊艳杭城**

2016年8月19日下午，杭州黄龙饭店水晶宫，在金黄的麦田点缀下、在清新的田野气息中，绿城·桃源小镇《耕读赋》暨2016新品发布会震撼揭幕。"桃源住在你心里"的主题，让所有的与会嘉宾津津乐道，来自世外桃源的静谧美感和来自喧嚣都市的内心安定，在桃源小镇完美合璧。2018年4月21日，一场以"冥想与耕读"为主题的第二季春耕大典，在来自国内五十余家媒体的聚光灯下，悠然开启又徐徐落幕（如图1-1所示）。在春耕大典帷幕合上的那一刻，绿城·桃源小镇也完成了她令人瞩目的又一次身份迭代——从此前未来科技城南的世界焦点之地，到科技码农人群的国际视野、世界科创生活的自然融入，"始创中国城市耕读"的桃源小镇，已真正迈向世界。

（a）

（b）

图1-1　发布会现场

"心驰西溪，径循天目，襟山水之丽，承耕读之风，豁现桃源大境。极目山壑峥嵘，长铺层楼丽舍……万户人家，心神旷怡，嬉嬉仪态管窥盛世风雅。"一曲

《耕读赋》将赋体的古风雅韵、耕读文化的醇厚以及田野的自然全部融入其中，也将桃源小镇的文化精髓淋漓尽致地展现给了现场来宾，让大家对小镇的未来充满了无尽的想象。纵观众多发布会，能以如此格调诠释产品理念的，别无其他。在绿城集团眼里，房地产"不仅仅是一个居住的大型社区，更应该是值得让人停留、驻扎自己家与梦想的地方"。

资料来源：[1] 佚名. 绿城·桃源小镇《耕读赋》暨2016新品发布会盛启 惊艳杭城 [EB/OL]. [2024-04-22]. https://house.hangzhou.com.cn/lsxw/qylp/content/2016-08/21/content_6275086.htm. [2] 佚名. 绿城桃源小镇再次迭代！合上春耕大典2的帷幕，开启世界小镇的大门 [EB/OL]. [2024-04-22]. https://www.sohu.com/a/229032165_184305.

任务一　房地产基础认知

一、房地产的概念、法律属性和基本特性

【案例分析1-1】

2023年10月16日，杭州市房地产市场平稳健康发展领导小组办公室发布《关于优化调整房地产市场调控措施的通知》，主要涉及：

（1）土地：优化住宅用地供应结构，按需做地、精准供地，加大配套齐全、交通便利的优质地块供应；

（2）供给：加大保障性住房建设和供给，提高保障性住房在住房总供给中的比例，加快解决工薪收入群体住房困难，推动建立房地产业转型发展新模式；

（3）限购：限购范围调整为上城区、拱墅区、西湖区、滨江区；

（4）信贷：加大住房信贷支持力度，研究落实杭州市差别化住房信贷政策和降低存量首套住房贷款利率政策；

（5）资金监管：加大预售资金监管力度，确保监管额度内资金专款用于工程建设。

分析：杭州此次优化调整房地产市场调控措施，是为贯彻落实"房子是用来住的、不是用来炒的"定位，贯彻"保交楼、保民生"政策部署，适应房地产市场供求关系发生重大变化的新形势，持续加大保障性住房建设和供给力度，更好满足刚性和改善性住房需求，促进杭州房地产市场平稳健康发展。

资料来源：根据杭州市住房保障和房产管理局官网相关资料整理。

1.房地产的概念

房地产（Real Estate）是房产与地产的总称，本质上主要是指土地、土地上的建筑物和构筑物及其附着的各种权益。

房产是指建筑在土地上的各种房屋，包括住宅、厂房、仓库和商业、服务、文化、教育、卫生、体育以及办公用房等。地产是指土地及其上下一定的空间，包括地下的各种基础设施、地面道路等。房地产由于其不可移动性，在经济学上又称不动产（Real Property）。

2.房地产的法律属性

拓展阅读 1-1

《中华人民共和国民法典》简介

法律意义上的房地产本质上是一种财产权利，这种财产权利是指蕴含于房地产实体中的各种经济利益以及由此而形成的各种权利，如所有权、使用权、抵押权、典当权、租赁权等。

3.房地产的基本特性

（1）房地产具有位置固定性和不可移动性。

（2）房地产具有双重性，首先是保障性，其次是商品属性。

（3）房地产具有供求区域性。

（4）房地产具有长期使用性。

（5）房地产具有保值增值、投资消费收益并存的特性。

（6）房地产具有政策限制性。

（7）房地产具有投资风险性。

（8）房地产具有相邻影响性。

二、土地基本知识

1.土地的概念

土地是指房地产的原始资源。由束克欣主编，地质出版社 2004 年出版的《土地管理基础知识》（第二版）中是这样从土地管理角度定义土地的："土地是地球表面上由土壤、岩石、气候、水文、地貌、植被等要素组成的自然历史综合体，它包括人类过去和现在的种种活动结果。"因此，从土地管理的角度，可以将土地看作自然的产物，是人类过去和现在活动的结果。

2.土地的自然特性

（1）不可替代性。土地位置的固定性及自然、人文环境条件的差异性决定了任何一块土地都是独一无二的，不存在两块完全相同的土地，这又称为土地性能的独特性或差异性。

（2）土地资源的有限性。土地资源是不可复制的。土地的全球自然供给总量是恒定的，供给完全无弹性，不受价格等社会经济因素的影响。所以，人类只能改变土地的形态，改善或改良土地的生产性能，增加土地的经济供给，但不能增加土地的总量。

（3）土地位置的固定性。土地位置的固定性，亦称不可移动性，是土地区别于其他各种资源或商品的重要标志，也是房地产商品和房地产市场特性的最重要的产生因素。

（4）土地质量的差异性。土地的特性和质量特征，是土地各构成要素（地质、地貌、气候、水文、土壤、植被等）相互联系、相互作用、相互制约的总体效应和综合反映。从房地产商品的角度看，土地的地理位置不同，其地质、地貌、承载力、周边环境、配套及限制条件也大不相同。所以，房地产行业历来有"第一是地段、第二是地段、第三还是地段"的俗语。

（5）土地永续利用的相对性。土地永续利用有两层含义：作为自然的产物，它与地球共存亡，具有永不消失性；作为人类的活动场所和生产资料，可以永续利用。但土地的这种永续利用是相对的，只有在利用中维持了土地的功能，才能实现永续利用。

3.土地的经济特性

（1）土地经济供给的稀缺性。房地产商品的稀缺性源于土地经济供给的稀缺性，即：其一，可供人们从事各种活动的土地面积是有限的；其二，特定地区、不同用途的土地面积也是有限的，往往不能完全满足人们对各类用地的需求。

（2）土地用途的多样性。对一种土地的利用，常常产生两个以上用途的竞争，并可能从一种用途转换到另一种用途。通过技术经济手段，我们可以改变土地的用途，使土地达到最佳用途并获取最大效益。我国商品房土地用途主要有：住宅用地、商业用地、综合用地、工业用地等。

（3）土地用途变更的困难性。土地用途的变更一般要经过自然资源管理部门和城市规划部门的同意，并经过一定的审查程序才能完成。

（4）土地的增值性。一般商品的使用随着时间的推移总是不断地折旧直至报废。土地则不同，在土地上追加投资的效益具有持续性，而且随着人口增加和社会经济的发展，对土地的投资具有显著的增值性。

（5）土地报酬递减的可能性。在技术不变的条件下对土地的投入超过一定程度，就会产生报酬递减的情况。土地报酬递减规律是房地产开发商确定商品房开发层数时考虑的重要因素。

（6）土地的产权特性。不同的附加权益意味着土地价值巨大的差异，土地的价值更多取决于土地上附加的权益。

土地自然供给和经济供给的关系如图1-2所示。

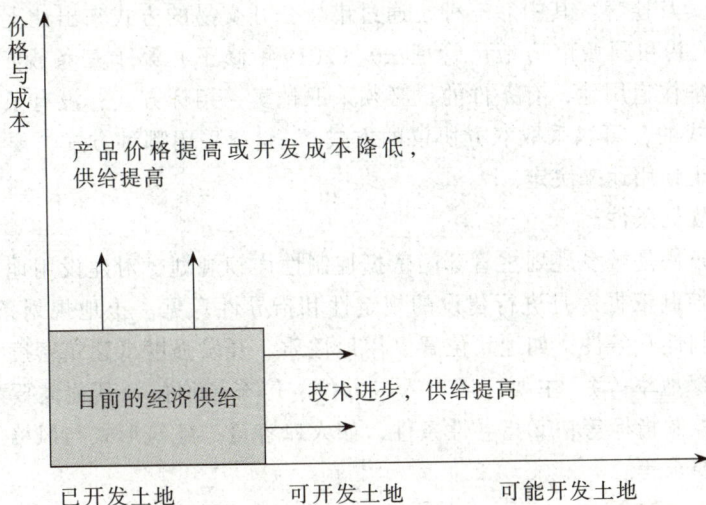

图1-2　土地自然供给和经济供给的关系

4.土地指标

（1）土地性质。

我国实行的是土地的社会主义公有制，自2020年1月1日起实施的《中华人民共和国土地管理法》（以下简称《土地管理法》）第九条规定："城市市区的土地属于国家所有。农村和城市郊区的土地，除由法律规定属

拓展阅读1-2

2023年杭州
读地手册

于国家所有的以外，属于农民集体所有；宅基地和自留地、自留山，属于农民集体所有。"因此，我国土地所有权性质分国家土地所有权和集体土地所有权。《土地管理法》第十条规定："国有土地和农民集体所有的土地，可以依法确定给单位或者个人使用。使用土地的单位和个人，有保护、管理和合理利用土地的义务。"由此可知，土地使用权的性质分为国有土地使用权和集体土地使用权。

（2）土地类型与年限。

土地使用权出让是有期限的。《中华人民共和国城镇国有土地使用权出让和转让暂行条例》第十二条规定了各类土地使用权出让最高年限，见表1-1。

表1-1　　　　　　　　各类土地使用权出让最高年限

用地类型	土地使用权出让最高年限
居住用地	70年
工业用地	50年
教育、科技、文化、卫生、体育用地	50年
商业、旅游、娱乐用地	40年
综合或者其他用地	50年

（3）土地出让。

根据相关规定，国有土地使用权出让，即土地一级市场，一般有四种交易方式：协议、招标、拍卖及挂牌。其中后三种是通过市场公开交易的方式来出让土地使用权。

《中华人民共和国城市房地产管理法》（2019年修正）第十三条规定："商业、旅游、娱乐和豪华住宅用地，有条件的，必须采取拍卖、招标方式；没有条件，不能采取拍卖、招标方式的，可以采取双方协议的方式。"究竟采用哪种方式，要根据出让土地的具体情况和土地用途来决定。

（4）土地规划条件。

土地规划条件是城乡规划主管部门依据控制性详细规划，对建设用地以及建设工程提出的引导和控制依据，是进行建设的规定性和指导性意见。土地规划条件一般包括：①规定性（限制性）条件，如地块位置、用地性质、开发强度（建筑密度、建筑控制高度、容积率、绿地率等）、主要交通出入口方位、停车场泊位及其他需要配置的基础设施和公共设施控制指标等；②指导性条件，如人口容量、建筑形式与风格、历史文化保护和环境保护要求等。

三、建筑物基本知识

1.建筑物与构筑物

建筑是建筑物与构筑物的总称，是人们为了满足社会生活需要，利用所掌握的物质技术手段，并运用一定的科学规律、美学法则建造的人工物。

建筑物是指用建筑材料构筑的空间和实体，供人们居住或进行各种活动的场所。人们建造建筑物，或为了得到可以活动的空间，或为了获得某种建筑形象，或两者兼而有之。功能、技术和艺术是建筑物的三大要素。建筑的功能是人们建造建筑物的主要目的之一，即所建建筑物的用途和使用要求；建筑的技术是建造建筑物的手段，包括建筑材料、建筑的结构及构造、建筑的物理及设备、建筑工程施工技术等各项技术保障；建筑的艺术包括建筑群体和单体的形状、内部和外部的空间组合、建筑立面构图、细部处理、材料的色彩和质感以及光影变化等综合因素所创造的艺术效果。

构筑物通常是指不具备、不包含或不提供人类活动场所的人工建造物，人们不直接在内进行生产和生活活动，如水塔、堤坝等。人们建造构筑物，通常是为了满足工程上的需要，而不会特意顾及美观的要求。

视频1-1

某住宅区建筑物楼幢

2.建筑物主要指标

（1）建筑高度与层数。

建筑通过三维构成提供给人们活动的空间，所有建筑在地面上反映出的竖向尺度就是建筑高度。通常，建筑高度是指建筑的屋面到室外地坪的高度。一定的建筑高度划分为若干层，形成建筑的层数。建筑高度与层数客观反映了建筑物的固有特性。

（2）自然层、标准层和架空层。

自然层是指按楼板、地板结构分层的楼层。标准层是指平面布置相同的楼层。架空层是指建筑底层除了柱、剪力墙落地外，不设墙体围合，只作为公共休闲、交通、绿化等使用，视线通透的开敞开放空间。

（3）层高。

层高是指上下两层楼面（或地面至楼面）结构标高之间的垂直距离；其中，最上一层的层高是其楼面至屋面（最低处）结构标高之间的垂直距离。

（4）楼层净高。

住宅的楼层净高，是指楼面或地面至上层楼板底面之间的最小垂直距离，可理解为下层地板面或楼板上表面到上层楼板下表面之间的距离。楼梯净高和层高的关系可以用公式来表示：

净高=层高-楼板厚度

即层高和楼板厚度的差为净高。

中华人民共和国住房和城乡建设部、国家市场监督管理总局联合发布的《住宅设计规范》（GB 50096-2011）规定，住宅层高宜为2.80米。卧室、起居室（厅）的室内净高不应低于2.40米，局部净高不应低于2.10米，且其面积不应大于室内使用面积的1/3。

（5）建筑面积。

建筑面积是指建筑物各屋外墙（或外柱）勒脚以上围合的水平投影面积之和，包括阳台、挑廊、地下室、室外楼梯等，且具备上盖，结构牢固，层高为2.20米以上（含2.20米）的永久性建筑。建筑面积的计算规则可参照国家标准《建筑工程建筑面积计算规范》（GB/T 50353-2013）。

（6）基底面积。

基底面积是指建筑物底层占地面积，建筑基底总面积按建筑的底层总建筑面积计算。

建筑物基底面积与场地的建筑密度有关，公式如下：

建筑密度=建筑物基底总面积÷场地总面积×100%

建筑密度指标表明了场地被建筑物占用的比例，即建筑物的密集程度。这一指标反映两个方面的含义：一方面，反映建筑场地的使用效率，该指标越高，场地内用于建造建筑物的土地越多，土地使用效率越高，经济效益越好；另一方面，反映场地的空间状况和环境质量，该指标越高，场地内的室外空间越小，可用于室外活动和绿化的土地越少，通常情况下场地的环境质量越差。

（7）总建筑面积。

总建筑面积是指在建设用地范围内单栋或多栋建筑物地面以上及地面以下各层建筑面积总和。总建筑面积和容积率有关，公式如下：

总建筑面积=土地总面积×容积率

容积率指标是控制场地开发强度、衡量场地开发经济效益、评价场地环境质量的一个综合性的关键指标。容积率高，说明单位面积的场地内建造了更多的建筑，土地的经济效益好。但是，容积率过高也反映了场地内建筑物密集，日照、通风、绿化等的效果不好，环境效益降低。在控制性详细规划中或者在土地出让时，规划管理部门会给出场地的容积率控制指标，作为开发项目的规划设计条件，必须严格遵守。

（8）建筑限高。

建筑限高是指场地内建筑物的高度不得超过一定的控制高度。对于城市一般地区，建筑限高是指自建筑物散水外缘处的室外地坪至建筑物顶部女儿墙（平屋顶）或檐口（坡屋顶）的高度，局部突出屋面的楼梯间、电梯机房、水箱间、烟囱、空调冷却塔等突出物不计入建筑限高。对于建筑保护区（如历史文化街区）或建筑控制区（如机场净空区），上述突出部分计入建筑限高，即按建筑物室外地面至建筑物最高点的高度计算。

3.建筑结构形式

建筑结构形式有多种类型，也有多种不同的分类方法，其中最常见的分类方法是按建筑物主要承重构件所用的材料分类以及按建筑物结构平面布置情况分类，详见表1-2和表1-3。

表1-2　　　　　　　　　　按建筑物主要承重构件所用的材料分类

序号	结构类型名称	识别特征	适用范围
1	砖木结构	主要承重构件所使用的材料为木材	农村的屋舍、庙宇等
2	砖混结构	主要承重构件为砖墙或砖柱、钢筋混凝土楼板和屋顶承重构件	单层或多层建筑
3	钢筋混凝土结构	主要承重构件所使用的材料为钢筋混凝土	多层、高层、大型公共建筑和工业建筑
4	钢结构	主要承重构件全部采用钢材	超高层建筑、大型公共建筑

表1-3 按建筑物结构平面布置情况分类

序号	结构类型名称	适用范围
1	框架结构	厂房或20层以下的多层和高层建筑
2	全剪力墙结构	高强度结构体系，常用于高层、超高层建筑
3	框架-剪力墙结构	高层建筑
4	框-筒结构	高层或超高层建筑
5	筒体结构（单筒或多筒）	超高层建筑
6	框-支结构	钢结构超高层建筑
7	无梁楼盖结构	大空间、大柱网的多层楼房

除上述两种分类方法所列的结构类型外，对于单层大跨度房屋，还有平面结构（门式刚架、薄腹梁结构、桁架结构、拱结构）和空间结构（壳体结构、悬索结构、网架结构）之分。

四、物业基本知识

1. 物业概念

物业是指已建成交付并投入使用的各类房屋及与之相配套的附属设施和相关的场地。根据《国家职业资格培训教程：物业管理基础》中的定义，物业特指正在使用和已经可以投入使用的各类建筑物及附属设备、配套设施、相关场地等组成的单宗房地产以及依托于该实体上的权益。

作为完整的物业，应包括以下基本要素：

第一，已建成并具有使用功能的各类供居住和非居住的屋宇；

第二，与这些屋宇相配套的设备和市政、公用设施；

第三，屋宇的建筑（包括内部的多项设施）和相邻的场地、庭院、停车场、小区内非主干交通道路；

第四，附着在上述实体上的权益，其中业主的建筑物区分所有权和相邻权是物业管理的法律基础；

第五，物业的物权，是指权利人依法对特定的物享有直接支配和排他的权利，包括所有权、用益物权和担保物权，物业的权属主要有土地的所有权、土地的使用权和房屋的所有权、房屋的使用权、物业的相邻权。

由此可知，单体的建筑物、一座孤零零的不具备任何设施的楼宇，不能称为完整意义上的物业。物业应是房产和地产的统一。

拓展阅读1-3

建筑物认知——建筑单体

2. 物业分类

物业分类方法有很多，行业中常常按用途划分为以下四种：

（1）住宅物业。

最常见的物业类型，主要形态包括：多层单元式住宅、高层单元式住宅、公寓（含酒店式公寓，部分土地为商住用地）、排屋、别墅等，如图1-3所示。

图1-3 住宅物业

图片来源：作者拍摄。

（2）商业物业。

商业物业是指能同时供众多零售商和其他商业服务机构租赁，用于从事各种经营服务活动的大型收益性物业。其主要业态包括：写字楼、商场、酒店、购物中心、超市等，如图1-4所示。

图1-4 商业物业

图片来源：作者拍摄。

（3）工业物业。

工业物业是指为人类的生活和生产活动提供的空间，包括工业厂房、高新技术产业用房、研究与发展用房（又称工业写字楼）、仓储用房等，如图1-5所示。

图1-5 工业物业

图片来源：根据百度有关图片资料整理。

（4）特殊物业。

特殊物业是指具有特定作用的专业性物业，如飞机场、加油站、车站、水电站等，如图1-6所示。

图1-6 水坝和加油站等特殊物业

图片来源：根据百度有关图片资料整理。

3.住宅常见技术经济指标

（1）基底面积：是指建筑物底层占地面积。

（2）用地面积：是指城市规划行政主管部门确定的建设用地位置和界线所围合的用地之水平投影面积。

（3）总建筑面积：是指场地内住宅、公共建筑、商业、人防地下室等面积的总和。

（4）容积率：是指总建筑面积与建筑用地面积之比。

（5）建筑密度（覆盖率）：是指建筑物底层占地面积与用地面积之比。

（6）绿化率：是指绿化面积与用地面积之比。

项目规划图如图1-7所示。

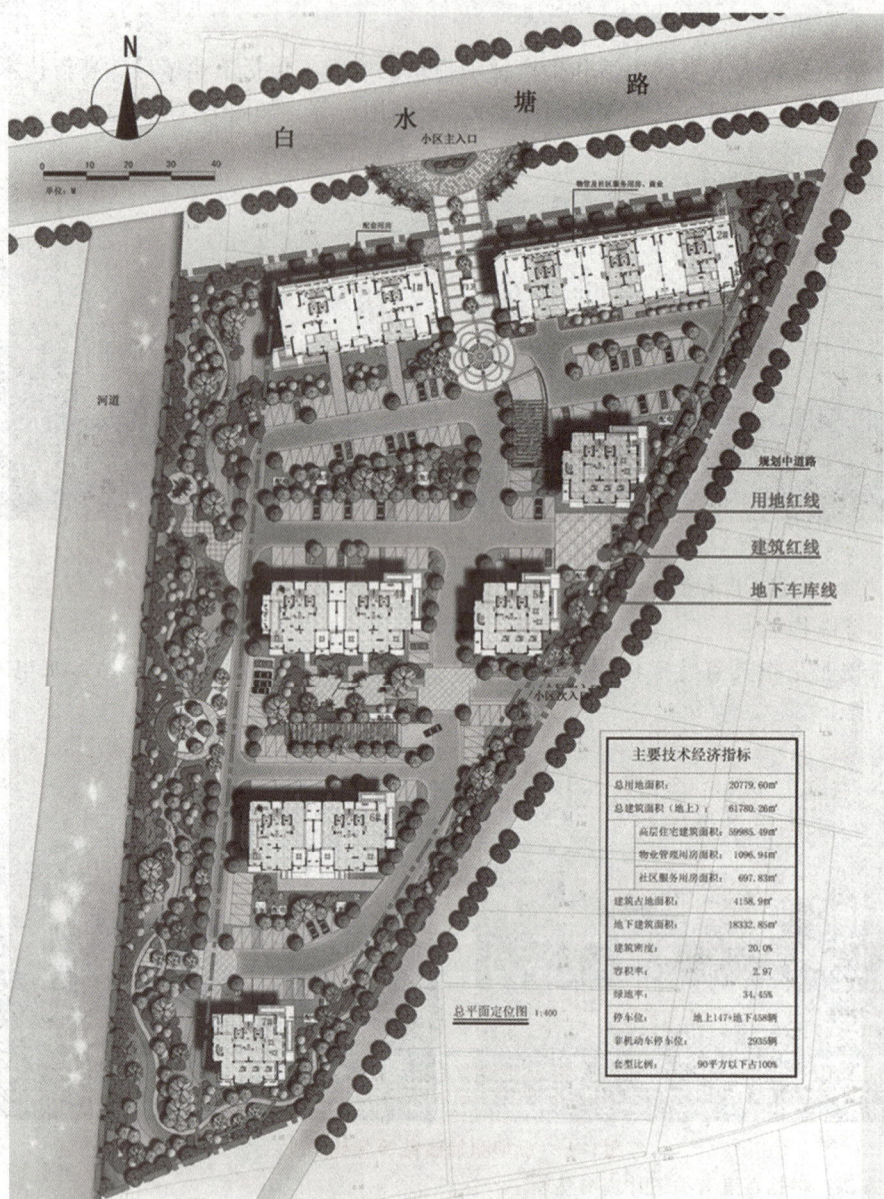

图1-7　项目规划图

4.物业服务

广义的物业管理，是指在物业的寿命周期内，为发挥物业的经济价值和使用价值，管理者采取多种科学技术方法与管理手段，对各类物业实施全过程的管理，并为物业所有者或使用者提供有效周到的服务。

狭义的物业管理，是指业主通过选聘物业服务企业，由业主和物业服务企业按照物业服务合同约定，对房屋及配套的设施、设备以及相关场地进行维修、养护、管理，维护相关区域内的环境卫生和相关秩序的活动（参见2018年第三次修订的《物业管理条例》）。2021年1月1日起实施的《中华人民共和国民法典》第二编（物权编）第六章

第二百八十四条规定："业主可以自行管理建筑物及其附属设施，也可以委托物业服务企业或者其他管理人管理。"物业常规服务如图1-8所示。

图1-8 物业常规服务组图

图片来源：根据绿城服务集团有关资料整理。

任务二 房地产营销认知

一、房地产营销基本概念

【案例分析1-2】

在服务式办公的基础上，现代化的联合办公空间将租期及设备共享的灵活性发挥得淋漓尽致，且促进不同企业、不同背景及不同专业领域的人员之间的互动与协作，也会更趋向于迎合年轻人的办公需求，将自由与组织有机地融合，将线上线下闭环整合。

目前，全球联合办公领域的知名企业，如WeWork已于2016年进驻中国，Soho中国也在2015年推出了联合办公品牌"3Q"。联合办公的租用群体明确，营销组合更是由吸纳传统4P晋级到7P，并有的放矢地结合业态目标用户态势及房地产营销趋势。然而，2019年，联合办公空间明星初创企业WeWork，从"一级市场估值最高的美国独角兽"的地位急剧下滑，其估值严重缩水，最终首次公开募股（IPO）惨遭"滑铁卢"。2020年新冠疫情期间又遇"资本寒冬"，但IWG集团股价稳中有升，在全球范围新增逾百家灵活办公中心，其中雷格斯76家、Space55家。相关新办公中心沿袭品牌核心理念，同时各具特色，且在客户服务层面，提出了相应的疫情应对政策，具体体现在使用空间调整、支付补偿等方面。不过，灵活办公行业如何与房地产业结合，是否该回归商业本质，值得深思与商榷。联合办公如图1-9所示。

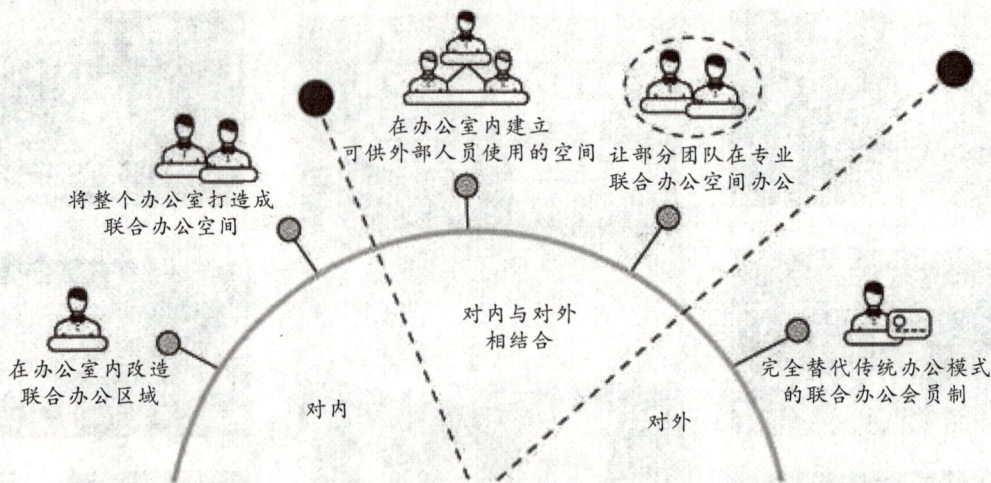

将整个办公室打造成
联合办公空间

在办公室内改造
联合办公区域

对内

在办公室内建立
可供外部人员使用的空间

对内与对外
相结合

让部分团队在专业
联合办公空间办公

对外

完全替代传统办公模式
的联合办公会员制

图1-9　联合办公

图片来源：根据仲量联行有关资料整理。

2023年夏季，仲量联行以后疫情时代西部城市为例聚焦联合办公产品的中期演进，就总量变化、玩家更替、产品迭代等结构性机会作了剖析，在此基础上探讨了联合办公、地产营销的新趋势。实际上，二级租赁市场第一个五年呈现跌宕前行，其中面积调整、产品迭代及多元服务是主要营销策略。至于下一个五年，有关机构预测将迈入续租季，供需逻辑仍是重中之重，而"城市运营商"将成为联合办公地产营销的全新定位。

自2023年伊始，第一批联合办公进入续租期，运营商与物业业主重启谈判，磋商的关键在于"办公楼市场的稳定器何在？"。2017年，成渝甲级办公楼空置压力（空置率>30%）促使物业业主提升联合办公合作意愿，以有效促进办公楼销售。到了2023年，成都一季度甲级市场持续承压（空置率29.8%~50%不等），重庆、西安同期市场空置率则分别为29.1%、30.9%，联合办公市场依然是地产商营销稳定神器之一。然而，由于疫情、经济不确定性等因素，2023年一季度成都、重庆、西安联合办公存量按序为59.0%、36.8%、34.1%，相关空置率依次为23.0%、35.9%、22.6%，有关数据给地产营销敲响了新的警钟。

资料来源：根据仲量联行2023年研究报告整理。

分析：新办公业态的崛起，不仅是简单的产品创新与价格优化，而且是充分挖掘创业型微企、创新型公司、前瞻性办公的新商业物业需求。新模式的迭代出品，更是将有形展示、人员服务以及过程管理在O2O（Online to Offline）中融合，并形成良好的7P营销闭环，从而有效地实现了房地产营销从4P到7P的升级转换。

1.房地产营销组合

房地产营销（Real Estate Marketing）的概念是市场营销理论与实践跨入房地产行业领域的专业融合与应用。

杰罗姆·麦卡锡（E.Jerome McCarthy）在《基础营销》一书中提出了4P营销组合理论：产品（Product）、价格（Price）、渠道或分销（Place）、促销（Promotion）。

在此基础上，衍生出7P服务营销组合：产品（Product）、价格（Price）、渠道或分销（Place）、促销（Promotion）、人员（People）、有形展示（Physical Evidence）、过程（Process）。

客户对产品及服务的叠加需求非常复杂，且很难加以量化。房地产营销，涉及将服务融于产品，势必需要为用户量身定制营销模式。在房地产营销中，优质的不动产产品加上细致周到的客户服务，是激发客户信心、增强客户黏度并激励客户忠诚度的良好基石。

2.房地产营销趋势

营销的趋势（瑞吉斯·麦金纳（Regis McKenna），1991）包括：

（1）产品、技术、成本、时间、服务、人员成为产品整体的营销引力；

（2）营销是创造市场，而不是单纯地分享市场；

（3）营销是过程，而非促销策略；

（4）营销是择市场导向的路径而行之，而非偏颇的营销导向之路；

（5）营销是定性的，而非定量的；

（6）营销是每个人的事，而不仅仅是销售人员的事。

房地产营销的趋势，是在整合了7P的营销组合元素之后，更重视顾客的互动体验。除了用传统的营销招数和促销手段赢得消费者青睐外，更关注市场导向的路径，并及时预测、研判客户的前瞻性需求，在企业和顾客、企业和市场之间建立良好的对话机制，从而创建真正的关系营销与精准营销。而养老地产作为新型业态，则可参照近几年中外学者基于一体化养老服务研究提出的8P（7P+Partnership）的照护服务营销新组合。

3.房地产营销与销售

销售包含在营销之内，是由销售人员作为交易的途径，是营销的一个环节。销售最终售出的不仅仅是产品，更是信誉、品质和服务。

房地产销售顾问和客户之间是双向的互动过程，他们应试图了解客户的需求和爱好、希望和担心、快乐感和幸福感，能向客户充分介绍楼盘知识、物业信息（建造、维修、维护、管理）、金融法律等基本常识，能理性地为买卖双方评估，给予双方合理建议，协调解决分歧和问题，让双方都能从中受益。

房地产营销包含了房地产销售，两者的区别为：

（1）房地产营销的起点是市场，房地产销售的起点是楼盘；

（2）房地产营销以客户需求为中心，而房地产销售则以楼盘或物业为中心；

（3）房地产营销的促销渠道多样化（如广告宣传、公关、营业推广、人员推销），而房地产销售仅仅依靠单一的人员因素；

（4）房地产营销追求品牌效益、社会责任、可持续发展，房地产销售则看重短期获利。

为了更好地适应"个人置业时代",房地产营销应重新拓展思路,结合关系营销和精确营销等先进营销理念,开启审视房地产营销和房地产销售的全新视角。

二、房地产营销基本内涵

1.房地产项目特性

房地产业资金投入大,工艺复杂,能将半成品进行销售。房地产营销的内涵在于:

(1)固定的区位状态,即每宗房地产独有的自然地理位置和社会经济位置,使房地产营销有区位优劣之分。

(2)因固定区位所派生的房地产多样性,即由于房地产坐落位置的不同,使房地产营销不能实现完全替代和完全竞争。

(3)产品单价高总价大,使房地产营销蕴含着一般商品无法比拟的价值及升值或贬值功能。

拓展阅读1-4

房地产营销
基本知识

(4)外部关联性,使房地产营销不仅取决于内部状况,还取决于周围环境;专业复杂性,即房地产产品研发从可行性研究、勘察设计、工程施工、竣工销售到物业管理,要求房地产营销在规划、策划上更全面、更长期。

综合以上特性,房地产营销是指房地产项目以商品形式进入流通领域,为了销售而进行的产品策划、价格定位、渠道设立、促销整合、人员培训、有形展示、过程创新的一系列活动。房地产项目的营销组合更繁杂,需要更独到的营销创新。

2.房地产项目核心竞争力

房地产的产品具有以下特点:价值性、复杂性、异质性。这些典型的产品特征意味着,除了用楼盘形象来支撑产品核心竞争力之外,房地产营销还需突出高水平的专业和物业服务优势。所以,对未来房地产产品的策划,应更重视产品和服务的综合设计,即:

(1)从产品的核心概念出发,力求用社会文化、人文历史、休闲娱乐等多元理念深化项目的设计革新;

(2)从产品的外延附加着手,可追加交通、物业、生活、社交等配备,拉近与社区、商场、学校的距离,追求与绿化、空气、光线、生态的天然互动,创建轻松安谧、宁静平和、和谐自然的居住氛围;

(3)从项目和企业品牌入手,要努力关注房产设计、建造、配套、设施的所有细节需求。

3.房地产全程营销

"房地产全程策划营销方案"的概念意味着初期要酝酿的是:

(1)产品策略;

(2)渠道策略。

楼盘开售前后,则深化:

(1)价格策略;

（2）促销策略；

（3）服务策略。

在开盘期，按以下内容建立客户数据库：

（1）客户职业类型；

（2）客户收入状况；

（3）客户家庭情况；

（4）推荐购房户型；

（5）建议付款方式；

（6）装修建议方案；

（7）增值贷款服务。

在房地产营销中，如何合理拟定开盘时间、划分销售阶段是制定价格策略、吸引客源的关键。例如，价格策略可实行：

（1）"低开高走"——以优惠价甚至以震撼价入市，用优质、优价的形象打入市场，获得市场关注度，及时抢占市场份额；

（2）"低价开盘"——最为保险且容易促成楼盘热销，能够迅速占领房地产投资市场，且有利于将来的价格浮动，还能提升项目形象，给购房者增加消费信心；

（3）"特价单位"——将部分位置极差且面积较大的铺面以超低价起售，造成楼盘热销抢购的场面；

（4）"不公开售价"——规定客户交纳诚意金，开盘时以低于市场价的策略造成轰动效应，迅速为楼盘聚集人气。

在销售过程中，应视实际情况保持价格弹性，酌情考虑推出特价房的时机和数量，实行楼层、朝向、景观、付款方式等差价策略；如果楼盘出现供不应求的情况，就提高价位，以缓解供求关系，使楼盘得到价值和品牌的双重提升。

伴随着房地产营销走向成熟，当前比较流行的购房价格优惠策略有：抽奖送礼、返还现金、赠若干年分期付款免息、赠金卡购物卡、赠购车优惠、赠车位、赠物业管理费、赠装修优惠、赠教育培训、介绍客户奖励等。

在开盘前，根据目标消费群的特性和所开发项目的特点，房地产广告促销投入必须加大力度：

（1）一方面，可以组合软文、公关和不同形式的广告，在设计和投放过程中不断创新；

（2）另一方面，分析目标客户的消费心态和行为，有针对性地开展促销活动，如试住购房、生活场等有形展示，可刺激客户在感受居家生活的舒适、惬意和关怀中的购买欲望，从而营造楼盘人气，创造购买氛围。

三、房地产营销团队建设

房地产营销赋予了房地产销售人员或房地产经纪人大量的责任。在某些发达国家，房地产销售人员为自我雇佣，既不是买方的雇员，也不是卖方的雇员。例如，第一太平戴维斯（Savills）在英国代理多家开发商的楼盘，该公司在布里斯托尔的销售顾问一天要同时为几家开发商提供现场服务。在买卖双方决策过程中，销售人员应能根据外部环境和政策条件的变化，适时给出合理建议，供买卖双方参考。

1. 房地产营销人员素质及技能要求

房地产营销人员很少参与房地产开发及建造的过程，仅参与房地产推荐并诠释品牌、楼盘与物业，在买卖双方之间缓冲销售气氛。

为了能让买卖双方收益最大化，房地产营销人员必须得到充足的业务和技巧培训，包括：

（1）房地产发展商简介、房地产项目特性与价值、房地产项目环境、房地产项目规划介绍、房地产项目公共设施介绍、房地产项目整体理念介绍；

（2）房地产项目市场客源定位、房地产项目广告定位和广告表现、房地产项目业务计划介绍、房地产项目营销理念和营销技巧；

（3）房地产项目潜在客户资料收集及分类方法、客户电话拜访技巧、项目资料直邮寄发及促销活动组织技能、自我促销及组合促销知识；

（4）房地产项目销售人员仪态、仪表与服务礼仪，房地产相关法务及税务介绍，房地产项目现场接待流程与技巧，房地产项目客户咨询与答疑技巧；

（5）房地产项目案名表达、房地产买方心理分析与障碍排除策略、房地产项目销售守价技巧和谈判技巧；

（6）房地产项目现场买卖气氛营造技巧、房地产项目买卖认购书、房地产项目售价与付款办法、房产验收知识；

（7）房地产的买卖成交手续，例如借贷手续、房产证件办理，并关注购房政策性因素和个人因素的变化等。

2. 房地产"五位一体"的立体营销

一个好的楼盘产品、一支好的销售队伍、一个好的市场环境、一个好的推广策略和一个好的物业管理，成了引领房地产营销潮流的模板。

房地产发展商应针对不同的消费群体提出应对措施，通过有效的营销传播整合，用贴切的信息、适合的渠道叩开相应受众的心门，让分门别类的营销策略共传销售佳话。

目前房地产项目营销的特色基本体现在：

（1）品牌价值；

（2）人文关怀；

（3）知识经验；

（4）绿色环保；

（5）社会责任；

（6）伦理服务。

由此可见，房地产项目的营销主要围绕消费者的以下几个方面：

（1）消费行为；

（2）生活方式；

（3）价值观念。

房地产项目的营销应在以下环节进行创新：

（1）产品设计；

（2）品牌经营；

（3）营销传播；

（4）服务延伸。

例如，位于深圳北部坂雪岗片区的万科第五园项目在整体规划设计上，对中式传统住宅形式进行了现代手法的演绎，展现了项目对实现传统人文、自然的现代中式居住观的追求与探索，整个项目给人以一种古朴、典雅又不失现代的亲和感（如图1-10所示）。万科第五园并没有简单地复古和照搬，而是扬弃式继承，将传统与现代、中式与西式很好地结合，以期既营造出适合中国人居住的传统居住环境，又符合现代人的生活习惯。

图1-10　万科第五园

所有房地产项目，要想达到成功的销售目的，均离不开全程系统的策划。营销注重的是产品与市场的关系。若要提高项目市场营销效能，房地产企业必须学会如何制定并执行专业、系统、有效的项目策划和营销规划。

任务三　房地产策划认知

【案例分析1-3】

拟人化户型图策划，震撼消费者心灵

以下一系列图纸，一眼看上去，直观反应是户型图。但实际上，开发商在建筑图纸上，用拟人的手法栩栩如生地将人生旅程呈现为画面，生动地描述了人生不同阶段（尤其涉及婚姻）的居住需求。通过拟情于图的策划，不仅能激发客户的购买兴趣，更能引起客户的心理共鸣，将客户对居所需求清晰化，从而增进客户的感性与理性购

买欲望。

图1-11：机构功能齐全，房子带花园带露台，暗示浪漫爱情的归宿——结婚回家吧；

图1-12：户型本算平平，但用了怀胎十月的孕妈妈体态，让人不得不为之动容，试想未来可爱的宝宝于此降生，可以考虑哦；

图1-13：情侣伴侣之间，难免拌嘴争吵，吵架后，大家需要熄火，在相对独立的空间模式，让彼此冷静地相处，理智地沟通，由此携手，继续爱情婚姻的长跑；

图1-14：聚散总有时，分分合合，合合分分，情到深处总有缘，幸福的种子千千万万，路途再遇知音，爱情继续篝火燃烧，带着各自的孩子，重新组合美满的家庭。

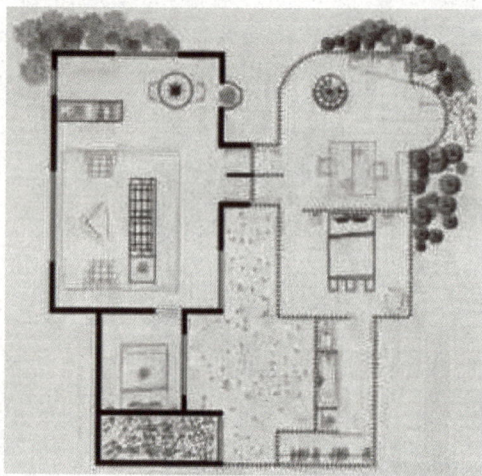

图1-11　浪漫爱情的归宿

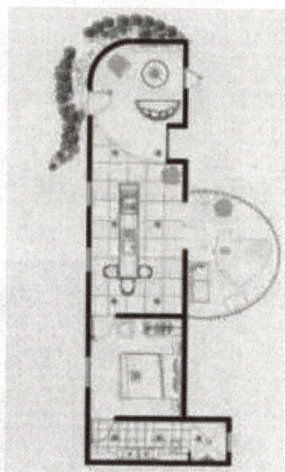

图1-12　怀胎十月的孕妈妈

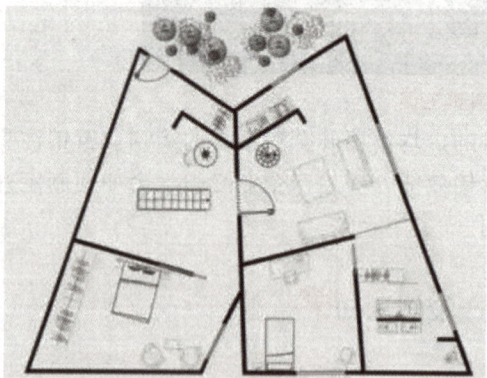

图1-13　争吵的情侣

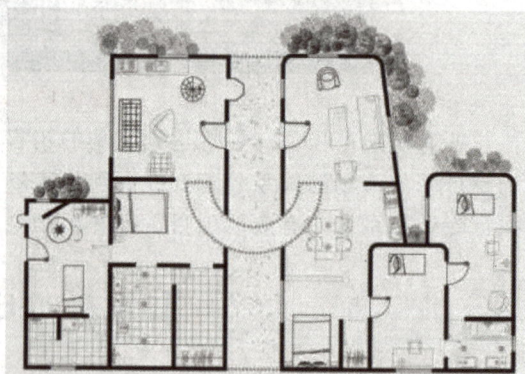

图1-14　重组美满家庭

分析：本策划剖析了目标客户的生命周期，预测了客户居住需求与心理反应，兼顾了人文与地产的关系，最终将人与自然、人与社会的融合、共处与和谐在图片中呈现得淋漓尽致，实现了策划的创新、整合与升华。就销售导向而言，通过拟情于图的策划，不仅能激发客户的购买兴趣，而且能引起客户的心理共鸣，将客户对居所的需求清晰化，从而增进客户的感性与理性购买欲望。

一、房地产策划简述

1.策划概述

策划，亦称筹划或谋划。在美国哈佛企业管理丛书中，策划被定义为：

（1）一种程序；

（2）一种在本质上运用脑力的理性行为。

据此理解，策划是以实践活动为基础事实条件，基于一定的科学理论和方法，用智能创造驱动思维的过程和行为。策划需要：

（1）围绕具体项目，设置特定目标；

（2）收集市场信息，分析行业动态；

（3）推测项目走向，构思项目方案。

策划离不开科学的方法、完备的数据、新颖的思路和有效的方案。上述拟人化的户型推广图，将其对生活情境的理解，有效地融合进新颖的策划思路及推广方案中。

策划一般应具备以下特征：

（1）目的性：策划时应设总目标、子目标和阶段性目标；

（2）前瞻性：策划应依据当前状况，合理预估未来走向，且理念及创意要超前；

（3）关联性：策划不能剥离各项关联事件，不能失去一致性和连贯性；

（4）程序性：策划应遵循一定的流程或程序，自始至终地为既定目标服务；

（5）系统性：策划需以系统解决方案为结果，是一个庞大的系统工程，不应零星拼凑；

（6）创新性：策划应提倡新主题、新概念、新思路、新点子、新方法、新手段等。

在理论研究及实践应用中，项目策划可以依据行业专业化，如房地产策划、旅游策划、酒店策划等，也可以依据功能专业化，如商务策划、营销策划、公关策划、品牌策划等。房地产策划就是在房地产行业横向应用融合各功能模块的一体化策划。

2.房地产策划概述

房地产策划，是指开发商取得房地产项目之后，围绕具体的开发期望和目标，在客观的市场调查基础上，提出合理的项目定位，赋予项目独特的核心概念，运用多重策划，如投资策划、主题策划、建筑策划、品牌策划、公关策划、营销策划等，按一定的规范和程序对项目进行创造性的规划、构思和创作。

微课 1-1

房地产策划三要素

不论是前期策划还是后期策划，房地产策划都讲究以主题策划为主线，将概念串在投资、设计、形象、营销、广告、公关、活动等各功能模块策划中。

房地产策划的执行者是策划人或策划团队，成品是系统的策划方案文本，即根据项目本身的不同开发条件如区位、占地面积、建筑密度、容积率、地价、开发时限、产品定性，对市场主客观要素展开调查和分析，最终形成一套完整的、预期实现利润最大化的，可据以实施的投入、产出、运营的文本型决策方案或策划书。市场分析要素列举如下：

（1）资金条件；

（2）金融条件；

（3）技术条件；

（4）政策条件；

（5）市场条件；

（6）消费形态；

（7）竞争情况；

（8）促销攻略；

（9）管理要素；

（10）人文要素。

随着深圳、上海陆续发布停止执行《关于按照国家政策执行住宅户型比例要求的通知》，"7090政策"开始退出历史舞台，今后相关市场的住宅楼盘户型面积设计将不再受此限制，这给房地产开发商在产品策划及差异化策略上更多的发挥空间。

3.房地产策划特性

房地产策划除了享有策划的共同特征之外，还具有以下特性：

（1）地域性：要考虑房地产开发项目的区域经济情况、项目周围的市场情况、项目的区位情况；

（2）市场性：要以市场为主导，适应并吻合市场的需要，随市场的变化而变化，要造就市场，创造市场；

（3）操作性：要具备可操作可实现的支持条件，且策划方案本身要易于操作、便于实施，在具体实施时有可操作可实现的方法；

（4）多样性：要有多个预案，即以主导方案为核心，随时监测房地产市场环境的变化，适时调整和修订各阶段的方案；

（5）社会性：要兼顾社会动态，关注人口发展，发挥社会效益，承担社会责任。

二、房地产策划的理论发展

1.房地产策划演变历程

随着房地产市场的演变，我国房地产策划理论的发展经历了建设观念阶段的标准规划、楼盘观念阶段的销售策划、推销观念阶段的概念策划、准营销观念阶段的卖点群策划、营销观念阶段的全程策划、整合营销观念阶段的整合策划六个演进过程。

（1）建设观念阶段的标准规划：在20世纪80年代末以前的计划经济时代，国内只有简单的"房地产"概念，当时实行的是标准规划，规划有规划院，设计有建筑设计院，建造按标准图纸。到20世纪80年代末，消费者对住房的需求有了层次性增长，国外营销理论开始得到应用，房地产有了初步的设计概念，但仍局限于提供价格低廉的住房。

（2）楼盘观念阶段的销售策划：房地产刚刚走向市场化，开发商的观念尚未完全转变，房地产开发尚缺乏市场调查的意识，也缺乏了解消费者和竞争者的意识。那时的策划，多是企业领导或设计院专家集聚一堂，在一番讨论后拍板定案，主观判断的成分居多；那时的房地产营销，处于产品导向型的楼盘观念阶段，即致力于规划和设计并重，改进楼盘的品质和功能，提供高质量、多功能、有特色的楼盘。

1993年6月，王志纲加入广东顺德"碧桂园"，积极整合调动新闻资源，颂扬"品牌的背后是文化"的新理念，传播"给你一个五星级的家"的全新生活，使策划在房地产开发中起到了成功的示范作用。

（3）推销观念阶段的概念策划：1997—1999年，大多数房地产策划仅停留在广告策划和销售策划上，重点宣传楼盘的一两个概念特征，用这一两个"卖点"达到主动推销和积极促销的目的。这段时间是国内房地产策划的低潮期，地段、价格仍然是房地产消费者的主要识别因素。

（4）准营销观念阶段的卖点群策划：随着经济的高速增长、社会文化的进步与生活水平的提高，消费者对居住的需求层次更加分明，购房行为更趋理性。开发商开始以用户为中心，用建设观念、楼盘观念建筑楼盘，向市场诉求无穷无尽的卖点，如环保住宅、绿色住宅、智能住宅、生态社区、人文社区、山水社区等。依赖卖点群的策划虽然让楼盘品质有了提升，但其缺点是运营成本急速攀升。

（5）营销观念阶段的全程策划：在供需矛盾、楼盘空置并未得到缓解的情况下，房地产开发商开始意识到确定目标市场、掌握目标客户真正需求的必要性和重要性，策划与营销并重的观念，使消费者洞察到楼盘所增加的使用价值，使房地产策划在行业中的地位进一步提升。

（6）整合营销观念阶段的整合策划：整合营销倡导结合使用各种营销技巧，兼顾企业、顾客、社会各方的共同利益。整合营销时代也将房地产的策划模式推入了整合策划时代，即强调从静态走向动态去分析市场，努力运用房地产领域内外的各种技术手段，使地产与房地产复合，以创造房地产品牌，提升房地产价值，迎合目标市场。

随着房地产策划的理论升华和实践深化，房地产策划的思想流派也不断分化。例如，以王志纲为首的"战略策划"流派，以冯佳为首的"全程策划"流派，以曾宪斌为首的"品牌策划"流派，以黎振伟为首的"投资策划"流派，以周勇为首的"实战策划"流派等。各派各有所长，各创精彩，从而促进了房地产策划理论的多元发展。

2.房地产策划理论学说

在众多房地产策划理论学说中，"策划基本理论"和"全程策划理论"是综合策划阶段产生的主要代表性策划学说；"房地产全程营销策划理论"是房地产策划理论开始趋向成熟的标志。

"策划基本理论"：强调策划应集思维、设计、整合、监理科学于一体，强调策划的生产力本质与策划的辩证作用，强调策划的因时、因地、因人制宜性与唯一排他性的权威原则，强调策划的成果、机制、人才与品牌导向性，强调策划的流程以及策划人的思维特征和素质。

"全程策划理论"：侧重于"全程为握"，将策划落实在市场调查、项目论证、概念设计、规划布局、建筑设计、工程控制、营销推广、媒体组合、品牌培育、品牌运用、工程控制、物业管理及售后服务等各个环节中，是一种全过程策划。

"战略策划理论"：从战略的高度把握大势，再提出思路创新理念、定位设计策略、方案整合资源，最后提供平台和监理顾问的策划路线。

"品牌策划理论"：注重房地产强化品牌、培养品牌、输出品牌的核心价值；讲究的是围绕一个中心——建立品牌，两个基本点——建立一流的品质和一流的推广，三个推广重心——融入和谐的自然环境、提供社会化的社区服务、注重信息化的居家生活，四个推广阶段——人工造雨、筑池蓄水、开闸泄流、持续蓄水，五种快速品牌推广方法——筑巢引凤、盆景示范、借花献佛、马良神笔、巨量广告，以及六个工程——软性推广、公关活动、卖场包装、口碑工程、公关危机、回访。

"房地产全程营销策划理论"：以价值链为理论基础，主张从项目主题策划开始就着手挖掘市场的需求，结合房地产项目可行性研究，综合房地产市场理论及营销实务，实行全程策划营销方案的概念。

3.房地产全程营销

房地产全程营销强调策划为先、创新为赢、塑造差异、整合营销。

策划为先，是指在项目开发过程中，从思维上策划在先，包括项目认证、风险评估、资金渠道、市场定位、规划设计、施工招标、工程管理、材料选择、形象包装、开盘销售、广告宣传、营销策略、物业管理、品牌塑造、效益提升等都需要系统策划。

创新为赢，是指追求在全盘策划过程中进行营销策划创新，包括建筑形态、布局规划、户型设计、整合营销、广告宣传、公关活动、物业管理、融资方式等。

塑造差异，是指在房地产策划过程中，应在不同层面，如建筑风格、整体外立面、风系设计、光系设计、户型设计、布局空间设计、功能设计、智能化设计、逃生设计等方面标新立异，吸引消费者的眼球，从而提升项目价值。

整合营销，是指在房地产项目开发或经营过程中，不仅要体现良好的企业、项目与员工形象，关注单体产品与营销方式，而且要善于整合优质的产品卖点与物业管理服务，整合定价方式与策略，整合营销主题和广告媒体。

三、房地产策划内容与流程

1.房地产策划趋势及内容

随着中国房地产业逐步从卖方市场转向买方市场，从产品时代迈入品牌时代，从价格竞争、概念竞争转入品牌竞争，未来的房地产策划将呈现三大趋势：

（1）观念与追求的转变。房地产策划观念将从产品品牌转向企业品牌，从单纯地追求经济效益转向追求社会、文化乃至生态效益。

（2）策划组织的转变。房地产策划将从自由的策划个体走向更有组织的智慧群体，横跨人文、经济、管理、建筑、信息技术、生态、环境等多个领域人才，以应对收集、整理、归纳、分析大量横向、纵向的动态信息。

（3）房地产策划的理念与方法的转变。将从单薄、零散的点子策划转到全面、系统的理论与实践并重的策划，从侧重策划项目概念转到概念与项目细节并重，从定性分析转到定量分析与定性分析相结合。

房地产策划的内容可分为三部分：

（1）项目的前期定位策划，即房地产开发项目的可行性研究，包括市场调查、项目定位、项目的经济效益分析等。

（2）项目的推广整合策划，包括项目的 VI 设计，项目推广期、促销期、强销期、收盘期投放多种媒体的广告方案设计和各种促销活动的策划方案等。

（3）项目的销售招商策划，包括售楼人员培训、销售手册的编制、分阶段销售价格的确定等，而且项目的商业部分还要进行业态定位策划和招商策划等。

本书中，房地产策划是针对具体房地产开发或更新项目而言的，是以客观的市场分析手段来明晰项目开发或更新再开发环境与客户需求及竞争局势，并对潜在的客户进行市场细分、选择与定位，进而规划设计项目、优化项目定位、策划优质产品与配套服务，为理想的项目利润空间制定定价目标、价格策略与价格组合，为项目营销策划，优选、整合相应的推广渠道、广告、销售、公关等系列操作方案。

所以，房地产策划主要涵盖了以下六个维度的内容：

（1）项目前期策划：主要考虑房地产开发项目的区位（包括地域和具体地点）分析与选择，开发商自身在土地、资金、经营专长、经验、关系等方面的实力和优势，并从风险抗衡的角度出发，对项目合作方式与开发时机进行策划。

（2）项目市场分析：包括当前房地产市场开发总量、竣工总量、积压总量的分析，房地产区域市场的销售价格与成交情况分析，有关房地产的最新政策、法规与金融形势分析，同行竞争楼盘个案调查与分析，房地产市场购买者的地域分布、购买动机、购买时机、购买频度、购买偏好（如楼盘外观、房地产面积、地段、房地产格局、建材与公共设施、价格、付款方式等），以及消费者的季节性购买习惯，对价格、规划、地点等的购买反应分析。

（3）项目 STP 策划：通过市场调查，按照一定的标准，把房地产整体市场细分成若干个消费群，再明确目标客户群体以及他们的消费习惯（消费行为、消费动机、消费方式），确定开发产品样式，并制定有形产品和无形服务的定位方案和策略，研究房地产项目商品的最佳市场表现形式，具体设计产品参数、模式、效用、功能等。

（4）产品策划和主题策划：贯穿客户定位、产品定位、形象定位，是结合文化内涵、科技进步、自然环境、顾客需求对拟建项目提出的一种新概念、新思想，反映人们所倡导的超前生活方式和居住理念。

（5）项目投融资策划：主要结合项目开发方案，设计资金结构，剖析资金来源渠道与结构，阐释短期资金和长期资金需求流量，明确项目的阶段性资金需求投入与筹措方案，并对项目预期收益进行评估。

（6）项目推广策划：涉及项目市场推广的渠道策划，广告创意分析、产品卖点或诉求点、媒体使用、广告商选择、广告费用预算、阶段性广告目的与广告方式。

21 世纪 20 年代，中国房地产市场逐渐步入买方市场，即楼盘供应不小于市场需求，且市场不确定性增加。在当前复杂多变的行业及市场环境中，价格策划将成为房地产策划的核心环节之一。也就是说，如何结合成本因素、供求关系、产品差异（如户型、风格、环境设计等）、购房者心理、短长期目标、法律法规政策等对楼盘价格进行定位，决定渗入定价方略还是取脂定价策略，确立差别或折扣调价及付款方式，将成为当今房地产营销策划中的重中之重。

2.房地产品牌行销策划

房地产品牌代表其项目个性，自有其特定认同的目标客户群体，也是独享其知名度、美誉度和忠诚度的象征。房地产品牌行销策划是对房地产品牌的内涵进行挖掘、发现、宣传和推广，其目的是使所开发的房地产项目获得目标客户的信赖、认同和支持。

房地产品牌策划的最大特点是一手抓项目品牌的内在和外在品质，一手抓项目品牌的推广。

首先，品牌策划要以建立项目品牌为中心，要给予品牌独特的核心内涵。其次，品质是品牌的基础，品牌策划要从创建一流的品质入手，即从核心品牌内涵出发，在楼盘产品上寻找品质保障支撑，从而将其内涵细化到规划、设计、景观、配套、物业、服务等各方面。

品牌的推广要有一流的附加价值、一流的战略战术和一流的物业管理队伍。品牌要塑造得具有社会价值，要得到公众认可，就要有侧重点地推广其附加值。房地产品牌策划可以通过现场工地包装、现场销售包装、大众媒体（如电视、报纸）造势、样板房展示、新闻公关活动对项目进行"快速推广"，使项目在短期内赢得受众的认同，刺激客户购买的欲望，从而最终达到品牌策划的目的。

3.房地产策划组织与流程

课程思政教学
设计1-1

房地产策划师证书属于水平评价类职业资格证书，具有较强的专业性和社会通用性，通过学习考核，可以增加从业人员的知识与技能，有利于行业管理，满足人才需求。

（1）2005年3月31日，"房地产策划师"成为我国国家劳动和社会保障部正式发布的第三批10个新职业之一；

（2）2006年1月17日，国家劳动和社会保障部又制定并颁布了《房地产策划师国家职业标准（试行）》，对房地产策划师的职业概况、基本要求和工作要求进行了详细界定。

21世纪的房地产策划人才需要具备丰富的房地产专业知识，有逻辑性、创造性和创新性思维，能敏锐地观察、分析、判断和解决问题，具备良好的语言沟通技巧与文字表述能力，更需要理解房地产策划对项目、企业、社会的推动作用及责任。

房地产策划的工作流程可划分为九个阶段（如图1-15所示）：

（1）机构组建阶段；

（2）目标制定阶段；

（3）问题探索阶段；

机构组建阶段：内组/外聘/穿插	
	目标制定阶段：项目总/分目标
问题探索阶段：组织项目调研	
	项目调研阶段：项目内/外环境
头脑风暴阶段：项目创意/构思	
	数据综合阶段：初拟项目草案
评估论证阶段：项目发现/建议	
	预案建设阶段：项目可行性预案
执行实施阶段：项目终稿/实施	

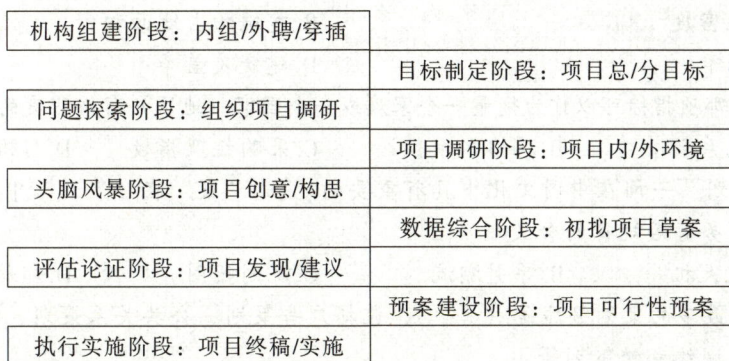

图1-15　房地产策划流程图

（4）项目调研阶段；

（5）头脑风暴阶段；

（6）数据综合阶段；

（7）评估论证阶段；

（8）预案建设阶段；

（9）执行实施阶段。

基于策划在我国房地产业的应用实际，房地产策划更倾向于全程化、个性化、弹性化。房地产策划的思维创新，要倡导以改善项目产品终端消费价值为主导核心，集点状、线状和面状的思维模式，渗透至近期、中期、远期的规划，从事实入手，从信息入手，从技术入手，从文化入手，在变化中求创新。

项目小结

本项目从房地产行业原始资源——土地出发，阐述房地产整体概念和房地产营销策划基本理论与方法，重点介绍土地、建筑物、构筑物、物业等房地产实物和房地产营销策划的概念、认知重点、分类及相关经济指标。房地产营销策划主要涵盖了项目前期策划、项目市场评估、项目定位策划、项目产品策划、项目推广策划等，这些知识将在以后项目中详细阐述。

关键概念

房地产　土地　建筑物　物业　房地产营销　策划

基础知识练习

一、单项选择题

1.在下列物业中，属于工业物业的是（　　）。

A.赛马场　　　　B.高速公路　　　　C.购物中心　　　　D.科技产业园区

2.当房地产开发项目用地面积一定时，（　　）的大小就决定了项目可建设的总建筑面积。

A.建筑密度 　　　　　　　　B.建筑物占地面积

C.容积率 　　　　　　　　　D.建筑覆盖率

3.以下哪项指标可以作为衡量一个家庭或一个国家（地区）富裕程度的标准？（　　）

A.基尼系数　　　B.恩格尔系数　　　C.采购经理指数　　　D.标准普尔商品指数

4."策划"一词在中国文化中具有重要的地位。"策"在"策划"中有（　　）、揭示深藏在商务背后规律的含义。

A.道破天机　　　B.导引潮流　　　C.规划蓝图　　　D.超越时代

5.门类最多的策划领域是（　　），包括广告策划、公共关系策划、CIS策划、促销活动策划、网络营销策划等。

A.管理策划　　　B.营销策划　　　C.战略策划　　　D.融资策划

6.下列哪个建筑指标在政府出让土地的时候就会公布要求？（　　）

A.建筑间距　　　B.建筑限高　　　C.建筑退距　　　D.抗震等级

7.房地产是指土地、建筑物及其他地上定着物，包括（　　）和依托于（　　）上的各种权益。

A.土地　　　　B.房屋　　　　C.房地产　　　D.物质实体

8.目前产权登记方式是按（　　）方式进行登记。

A.建筑面积　　　B.套内面积　　　C.套内使用面积　　　D.预售面积

9.住宅容积率正确的表述是（　　）。

A.住宅区总用地面积/住宅区总建筑面积

B.住宅区总建筑面积/住宅区总用地面积

C.住宅区地上总建筑面积/住宅区总用地面积

D.住宅区地上总建筑面积/住宅区总占地面积

10.在房地产项目用地的初始阶段，就导入"策划营销"之说，将"营销概念"融入房地产项目的全运作过程，是（　　）。

A.销售策划　　　B.概念策划　　　C.全程策划　　　D.整合策划

二、简答题

1.预测面积和实测面积的区别有哪些？

2.建筑物包括哪些分类？

3.房地产项目营销策划流程是什么？

◎ 实践操作训练

一、案例题

某电视剧中有个场景：有客户想购买某区域高级公寓，不但要提交申请，还必须通过业主委员会面试。舟山长峙岛上的绿城·银杏园是2016年全精装交付的小高层住宅，定位主打"轻养老"的活跃长者居住区。为了确保入住后的居住氛围，贯彻"房住不炒"政策，体现房地产居住属性，增加意向客户"面试"环节。2019年，长峙岛开始建设"如心小镇"，在养老住区基础上，尝试全龄化住区集群，打造了商业生活中心、教育中心、康养中心、旅游文化中心、科创中心、智慧中心。2022年，长峙岛新城如心未来社区成为舟山市首个入选浙江省首批未来社区名单的社区。

问题：

项目在定制的25大类、百余项服务基础上，以人为本，构筑美好生活场景，建设体现"九大场景"的未来社区，实施智慧运营。请问在本案例中如何体现房地产的整体概念？通过互联网和所学专业知识，分析该项目的营销策划和智慧服务特色。

分析提示：

1.房地产除了建筑本身，还包括其围绕的外延，如环境、服务等。

2.上网了解项目楼盘的具体指标，提炼项目优势。

3.舟山作为国家群岛新区，在地理、气候、生态等方面对居住的有利条件，以及对江浙沪地区消费者的吸引力。

4.舟山长峙岛绿城·银杏园的目标人群主要是有哪些？该项目的策划主题是什么？

5.小镇一般具备的业态是什么？

二、实训题

【实训情境设计】

2005年的7月，嘉里集团经过102轮激战，击败新鸿基等竞争对手，以24.6亿元取得浙江大学湖滨校区地块原址（如图1-16所示）的土地使用权，当时的楼面地价为14 349元/平方米。拿地后，嘉里表示将在"西湖边最后一宗宝地"上开发高品质的商业综合体，取名杭州嘉里中心。

图1-16 浙江大学湖滨校区地块原址碑

2012年，杭州嘉里中心（如图1-17所示）通过了规划设计，开始动工建设。2013年10月，嘉里中心首次公开招商。2016年11月，嘉里中心正式试营业。2019年，杭州嘉里中心销售额为14亿元，位列杭州市同类项目销售额第七，年客流量达3 000万人次，仅次于湖滨银泰in77。

图1-17 嘉里中心实景图

图片来源：根据嘉里中心项目有关资料整理。

【实训任务要求】

1.搜索百度地图，描述嘉里中心土地性质、四至、交通、商业配套和技术经济指标；

2.嘉里中心建筑物分布、业态分布、经营模式；

3.搜索嘉里中心近五年销售额、客流量和主力店，并进行评价；

4.通过PPT进行分组汇报。

【实训提示】

1.学会认知描述土地和建筑物基本属性；

2.经营模式主要有完全销售、只租不售、租售结合等；

3.从嘉里中心的地段、规模、业态组合、规划设计等特点分析其招商运营情况，重点为入住业主选择、品牌选择、经营类型选择等；

4.阅读材料：百度百科"杭州嘉里中心"。

【实训效果评价】

1.描述有针对性，图文并茂（30%）；

2.PPT内容完整，方案可行、有创意（40%）；

3.团队分工合作，演讲学生表达清晰（30%）。

项目二　房地产项目市场评估

学习目标

知识目标
1. 了解市场评估的作用；
2. 理解房地产市场调查、市场分析、市场定位的基本内涵；
3. 熟悉宏观经济环境分析因素、区域房地产市场分析内容、房地产市场调查的内容和程序，以及房地产市场细分一般常见指标；
4. 掌握市场调查方法、市场分析方法、市场定位方法。

能力目标
1. 会搜集房地产市场信息；
2. 会设计调查问卷；
3. 会组织市场调查；
4. 会进行市场分析；
5. 能完成市场细分、目标市场选择、市场定位；
6. 能撰写市场分析及调查报告。

素养目标
1. 在进行市场分析时，强调社会责任意识，关注房地产项目对社区发展、生态环境和居民福祉的影响，以实现经济利益与社会责任的平衡。
2. 培养学生对国家政策和政治导向的敏感性，理解房地产市场评估与国家宏观调控政策的关联。

项目二　思维导图

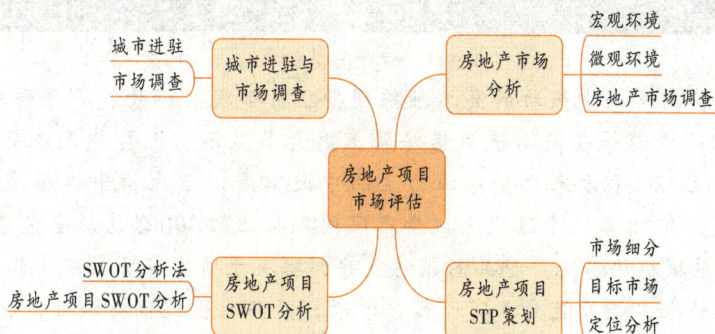

城市进驻　城市进驻与市场调查

市场调查

房地产市场分析　宏观环境　微观环境　房地产市场调查

房地产项目市场评估

SWOT分析法　房地产项目SWOT分析　房地产项目SWOT分析

房地产项目STP策划　市场细分　目标市场　定位分析

绿城·桃李春风："冷地段"里的"热楼盘"

年轻时，我们总说"世界那么大，我想去看看"，但人到中年，更让我们魂牵梦绕的，却不过是一个青砖白墙的小院。只有在这样的环境里，才能让生活慢下来，重拾江南的那份从容亲切。30~60岁的每一个忙碌的都市人似乎都有着这种"院子情结"。

一个极小别墅，83平方米的户型里做到两室两卫，白墙黛瓦，全屋精装，中式院居，庭院面积达到60平方米，院落周围各个房间形成丰富对景关系，无论是躺在浴缸里泡澡，还是在客厅好友欢聚，或是在厨房中烧菜，抬眼便是窗外的一丛芭蕉、几根石笋。2015年5月，当绿城·桃李春风（如图2-1所示）第一次借"83方极小别墅"出街，瞬间触碰到都市人内心最柔软的温暖，一夜之间便红遍大江南北。官方微博上一篇介绍户型的文章，仅仅发送3天，阅读量即超过48万次，售楼热线一度瘫痪。

图2-1 绿城·桃李春风

而同属于杭州青山湖板块的高端独栋别墅项目如观唐骊景、郡原列岛花园、麒麟山庄、青山湖玫瑰园等在杭州透明售房网上则大多显示"近月暂无成交"已经许久。以240平方米至380平方米户型房源为主的中天珺府，首次推出排屋房源，140套房源，完成网签仅有18套。而绿城·桃李春风同期推出的400套房源全部售罄。

分析：同区域板块房地产产品的销售差异，取决于项目市场调查、客户需求分析和项目定位是否精准，是否能真正实现客户诉求，产品能否被市场认可，能否体现社会、文化和经济发展。

资料来源：邵诚.4小时售罄"神盘"再现杭城"冷地段"里的"热楼盘"[J].当代企业世界，2016（3）.有修改。

任务一　城市进驻与市场调查

城市是现代经济社会活动的主要载体，假设你是一家房地产开发企业的投资经理，根据集团领导层的决策，公司需要去拓展新的城市，开发新的项目。而你则被指定为拓展计划的负责人，你需要经过详细的调查研究和分析，才能最终确定你选择进入的城市，从而为公司的拓展计划打下良好的基础。请问你需要从哪几个方面开展城市研究？

一、城市和城市群

1.城市

城市是人类集聚的重要形态，是人类进化到一定阶段的必然产物，也是社会文明的象征。关于城市的概念，不同学科对此有不同的诠释，主要有以下几种：

（1）字源学。

从中文字源意义上说，城市是"城"和"市"两个概念的结合。"城，廓也，都邑之地，筑此以资保障也。""日中为市，致天下之民，聚天下之货，交易而退，各得其所。"简而言之，"城"为防御，"市"为交易。《辞源》的解释是："以非农业活动和非农业人口为主，具有一定规模的建筑、交通、绿化及公共设施用地的聚落。城市的规模大于乡村和集镇，人口数量大、密度高、职业和需求异质性强，是一定地域范围内的政治、经济、文化中心。"

（2）经济学。

从经济学角度来说，城市是坐落在有限空间地区内的各种经济市场（包括住房市场、劳动力市场、土地市场、运输市场等）相互交织在一起的网状系统。一些学者认为，城市是具有相当面积的、经济活动和住户集中的，以至在私人企业和公共部门产生规模经济的连片地理区域。

（3）社会学。

社会学家认为，按照社会学的传统，城市被定义为具有某些特征的、在地理上有界的社会组织形式。社会学从城市职能角度总结城市的内涵：居住密集，人口相对较多，人与人之间有一种基于超越家庭或家族之上的社会联系，有些作用是在并不真正认识的人中间发生的。人们从事非农业生产，有一定量的专业人员。城市同时具有市场功能，有异质性，有制定规章的权力，人们基于合理的法律法规生活。

（4）地理学。

地理学家认为：地理学上的城市，是指地处交通便利环境中的，且覆盖有一定面积的人群和房屋的密集结合体。

（5）政治经济学。

马克思主义的经典著作对城市的特征也作了精辟的论述。马克思说："城市本身表明了人口、生产、工具、资本、享乐和需求的集中；而在乡村所看到的却是完全相反的情况：孤立和分散。"列宁指出："城市是经济、政治和人民精神生活的中心，是前进的主要动力。"

综上所述，城市应该是相对农村而言的，非农业人口聚集地，一般包括了住宅区、工业区和商业区，并且具备行政管辖功能的一定地域范围内的政治、经济、文化和教育的中心。

2.城市群

城市群是城市发展到成熟阶段的最高空间组织形式，是指在特定地域范围内，一般以1个以上特大城市为核心，以3个以上大城市为构成单元，依托发达的交通通信等基础设施网络所形成的空间组织紧凑、经济联系紧密，并最终实现高度同城化和高度一体化的城市群体，如京津冀城市群、长三角城市群、粤港澳城市群等。

二、城市的基本特征

城市作为经济、政治、科学技术、文化教育的中心，具有以下基本特征。

1.城市是人口、物质、文化多要素的集聚

城市不仅是人口聚居、建筑密集的区域，同时也是生产、消费和交换物质的集中地。城市集聚效益是其不断发展的根本动力，也是城市与乡村的一个本质区别。城市各种资源的密集性，使其成为一定地域空间的经济、社会、文化辐射中心。在很多情况下，城市的范围是以非农业的土地利用来界定和衡量的。城市和乡村的特征比较见表2-1。

表2-1　城市和乡村特征比较

聚居形式	城市	乡村
聚居密度	密集	稀疏
产业结构	第二、三产业为主	第一产业为主
劳动生产率和经济效益	高	低
社会经济功能	复杂、高效而动态发展	简单而稳定

2.城市是多功能、高效率的社会有机综合体

城市的巨系统包括经济子系统、政治子系统、社会子系统、空间环境子系统以及要素流动子系统。城市各系统要素相互交织重叠，共同发挥作用，使城市成为多功能、高效率的社会有机综合体。

3.城市与区域相互依托，并具有区域的中心作用

城市与其周边的区域不断地进行着物质、能量、人员和信息的交换，使城市与区域强化联系，互通有无，互相依托，获得更多的发展机会，促进城市和区域共同发展及城市—区域系统的形成。

4.城市是不断发展和多样变化的综合体

城市在古代拥有明确的空间限定（例如城墙），到了现代则成为一种功能性地域。当前经济全球一体化、全球劳动地域分工，城市传统的功能、社会、文化、景观等方面都发生了重大的变化。城市是由多种多样的个体构成的，它们之间的相互作用不仅导致了社会关系的复杂多样，而且形成了经济文化活动的多样性。

三、城市研究

1.经济总量

衡量城市经济总量的指标主要是地区生产总值。

微课 2-1

城市进入宏观策略研究

地区生产总值是一个地区在一定时期内（通常是一年），运用所有的生产要素所生产的全部最终产品（物品和劳务）的市场价值。对于一个城市的发展来说，地区生产总值不仅是重要指标之一，也是城市未来竞争力和活力的重要体现。2023年我国有9个城市地区生产总值超过2万亿元。表2-2是2023年我国地区生产总值前十城市排名。

表 2-2　　　　　　　　　　2023年我国地区生产总值前十城市排名

排名	城市	地区生产总值（亿元）	同比增速（%）
1	上海	47 218.66	5
2	北京	43 760.7	5.2
3	深圳	34 606.4	6
4	广州	30 355.73	4.6
5	重庆	30 145.79	6.1
6	苏州	24 653.4	4.6
7	成都	22 074.7	6
8	杭州	20 059	5.6
9	武汉	20 011.65	5.7
10	南京	17 421.4	4.6

数据来源：根据国家统计局公布的官方数据整理。

2.产业结构

产业结构是指农业（第一产业）、工业（第二产业）和服务业（第三产业）在经济结构中所占的比重。

产业结构的调整和升级指的是经济发展重点或产业结构重心由第一产业向第二产业和第三产业逐次转移的过程，标志着经济发展水平不断提高。因此，我们经常通过第三产业比重的变化来评价产业结构是否发生了升级。一般而言，如果第三产业的比重不断上升，第一、二产业比重不断下降，则说明产业结构进行了优化和升级。

党的二十大报告指出："当前，世界百年未有之大变局加速演进，新一轮科技革命和产业变革深入发展，国际力量对比深刻调整，我国发展面临新的战略机遇。"图 2-2是2022年上海市各区产业定位图，从中可以看出信息技术、在线经济、人工智能、现代服务是产业发展方向。

图2-2　2022年上海市各区产业定位图

图片来源：根据《上海市产业地图（2022）》整理。

3.人口结构

人口是一切经济社会活动的基础，人才更是第一资源。城市的人口变化影响着房地产市场的需求，人口数量持续增长的城市则意味着需求在不断增加，对于首次进入的开发商而言会有更多的投资机会。

2023年全国人口净流入最多的10个城市分别是：深圳、上海、广州、北京、东莞、成都、苏州、佛山、杭州和郑州。其中，8个在东部地区，中部和西部各1个，分别是郑州和成都。表2-3为2023年最具人才吸引力城市100强，同样显示东部地区对人才的吸引力。

4.房地产政策

房地产关乎国计民生，中央和各级地方政府依据社会经济和市场变化，出台土地政策、税收政策、金融政策、销售政策等调控房地产市场，防范金融风险，鼓励刚需和改善，抑制投机，促进房地产市场健康平稳发展。

表2-3　　2023年最具人才吸引力城市100强

排序	城市	排序	城市	排序	城市	排序	城市
1	北京	26	金华	51	呼和浩特	76	眉山
2	上海	27	重庆	52	潍坊	77	洛阳
3	深圳	28	郑州	53	鄂尔多斯	78	乌海
4	广州	29	湖州	54	淄博	79	攀枝花
5	杭州	30	台州	55	贵阳	80	宣城
6	成都	31	南通	56	包头	81	三亚
7	南京	32	沈阳	57	廊坊	82	玉溪
8	苏州	33	福州	58	丽水	83	嘉峪关

续表

排序	城市	排序	城市	排序	城市	排序	城市
9	武汉	34	舟山	59	太原	84	宜昌
10	无锡	35	烟台	60	株洲	85	咸阳
11	青岛	36	南昌	61	唐山	86	泸州
12	济南	37	大连	62	乌鲁木齐	87	保定
13	长沙	38	中山	63	徐州	88	连云港
14	宁波	39	石家庄	64	拉萨	89	湘潭
15	天津	40	昆明	65	盐城	90	漳州
16	合肥	41	扬州	66	克拉玛依	91	乐山
17	厦门	42	镇江	67	海口	92	兰州
18	佛山	43	惠州	68	绵阳	93	景德镇
19	常州	44	泉州	69	江门	94	滁州
20	嘉兴	45	东营	70	南宁	95	日喀则
21	东莞	46	芜湖	71	德阳	96	宁德
22	珠海	47	泰州	72	长春	97	新余
23	绍兴	48	威海	73	临沂	98	银川
24	西安	49	马鞍山	74	淮安	99	莆田
25	温州	50	衢州	75	宜宾	100	日照

资料来源：根据智联招聘和泽平宏观资料整理。

【案例分析 2-1】

杭州的集中供地政策

2021年3月27日，杭州市规划和自然资源局公布了杭州第一批国有使用权出让信息预告，共57宗住宅地块，出让面积约4 533亩，预计在4月面市。接下来，杭州还拟定于在6月和12月再度发布住宅用地出让公告，集中组织住宅用地出让。这也是长三角首个集中供地预公告。2022年杭州采用了新的土地拍卖竞价规则——地价到达封顶价之后不再直接摇号，而是通过线下"一次报价+摇号"方式，并"以次高报价原则确定竞得人"。据悉这种竞得方式在全国尚属首例。

分析：对土地市场来说，集中大量供应住宅用地，会对房地产企业的资金起到分流的作用，从而在一定程度上降低土地的溢价率，控制地价。同时，也是给了开发商更多的盈利空间。

对增量房市场而言，房源的集中供应或将成为常规现象。有利于购房者选择高质量新科技好服务的产品，提升人们的居住体验和幸福感。

对房地产企业而言，资金更为充裕、融资成本更低的头部房地产企业依然占据有利的地形。头部房地产企业之间的强强联合已经成为常态，联合拿地也将进一步摊薄拿地成本。而土拍竞价规则的调整，考验房企的综合能力，夯实后期开发和保交楼实力。

四、房地产市场调查

1.房地产市场调查的概念和特点

市场调查就是了解市场情况，认识市场现状、历史和未来，还包括调查了解同行业其他企业的经营情况。房地产企业只有通过市场调查才能了解客户的需求和房地产市场的变化，从而进行有效的决策。市场调查是进行其他房地产市场策划活动的前提。

理解房地产市场调查这一概念的内涵，必须注意以下几方面的特点：

① 房地产市场调查是个人或组织的一种有目的的活动。

② 房地产市场调查是一个系统的过程。

③ 房地产市场调查包含着对信息的判断、收集、记录、整理、分析、研究和传播等活动。

④ 房地产市场调查从本质上讲，是一项市场信息工作。

2.房地产市场调查的原则

课程思政教学设计2-1

进行房地产市场调查时，通常要遵循如下基本原则：

（1）客观性原则

客观性原则一是要求房地产市场调查时必须实事求是，一切从调查实际出发，坚持以客观的态度去反映真实状况，不能主观武断，妄下结论；二是要求调查工作不能弄虚作假，虚构调查表或者分析数据；三是调查必须客观，不能带有个人偏见或迎合某些主观意愿和想法。

（2）针对性原则

房地产市场调查应该针对具体的目的和目标，根据项目的具体特点和要求，制订特定的调查方案，而不能一味地采用固定模式和有关数据。

（3）科学性原则

要进行有效的市场调查，需要采取科学的方法来设计调查方案，定义问题，收集和分析数据，从而获取有价值的市场信息资料。

（4）系统性原则

系统性原则要求调查过程中采用系统的观念和方法，全面把握市场变化要素之间的内在联系，全面系统地收集市场信息，透过现象来认识市场的本质及发展变化规律，避免孤立性和片面性。

（5）时效性原则

房地产市场常处于动态变化中，时效性原则要求市场调查能够及时反馈市场信息，调查资料应该是最新的。只有反映房地产市场的现状，才能为企业制定市场经营策略提供客观依据。

3.房地产产品调查

房地产产品调查的主要内容包括：房地产市场现有产品的数量、质量、结构、性能、市场生命周期；现有房地产租售客户和业主对房地产的环境、功能、格局、售后服务的意见及对某种房地产产品的接受程度；新技术、新产品、新工艺、新材料的出现及其在房地产产品上的应用情况；本企业产品的销售潜力及市场占有率；建筑设计及施工企业的有关情况等。

五、房地产市场调查内容

1.房地产市场环境调查

房地产市场环境调查主要包括政治法律环境调查、经济环境调查和社区环境调查。

（1）政治法律环境调查。

政治法律环境调查的主要内容包括：国家、省、市有关房地产健康发展的政策，如房地产开发政策、房地产交易政策、房地产税收政策、房地产金融政策、土地供应政策、人口政策和产业发展政策、税收政策等；有关房地产开发经营的法律规定，如《城市房地产开发经营管理条例》《中华人民共和国城市房地产管理法》《中华人民共和国土地管理法》；有关国民经济社会发展计划、发展规划、土地利用总体规划、城市建设规划和区域规划、城市发展战略等。

（2）经济环境调查。

经济环境调查的主要内容包括：国家、地区或城市的经济特性，包括经济发展规模、趋势、速度和效益；项目所在地区的经济结构、人口及其就业状况、就学条件、基础设施情况、地区内的重点开发区域、同类竞争物业的供给情况；一般利率水平，获取贷款的可能性以及预期的通货膨胀率；居民收入水平、消费结构和消费水平；项目所在地区的对外开放程度和国际经济合作的情况，对外贸易和外商投资的发展情况；特定房地产开发类型和开发地点相关因素的调查。

（3）社区环境调查。

社区环境调查的主要内容包括：社区繁荣程度、购物条件、文化氛围、居民素质、交通和教育的便利、安全保障程度、卫生、空气和水源质量及景观等方面。

2.房地产市场需求和消费行为调查

房地产市场需求和消费行为调查的主要内容包括：消费者对某类房地产的总需求量及其饱和点的调查、房地产市场需求发展趋势的调查及房地产市场需求影响因素调查等。例如，国家关于国民经济结构和房地产产业结构的调整和变化；消费者的构成、分布及消费需求的层次状况；消费者现实需求和潜在需求的情况；消费者的收入变化及其购买能力与投向等。

（1）需求动机调查的内容包括消费者的购买意向、影响消费者购买动机的因素、消费者购买动机的类型等。

（2）购买行为调查的内容包括不同消费者的不同购买行为、消费者的购买模式、影响消费者购买行为的社会因素及心理因素等。

3.房地产产品调查

拓展阅读2-1

商圈

　　房地产产品调查的主要内容包括：房地产市场现有产品的数量、质量、结构、性能、市场生命周期；现有房地产租售客户和业主对房地产的环境、功能、格局、售后服务的意见及对某种房地产产品的接受程度；新技术、新产品、新工艺、新材料的出现及其在房地产产品上的应用情况；本企业产品的销售潜力及市场占有率；建筑设计及施工企业的有关情况等。

4.房地产价格调查

　　房地产价格调查的主要内容包括：影响房地产价格的变化因素，特别是政府价格政策对房地产企业定价的影响；房地产市场供求情况的变化趋势；房地产商品价格需求弹性和供给弹性的大小；开发商各种不同的价格策略和定价方法对房地产租售量的影响；国际、国内相关房地产市场的价格；开发个案所在城市及街区房地产市场价格；价格变动后消费者和开发商的反应等。

5.房地产促销调查

　　房地产促销调查的主要内容包括：房地产广告的时空分布及广告效果测定；房地产广告媒体使用情况的调查；房地产广告预算与代理公司调查；人员促销的配备状况；各种公关活动对租售绩效的影响；各种营业推广活动的租售绩效。

6.房地产营销渠道调查

　　房地产营销渠道调查主要内容包括：房地产营销渠道的选择、控制与调整情况；房地产市场营销方式的采用情况、发展趋势及其原因；租售代理商的数量、素质及其租售代理的情况；房地产租售客户对租售代理商的评价等。

7.房地产市场竞争对手情况调查

　　房地产市场竞争对手情况调查对于房地产企业制定市场营销策略有着重要的影响。企业在制定各种重要的市场营销决策之前，必须认真调查和研究竞争对手可能做出的种种反应，并时刻注意竞争者的各种动向。房地产市场竞争情况的调查内容主要包括：竞争者及潜在竞争者的实力和经营管理优劣势调查；对竞争者的商品房设计、室内布置、建材及附属设备选择、服务优缺点的调查与分析；对竞争者商品房价格的调查和定价情况的研究；对竞争者广告的监视和广告费用、广告策略的研究；对竞争者销售渠道使用情况的调查和分析；对未来竞争情况的分析与估计等；分析整个城市尤其是同街区同类型产品的供给量和在市场上的销售量，本企业和竞争者的市场占有率；分析竞争性新产品的投入时机和租售绩效及其发展动向等。

课程思政教学
设计2-2

六、市场调查的方法

　　房地产市场调查按照不同标准划分为不同的类型。按照调查目的可分为探测性调查、描述性调查、因果性调查和预测性调查。按照调查范围和对象可分为全面普查、重点调查、随机抽样调查和非随机抽样调查。按照调查结果的性质可分为定性调查和定量调查。定性调查和定量调查是确定调查结果的相互补充的两种调查类型。市场调查的类型见表2-4。

表2-4　　　　　　　　　　　　　　市场调查的类型

分类标准	调查种类
按照调查目的	探测性调查
	描述性调查
	因果性调查
	预测性调查
按照调查范围与对象	全面普查
	重点调查
	随机抽样调查
	非随机抽样调查
按照调查结果的性质	定性调查
	定量调查

七、房地产市场调查的方法

房地产市场调查需要了解大量可靠、真实和全面的资料。资料的获取来源有一手资料和二手资料。

一手资料——为当前项目或出于特定目的而收集的原始信息。如：通过实地调研和发放调查问卷获取的资料。

二手资料——为其他项目或出于其他目的已经收集到的资料。如：从房地产信息网上查阅的相关资料。

房地产市场调查的方法多种多样，根据不同的调查目的和需求，可以采用不同的方法来收集和分析数据。以下是一些常见的房地产市场调查方法：

1.网络调查法

网络调查法是一种现代市场调查技术，它利用互联网平台进行问卷调查、数据收集和分析，以获取关于市场、消费者行为或其他研究主题的信息。网络调查是通过网络渠道（包括电子邮件、社交媒体、专业调查网站、在线支付平台等）发布问卷或调查链接，邀请受访者参与并收集其反馈信息的过程。

（1）优点。

① 成本效益：相比于传统纸质问卷或电话调查，网络调查成本更低。

② 快速反馈：网络调查可以迅速收集大量数据，加快研究进程。

③ 易于操作：网络调查易于设计和分发，不需要复杂的物流支持。

④ 可访问性：互联网的普及使得网络调查可以触及更广泛的受众。

⑤ 灵活性：可以设计多种题型，如单选、多选、开放性问题等。

（2）缺点。

① 样本偏差：互联网用户可能无法代表整个人口，导致调查结果偏差。

② 数据质量：无法保证所有受访者都会认真填写问卷。

③ 隐私和安全：网络调查需要处理大量个人数据，存在隐私泄露风险。

④ 技术限制：受访者需要有访问互联网的设备和技术知识。

（3）实践中的注意事项。

① 确保样本代表性：设计问卷时要考虑到样本的多样性，避免偏差。

② 提高参与度：设计吸引人的问卷，提供激励措施，如抽奖、优惠券等，以提高回应率。

③ 保护隐私：遵守数据保护法规，确保受访者信息的安全。

④ 避免技术问题：确保问卷在不同设备和浏览器上均能良好运行。

⑤ 数据分析：使用统计软件对收集的数据进行深入分析，以获取有价值的洞察。

适用于消费者偏好调查、市场趋势分析、品牌和产品测试、满意度和忠诚度调查及竞争分析等。

2. 访问法

访问法是通过直接询问被调查者的方式了解市场情况和客户需求的一种方法。通常又被称为调查表法。根据调查人员与被调查者的接触方式，访问法可分为人员访问、电话访问、邮寄访问三种类型。

1）人员访问

人员访问是指房地产调查人员直接与被调查者面对面交谈以收集资料的一种调查方法，又称人员调查，是市场调查中较为灵活和通用的一种调查方法。

（1）人员调查的方式。

①入户面谈调查。

入户面谈调查是指调查人员根据调查方案，依照事先拟定好的问卷或调查提纲顺序，到被调查者家中（存在一定的难度）或单位对被调查者进行面对面的直接访问。

②拦截式面谈调查。

拦截式面谈调查是指调查人员根据调查方案，在指定的地点，按照指定的调查程序在路人中选取访问对象，进行较为简短的调查，这种方法经常采用问卷式调查。目前，问卷调查是房地产市场调查中经常采用的调查手段之一。

（2）人员访问法的优点。

① 非常灵活，交谈时的主题和时间安排都可以根据具体的客户情况进行改变；

②人员访问法一般拒答率较低，面对面的访问往往会对被访问者产生一定的压力，使他们较为认真地回答问题；

③ 面对面的调查气氛比较轻松，适于进行深度调查，并且随意联想，会收集到意想不到的信息。

（3）人员访问法的缺点。

① 需要调查人员准备大量的访问材料，而其往往需要对调查人员进行事前培训，还需要一定的交通费和其他费用，成本高；

②对调查者的素质要求较高，调查人员的访问技巧和应变能力是制约调查质量的两个重要因素；

③由于人员调查往往是一对一进行的，因此需要大量的时间，调查周期长；

④人员调查匿名性差，对于一些较为敏感性或者涉及隐私的问题，面对面调查不易获得较为真实的信息；

⑤人员调查管理比较困难，调查者的主观因素易影响到调查的结果。

2）电话访问

电话访问是通过在电话中与选定的被调查用户交谈以获得市场信息的一种方法，它是一种间接的方法。

注意事项：

①电话访问前，需要对调查人员进行培训（包括调查人员要口齿清楚、语气亲切、语调随和，可在不长的时间（一般为15分钟）内完成调查）；

②电话调查人员需要在电话调查前设计好问卷调查表，大多采用是非选择法向被调查者询问。

3）邮寄访问

邮寄访问是房地产市场调查中一个比较特殊的收集资料的方法。它是将调查者事先准备好的调查问卷邮寄给被调查者，再由被调查者根据要求填写好后寄回的一种调查方法。

特点：

①调查范围广、成本低，能够通邮的地方都可以实施；

②它给被调查者充分的考虑时间，避免受到时间限制，也不受调查人员的倾向影响；

③它可以节省调查人员的数量，不需要对调查人员进行专门的培训。

3.观察法

观察法是指调查者凭借自己的眼睛或摄像、录音等器材，在调查现场进行实地考察，记录正在发生的市场行为或状况，以获取各种原始资料的一种非介入式调查方法。观察法主要有以下四种形式：

（1）直接观察法。直接观察法就是调查人员去现场直接察看市场情况。例如，派调查人员去现场了解楼盘的销售情况等。

（2）亲身经历法。亲身经历法就是调查人员亲自参与某项活动，来收集有关资料。例如调查人员佯装顾客，到代理商处去咨询等，即通常所说的"踩盘"。

（3）痕迹观察法。调查人员不是直接观察被调查对象的行为，而是观察被调查对象留下的一些实际痕迹。比如在房展会上，调查人员可以观察参观者手中哪家楼盘的手提袋最多。

（4）行为记录法。有些情况下，为了降低调查者的记录负担，可以通过录音机、摄像机、照相机以及其他一些监听、监视设备记录下来，分析客户购房的心态，有针对性地进行楼盘营销的策划。

4.定性研究法

定性研究法是对研究对象质的规定性进行科学抽象和理论分析的方法，这种方法一般选定较小的样本进行深度、非正规性的访谈，发掘问题的内涵，为随后的正规调查做准备。

目前国内常用的定性研究法有：

（1）焦点小组座谈会。焦点小组座谈会就是以会议的形式，就某个或几个特定的主题进行讨论、集思广益的一种资料收集方法。

（2）深度访谈法。深度访谈是一种直接的、一对一的访问，在访问过程中，由掌握高级访谈技巧的调查员对调查对象进行深入的访谈，用以揭示被访者对某一问题的潜在动机、态度和情感等。

拓展阅读2-2

踩盘

（3）投影技法。又称投射法，是一种无结构的、非直接的询问方式，主要采用非直接目的性的方法激励被访者将他们所关心话题的潜在动机、态度和情感反映出来。例如，要了解调查对象对某个新推出楼盘的看法，你可以这样问他："如果您的朋友有意购房，您认为他会对这个楼盘感兴趣吗？"

八、新技术在房地产市场调查中的应用
1.GIS技术应用

GIS，即地理信息系统（Geographic Information System），是一种用于捕捉、存储、分析和管理地理空间数据的计算机系统。GIS技术在房地产市场调查和分析中扮演着越来越重要的角色。GIS技术通过集成多种地理数据层（如土地利用、交通网络、人口分布等），提供一个可视化的平台，帮助用户分析和理解空间关系以及市场现象背后的地理因素。

（1）优点。

① 空间分析能力：GIS提供了强大的空间分析工具，可以识别模式、趋势和关系。

② 数据可视化：GIS可以将复杂的数据转换为直观的地图和图表，帮助理解市场分布。

③ 多数据源整合：GIS能够整合来自不同来源的数据，提供全面的市场视图。

④ 实时数据更新：GIS支持实时数据更新，保证信息的时效性。

（2）缺点。

① 成本问题：GIS软件和硬件的购置及维护可能涉及较高的成本。

② 技术要求：需要专业的GIS知识和技能来有效使用该技术。

③ 数据质量：GIS分析的准确性依赖于输入数据的质量。

（3）实践中的注意事项。

① 数据准确性：确保输入GIS系统的数据准确无误，避免因数据错误导致的分析偏差。

② 专业培训：GIS操作需要专业知识，因此对操作人员进行适当的培训是必要的。

③ 系统更新：定期更新GIS系统和数据，以保持分析的准确性和时效性。

④隐私保护：在使用GIS处理涉及个人隐私的数据时，要遵守相关的隐私保护法规。

GIS适用于市场分析、选址评估、风险评估、规划管理等。GIS技术在房地产市场中的应用正变得越来越广泛，它为房地产专业人士提供了一个强有力的工具，帮助他们更好地理解市场动态，做出更加明智的投资和管理决策。

微课 2-2

ArcGIS 基础

2.BIM技术应用

BIM（建筑信息模型）技术是一种集成的数字工具，用于建筑设计、施工和运营的全生命周期管理。BIM技术通过创建一个包含物理和功能特性的建筑或基础设施项目的数字信息模型，使得项目团队能够在市场分析、设计、建造和运营过程中进行数据共享、优化和协同管理。

（1）优点。

①协同工作：BIM支持多学科团队之间的实时协作，提高项目效率和准确性。

②可视化：通过三维模型，BIM提供了对项目设计的直观理解，有助于更好地沟通和决策。

③成本预测：BIM可以用于成本估算和预算控制，提高财务规划的精确性。

④冲突检测：BIM能够提前发现设计中的冲突和问题，减少施工错误和返工。

⑤可持续设计：BIM有助于分析建筑性能，支持绿色建筑设计和运营。

⑥资产和设施管理：BIM在建筑运营和维护阶段提供详细信息，优化资产管理。

（2）缺点。

①初始成本：BIM技术的实施可能需要显著的前期投资，包括软件、硬件和培训。

②技术要求：需要专业的BIM知识和技能，对团队成员提出了更高的技术要求。

③数据管理：BIM模型可能非常复杂，数据也相当密集，需要有效的数据管理和存储解决方案。

④行业接受度：尽管BIM的优势明显，但其在某些地区的普及和接受程度仍需提高。

（3）实践中的注意事项。

①培训和教育：确保团队成员接受适当的BIM培训，以充分利用技术优势。

②数据质量：保证BIM模型的数据准确性和实时性，以避免做出基于错误信息的决策。

③软件选择：选择适合项目需求的BIM软件，并确保其能够与其他工具和平台兼容。

④合作和共享：鼓励团队成员之间的信息共享和协作，以实现BIM的最大价值。

⑤隐私和安全：在使用BIM处理敏感数据时，要遵守相关的隐私保护和数据安全法规。

BIM适用于项目规划、设计优化、施工管理、设施运营、市场分析等。BIM技术为房地产市场提供了强大的数据支持和决策工具，随着技术的不断发展和市场的认可，

BIM预计将在未来的建筑和房地产行业中发挥更加重要的作用。

九、市场调查的流程

市场调查的流程包括：了解研究需求，明确界定问题，确定调查目标，辨别所需信息的类型及可能来源，设计市场调查方案，确定信息获得方法，设计抽样方案及确定样本量，设计数据及信息获得工具（问卷、访问提纲等），现场实施收集数据，数据处理、分析，报告及结果展示（如图2-3所示）。

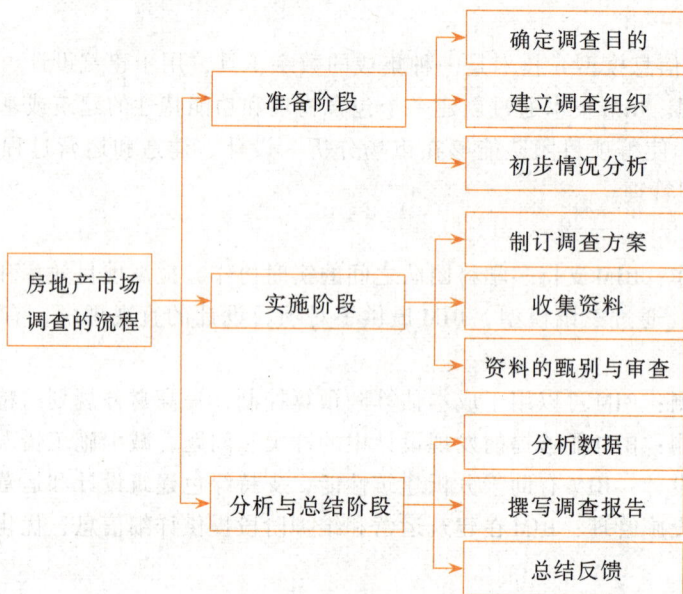

图2-3　市场调查流程

1.准备阶段

（1）确定调查目的，了解调查需求。这是进行市场调查时应首先明确的问题。

（2）建立调查组织。房地产项目市场调查部门，应当根据调查任务和调查规模的大小，配备好调查人员，建立房地产项目市场调查组织。

（3）初步情况分析。分析初步情况，明确调查问题界定是市场调查工作成功的一半。此阶段需要研究人员细致地了解企业市场调查需求，充分利用现有的二手资料并与丰富的专业研究经验相结合。

2.实施阶段

（1）制订调查方案。

对房地产项目市场调查课题经过上述分析研究之后，如果决定要进行正式调查，就应制订调查方案和工作计划，拟定调查计划书。

调查方案设计的内容如下：

① 为完成调查的课题需要收集哪些信息资料。

② 信息资料（如调查地点、被调查人员类别）从哪里取得，用什么方法取得，确定样本量和有效率。

③ 明确获得答案及证实答案的做法。

④ 怎样运用数据分析问题。

⑤ 费用支出计划。

⑥ 评价方案设计的可行性，以及方案进一步实施的准备工作。

房地产市场调查工作计划是指在某项调查之前，对组织领导、人员配备、考核、工程进度、完成时间和费用预算等做出安排，使调查工作能够有计划、有秩序地进行，以保证调查方案的实现。

（2）收集资料。

市场调查的信息从根本上来说分为两类，即原始数据和二手数据。原始数据是通过现场实施后得到的；而二手数据则是指已存在的数据，通过案头研究就可以实现研究目的。

一旦市场研究的数据类型确定后，就需要明确数据获得的方法。如果市场研究所需的数据是二手数据，只需要利用现有的数据资源；如果市场研究所需的数据是原始数据，则必须通过市场调查的现场实施，收集所需信息。原始数据收集的方法主要有入户访问、拦截访问、电话调查、邮寄调查等定量方法，以及焦点小组座谈会、深度访谈法等定性方法，两者一般结合使用。

（3）资料的甄别与审查。

市场调查所收集数据的价值在于它如实地反映了客观事实，任何非正常的偏差对调查结论的形成都会产生不利甚至是错误的影响，因此资料的甄别与审查非常重要，需要在现场实施过程中采取有效的方式尽可能控制，从而提高调查结果的信度。

3.分析与总结阶段

（1）分析数据。数据收集后，市场调查的下一步就是进行数据分析，数据分析的目的是解析所收集的大量数据并提出相应结论。

（2）撰写调查报告。调查研究报告主要归纳研究结果并得到结论，提交给管理人员决策使用，并将它作为评价研究成果好坏的标准。

（3）总结反馈。根据反馈和评估结果，不断改进市场调查的方法和过程。

任务二　房地产市场分析

房地产市场分析包括市场宏观环境分析和市场运行状况分析。市场始终处于动态变化中，为了实现经营目标，企业必须经常研究房地产市场及其外部环境。

课程思政教学设计2-3

一、房地产市场宏观环境分析

1.房地产市场宏观环境含义

房地产市场宏观环境是指一切影响和制约房地产项目营销活动因素的总和。市场营销环境通过对企业构成威胁或提供机会影响营销活动。

市场营销环境作为一种客观存在，既不以企业的意志为转移，又处于动态变化中，有着自己的运行规律和发展趋势，营销活动只有与这一外部环境相适应才能获得成功，脱离了市场宏观环境开展营销必然会导致营销失败。

2.房地产市场宏观环境因素

宏观环境一般由政治法律环境、经济环境、社会文化环境、科学技术环境组成，如图2-4所示。其中对房地产市场较为重要的环境影响因素有：人口因素、经济环境因素、政治法律环境因素、科学技术环境因素、社会文化环境因素等。

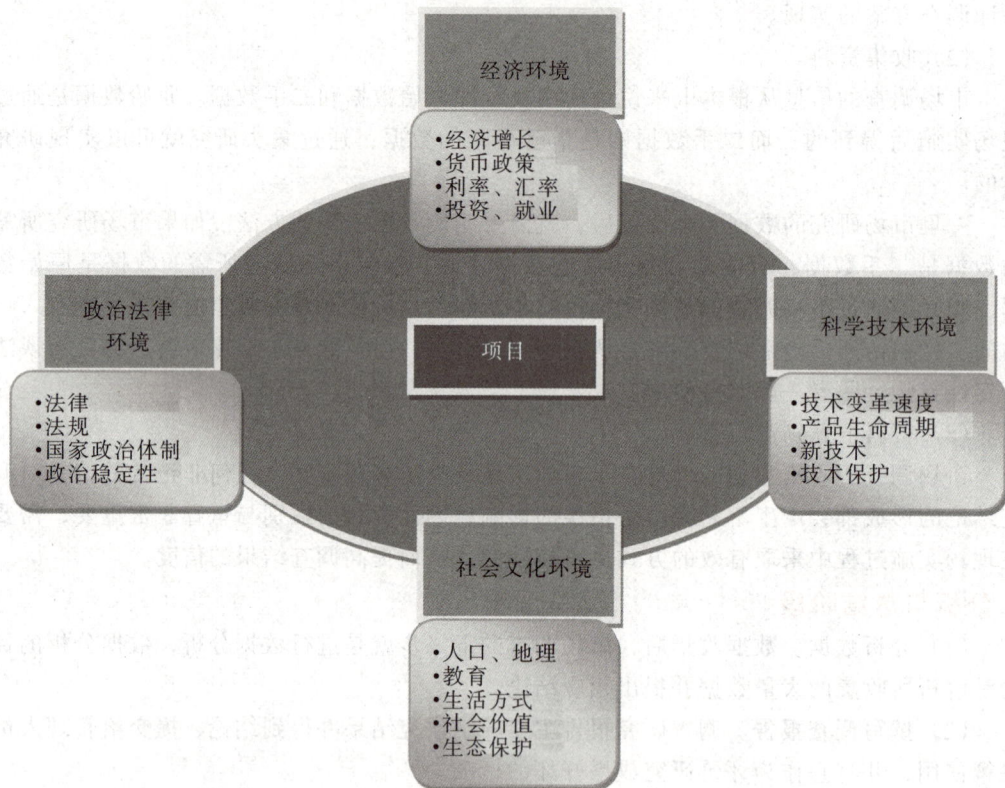

经济环境
- 经济增长
- 货币政策
- 利率、汇率
- 投资、就业

政治法律环境
- 法律
- 法规
- 国家政治体制
- 政治稳定性

项目

科学技术环境
- 技术变革速度
- 产品生命周期
- 新技术
- 技术保护

社会文化环境
- 人口、地理
- 教育
- 生活方式
- 社会价值
- 生态保护

图2-4　房地产市场宏观环境因素

（1）人口因素。

人口是市场的第一要素。人口数量和增长率直接决定房地产市场规模和潜在容量，人口的年龄、结构、职业、居住分布对房地产需求有着深刻的影响。

①人口数量。

人口数量是决定市场规模的一个基本要素。如果收入水平不变，人口越多，对房地产的需求越多，市场也就越大。

②人口结构。

第一，年龄结构。不同年龄的消费者对商品和服务的需求是不一样的。不同年龄结构的消费者形成了具有年龄特色的市场。企业了解不同年龄结构消费者所具有的需求特点，就可以决定企业产品的投向，寻找目标市场。

第二，性别结构。性别差异会给人们的消费需求带来显著的差别，企业可以针对不同性别的不同需求，制定有效的营销策略。

第三，文化程度与职业结构。人口的文化程度与职业不同，对市场需求表现出不同的倾向。企业应关注人们对房地产商品的需求变化。

第四，家庭结构。家庭是购买和消费房地产商品的基本单位。一个国家或地区的家庭单位的多少以及家庭平均人员的多少，可以直接影响某些消费品的需求数量。同时，不同类型的家庭往往有不同的消费需求。

第五，社会结构。例如流动人口、常住人口比例结构。

第六，民族结构。我国是一个多民族的国家，民族不同，其文化传统、生活习惯也不相同，具体表现在饮食、居住、服饰、礼仪等方面的消费需求都有自己的风俗习惯。企业营销要重视民族市场的特点，开发适合民族特性、受其欢迎的商品。

③人口分布。

人口有地理分布上的区别，人口在不同地区密集程度是不同的。各地人口的密度不同，则市场大小不同，消费需求特性也不同。

当前，我国有一个突出的现象，就是农村人口向城市流动，小城市人口向大城市流动，不发达地区人口向发达地区流动。企业营销应关注人口变动所带来的消费需求变化。

【案例分析 2-2】

人口与房地产市场

人口因素是影响住房市场的最基本变量。对于房地产市场来说，"长期看人口"是一种共识，人口的增长、结构的变迁，都会对住房供需及整个市场产生影响。中国、日本、韩国同为东亚国家，在传统文化和住房观念上有一定的相似性，且日本和韩国的经济社会发展和城市化率都处于世界前列，研究日本和韩国的人口变化与住房市场的关系，有助于研判我国人口与住房市场发展的规律。

2019 年 12 月，上海易居房地产研究院发布了《人口与房地产市场专题报告之三》。该报告显示，从长周期来看，住房建设量与总人口和劳动年龄人口的发展趋势关联性很强。日本劳动年龄人口的拐点是 1996 年，住房新开工面积的拐点是 1997 年。韩国劳动年龄人口的拐点是 2017 年，住宅竣工套数到目前为止的最高点是 2015 年。从日韩经验来看，劳动年龄人口的拐点和住房建设量的拐点基本接近。我国劳动年龄人口的拐点是 2014 年，这意味着我国总体的住房需求未来会持续下降。

从城市化率和住房建设的情况来看，日韩进入城市化稳定阶段的同时，住房建设量也进入高位盘整期。根据联合国的预测，我国城市化中期发展阶段将在 2030 年结束，届时的城镇化率为 70%，此后进入城市化稳定阶段。在此之前住房建设量还有望维持在相对高位，此后 10 年仍有希望创出新高。

资料来源：佚名. 易居报告：日韩经验表明，我国住宅新开工面积可能将见顶，未来十年房价年均涨幅将回落至 5% 以内〔EB/OL〕.〔2024-05-19〕. https://baijiahao.baidu.com/s?id=1653410777596278469&wfr=spider&for=pc. 有删减。

分析：中国常住人口分布格局出现的新变化，会导致房地产需求的变化，进而影响房地产项目销售和房地产价格。

拓展阅读 2-3

人口变化趋势与房地产

（2）经济环境因素。

经济环境是影响营销活动的主要环境因素，它包括收入、消费支出、产业结构、经济增长率、货币供应量、银行利率、政府支出等因素，其中收入、消费支出对营销活动影响较大。

①收入分析。

收入因素是构成市场的重要因素。因为市场规模的大小，归根结底取决于消费者的购买力，而消费者的购买力取决于他们收入的多少。消费者收入通常从以下四个方面进行分析：

第一，地区生产总值。地区生产总值是衡量一个地区经济实力与购买力的重要指标。地区生产总值增长越快，对商品的需求和购买力就越大；反之，就越小。

第二，人均收入。人均收入是用收入总量除以总人口得到的比值。这个指标大体反映了一个地区人民生活水平的高低，也在一定程度上决定商品需求的构成。一般来说，人均收入增长越快，对商品的需求和购买力就越大；反之，就越小。

第三，个人可支配收入。个人可支配收入是指在个人收入中扣除消费者个人缴纳的各种税款和交给政府的非商业性开支后剩余的部分，可用于消费或储蓄的那部分个人收入，它构成实际购买力。个人可支配收入是影响消费者购买生活必需品的决定性因素。

第四，家庭收入。房地产商品通常是以家庭为单位进行消费的，家庭收入的高低会影响整体市场需求。一般来讲，家庭收入越高，对房地产市场需求越大，购买力也越大；反之，需求越小，购买力也越小。

②消费支出分析。

随着消费者收入的变化，消费支出会发生相应变化，继而使一个国家或地区的消费结构也发生变化。德国统计学家恩斯特·恩格尔于1857年发现了这种消费结构变化的规律性，并用恩格尔系数来表示，即：

恩格尔系数=食品支出金额÷家庭消费支出总金额

恩格尔系数越小，食品支出所占比例越小，表明生活越富裕，生活质量越高；恩格尔系数越大，食品支出所占比例越高，表明生活越贫困，生活质量越低。企业从恩格尔系数可以了解当前市场的消费水平，也可以推知今后消费变化的趋势及对企业营销活动的影响。

（3）政治法律环境因素。

政治法律环境是影响企业营销的重要宏观环境因素，包括政治环境和法律环境。政治环境引导着企业营销活动的方向，法律环境则规定了企业经营活动的行为准则。

①政治环境。

政治环境是指企业市场营销活动的外部政治形势和状况以及国家的方针和政策。国家的政局稳定与否、领导人的更迭、政府所制定的方针政策（如人口政策、土地政策、物价政策、财政政策、货币政策）变动，都会对房地产营销活动带来重大影响。

②法律环境。

法律环境是指国家或地方政府所颁布的各项法规、法令和条例等，这些是企业营销活动的准则，企业只有依法进行各种营销活动，才能受到国家法律法规的有效保护。

（4）科学技术环境因素。

科学技术是社会生产力新的且最活跃的因素，科学技术环境不仅直接影响着企业内部的生产和经营，同时还与其他环境因素相互依赖、相互作用，尤其与经济环境、文化环境的关系更为紧密，如新技术革命，既给企业的市场营销创造了机会，同时也造成了威胁。

拓展阅读 2-4

（5）社会文化环境因素。

社会文化环境所蕴含的因素主要有社会阶层、家庭结构、风俗习惯、宗教信仰、价值观念、消费习俗、审美观念等。例如，民风习俗、礼仪交往等方面的差异，往往影响促销的内容与形式，致使销售谈判的风格与技巧呈现出不同的特点。

反映区域房地
产市场发展
状况的指标

二、房地产市场状况分析

如果说宏观环境是房地产项目的"大气候"，那么房地产市场状况则是房地产项目营销的"小气候"，"小气候"对项目营销具有更直接的影响。"小气候"分析的主要内容有以下四个方面：

1. 需求分析

（1）需求预测。

详细分析项目所在市场区域内就业、人口、家庭规模与结构、家庭收入等，预测对拟开发房地产类型的市场需求，包括：就业分析、人口和家庭分析、收入分析。

（2）分析规划和建设中的主要房地产开发项目。

规划中的项目需分析其用途、投资者、所在区县名称、位置、占地面积、容积率、建筑面积和项目当前状态等；正在开发建设中的房地产项目需分析其用途、项目名称、位置、预计完工日期、建筑面积、售价和开发商名称等。

（3）吸纳率分析。

就每一个相关的细分市场进行需求预测，以估计市场吸纳的价格和质量，包括：市场吸纳和空置的现状与趋势，预估市场吸纳计划或相应时间周期内的需求。

（4）市场购买者的产品功能需求。

市场购买者的产品功能需求具体包括：购买者的职业、年龄、受教育程度、现居住或工作地点的区位分布，投资购买和使用购买的比例。

2. 供给分析

（1）供给量分析。

供给量分析主要通过市场调查、依据政府审批的各种数据资料分析相关房地产类型的存量、在建数量、计划开工数量、短期新增供给数量，同时也包括未来可能的供给数量。

（2）供给结构分析。

供给结构分析主要分析各类型房地产供给比例，各区域板块供给量的大小。同时，供给结构分析也包括对某一区域的产品按户型、面积、价位进行分类，分别计算供给量；将该区域与其他区域的结构进行对比，从而发现各区域的特征。

3.项目市场分析

（1）项目区位条件分析：项目所属区域的成熟程度、大众对该区域的印象、主要的道路条件、公共交通便利程度。

（2）周边配套条件（优劣势）分析：生活配套、教育配套、医疗配套、休闲娱乐配套、其他配套。

（3）基地四至条件分析：四至主要建筑及面貌、四至自然景观资源、四至重要人文资源、四至不利影响因素（污染、遮挡等）。

（4）用地指标解读及用地内部条件分析：用地指标、用地内部的资源情况（地形地貌、平整程度、自然资源、人文资源等）。

【实战演练 2-1】

任务描述：学生以小组为单位，选择一个房地产项目作为本组的调研对象，确定调查目的、调查内容和调查方法，实施调查，将调查数据与搜集的资料进行整理分析，将调研成果做成展示 PPT，并将要点记录到表 2-5 中。

表 2-5　　　　　　　　　　　某项目楼盘调研表

调研员姓名：　　　　　　　　　　　　　　　　　调研时间：　　年　　月　　日

项目基本情况			
楼盘名称		销售电话	
地理位置		交通状况	
开发商		代理商	
建筑形态		建筑风格	
占地面积		建筑面积	
容积率		绿化率	
工程进度		开盘时间	
物管单位		物管费	
楼层/栋数		总户数	
车位数		车位费（租售）	
装修标准		付款/优惠方式	
最低/高价		均价	

续表

住宅户型分析			
户型	面积	户数	售出户数
一室一厅			
两室一厅			
两室两厅			
三室一厅			
三室两厅			
四室两厅			
其他			
小区配套设施			
小区设施			
小区环境			
周边环境分析			
周边楼盘		教育机构	
金融证券		医疗机构	
超市商场		行政机构	
邮政通信		服务娱乐	
自然景观		其他	
推广情况			
宣传卖点			
广告投放			
投放频率			
效果分析			

续表

综合分析	
客源分析	
楼盘优势	
楼盘劣势	

4.竞争分析

（1）竞争性项目比较评价。

竞争性项目比较评价需要列出相关竞争项目的功能和特点、销售或出租进度、价格和销售期等情况。其具体包括：描述已建成或在建中的竞争性项目（价格、数量、建造年代、空置、竞争特点），对竞争性项目进行比较评价。

（2）市场占有率分析。

基于竞争分析的结果，按各细分市场，估算市场供给总吸纳量和吸纳速度及竞争项目的市场份额，分析各项目的竞争优势。

【案例分析 2-3】

竞品分析卡

某项目位于昆明市西山区东部，市区与滇池之间的区域，距西山区人民政府7千米、昆明火车站3.6千米、昆明市人民政府17.4千米。周边有政务中心、自然生态中心、CBD金融中心、经济发展中心等多中心环绕发展，拥有得天独厚的区位优势。图2-5为项目鸟瞰图，表2-6为项目概况表。

图2-5　项目鸟瞰图

表2-6 项目概况表

案名	南诏明月	产品类型	高层、小高层商业
产权年限	70年	开发商	恒泰集团
面积段（平方米）	90~150	均价	21 000元/平方米
交付标准	装修	容积率	5.99
绿化率	38%	物业公司	—
用地面积（万平方米）	4.57	总建筑面积（万平方米）	27.384
项目卖点		品牌、地段	
客户类型		西山区地缘性刚需和改善型客户	

项目卖点如图2-6所示。

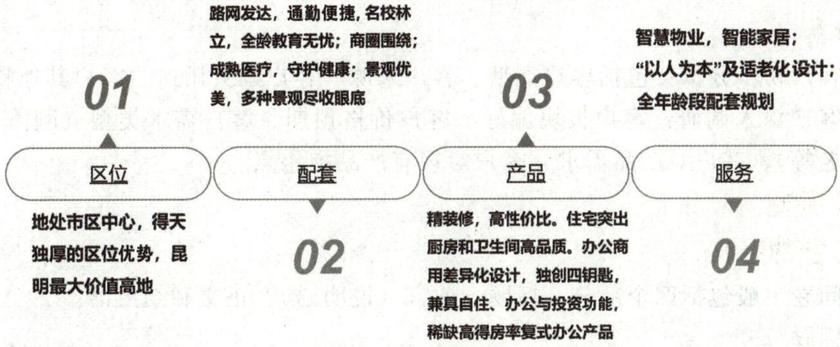

01 区位 路网发达，通勤便捷，名校林立，全龄教育无忧；商圈围绕；成熟医疗，守护健康；景观优美，多种景观尽收眼底

地处市区中心，得天独厚的区位优势，昆明最大价值高地

02 配套

03 产品 智慧物业，智能家居；"以人为本"及适老化设计；全年龄段配套规划

精装修，高性价比。住宅突出厨房和卫生间高品质。办公商用差异化设计，独创四钥匙，兼具自住、办公与投资功能，稀缺高得房率复式办公产品

04 服务

图2-6 项目卖点

项目竞品选择如图2-7所示。

距本案2.7千米　距本案3.2千米　距本案0.1千米　距本案2.4千米　距本案3.3千米　距本案1.3千米

图2-7 项目竞品选择

资料来源：参考作者指导的第十三届全国大学生房地产策划一等奖作品。

分析：通过竞拍选择和分析，项目团队可以更全面地了解区域市场环境，制定更有针对性的产品策划和营销策略，提高项目的竞争力。

5.房地产政策影响分析

国家层面上，政府始终坚持维护房地产市场的稳定和健康发展的导向。党的二十大报告强调"坚持房子是用来住的、不是用来炒的定位"，提出加快建立多主体供给、多渠道保障、租购并举的住房制度，以增进民生福祉，提高人民生活品质。随着房地产行业周期的变化，2023年中央经济工作会议提出要"积极稳妥化解房地产风险，一视同仁满足不同所有制房地产企业的合理融资需求，促进房地产市场平稳健康发展"，着重于"完善相关基础性制度，加快构建房地产发展新模式"。

而地方层面的政策则更加具有灵活性，"一城一策""因城施策"在各地的房地产政策中得到了充分体现。地方上更加注重根据不同城市、不同市场条件实施差异化的政策。例如，对于一线和部分二线热点城市或热点区域维持较严格的调控政策，而对于三四线城市或一二线城市的非热点区域则可能放松限制，促进库存的消化。

6.客户分析

（1）客户初步分析：包括客户类型、客户来源、客户购买用途、客户其他特征。

（2）客户深入调研：客户板块偏好、客户价格预期、客户需求类型（刚需、改善、投资、养老等）、客户对产品需求、客户对现有产品抱怨点。

三、市场调查问卷设计

1.调查问卷的结构

调查问卷一般包括四个部分：标题、前言（说明语）、正文和结束语。

（1）标题。

标题设计要醒目，能让被调查者很快明白调查的主要内容。

（2）前言（说明语）。

首先是问候语，并向被调查对象简要说明调查的宗旨、目的和对问题回答的要求等内容，引起被调查者的兴趣，同时解除他们回答问题的顾虑，并请求当事人予以协助。例如：您好，谢谢您参加我们的调查！本次调查只需要占用您两分钟的时间。对于您能在百忙之中填写此问卷再次表示感谢！

（3）正文。

该部分是问卷的主体部分，主要包括：被调查者信息、调查项目、调查者信息三个部分。

被调查者信息，主要是了解被调查者的相关资料，以便对被调查者进行分类。一般包括被调查者的姓名、性别、年龄、职业、受教育程度等。

调查项目，是调查问卷的核心内容，是组织单位将所要调查了解的内容，具体转化为一些问题和备选答案。

调查者信息，是用来证明调查作业的执行、完成和调查人员的责任等情况，便于日后进行复查和修正。调查者信息一般包括：调查者姓名、电话，调查时间、地点，被调查者当时的合作情况等。

（4）结束语。

在调查问卷最后，应简短地向被调查者强调本次调查活动的重要性以及再次表达谢意。例如：您的回答对于我们得出正确的结论很重要，感谢您的配合和支持！

2.问卷问题的设计

调查问题设计的好坏关系到调查活动能否成功，它对调查问卷的有效性、真实度等起着至关重要的作用。

（1）明确调研目的、内容。

在设计问卷项目时，首先要确定调研目的、数据分析方法等因素，然后再确定问题类型。

在问卷设计中，最重要的一点就是必须明确调查目的和内容。为什么要调查？对哪些对象进行调查？调查需要了解什么？

首先，要确定主题和调查范围。根据调查的目的要求，研究调查内容、调查范围等，酝酿问卷的整体构思，将所需要的资料一一列出，分析哪些是主要资料，哪些是次要资料，淘汰那些不需要的资料，再分析哪些资料需要通过问卷取得、需要向谁调查等，确定调查地点、时间及调查对象。比如，要调查学生的作业习惯，可从学生做作业的注意力、做作业规范、自主完成和合作、作业反思等方面入手调查。其中做作业规范方面就不一定要通过问卷获得答案，可通过学生的作业直观了解。

其次，要分析样本特征，即分析了解各类被调查对象的基本情况，以便针对其特征来准备问卷。

（2）问卷题目设计。

问卷题目按问题回答的形式一般可以分为封闭式问题和开放式问题。其中封闭式问题包括两项选择题、单项选择题、多项选择题、李克特量表等。开放式问题一般有完全自由式、语句完成式等。不同的题型都有各自的优缺点，在使用时应做到扬长避短。

①两项选择题要求被调查者在两个固定答案中选择其中一个，适用于"是"与"否"等互相排斥的二择一式问题。两项选择题容易发问，也容易回答，便于统计调查结果。但被调查人在回答时不能讲原因，因此一般用于询问一些比较简单的问题。

②单项或多项选择题是对一个问题预先列出若干个答案，让被调查者从中选择一个或多个答案。由于被调查者的意见并不一定包含在拟定的答案中，因此有可能没有反映其真实意思。对于这类问题，我们可以采用添加一个灵活选项，如"其他"，来避免。

例如：您一般是通过什么途径与渠道来获得房地产方面的信息？

□报纸 □户外广告 □路牌 □电视 □电台 □网络 □朋友亲人传播 □展览会 □网络 □其他

③当涉及被调查者的态度、意见等有关心理活动方面的问题时，通常用表示程度的选项来加以判断并测定。但这类问题的选项，不同的被调查者有可能对其程度理解不一

致，因此有时可以采用评分的方式来衡量。

例如：您对购物环境和氛围感觉如何？

□非常满意　□比较满意　□一般　□不满意　□很不满意

④开放式问题是一种可以自由地用自己的语言来回答和解释有关想法的问题，即问卷题目没有可选择的答案，所提出的问题由被调查者自由回答，不加任何限制。

3.调查问卷设计的注意事项

（1）方便统计分析。

调查问卷必须方便数据统计分析，其结果能回答调查者所想了解的问题，便于资料的校验、整理和统计，如可以使用计算机进行统计等。

（2）问题排列注意逻辑性。

① 在问题安排上应先易后难，容易回答的问题放前面，较难回答的问题放中间，敏感性问题放在最后；

② 封闭式问题放前面，开放式问题放后面；

③ 要注意问题的逻辑顺序，问题与问题之间要具有逻辑性、连贯性、条理性、程序性，所提的问题最好是按类别进行"模块化"，被调查者可以一目了然，符合被调查者的思维程序，否则容易引起思考的混乱。

（3）问题通俗易懂。

问卷用词要清楚明了，语句表达要简洁易懂，语意表达要准确，不能模棱两可，避免用"一般""大约""经常"等模糊性词语。一般使用日常用语，避免被调查者有可能不熟悉的俗语、缩写或专业术语。当涉及被调查者有可能不太了解的专业术语时，需对其做出阐释。

（4）控制问卷的长度。

为避免被调查者在答题时出现疲劳状态、随意作答或不愿合作，问卷篇幅一般尽可能短小精悍，问题不能过多，题目量最好限定在20～30个，每个问题都必须与调研目标紧密联系。

（5）避免用引导性问题或带有暗示性或倾向性的问题。

调查问句要保持客观性，提问不能有任何暗示，措辞要恰当，避免有引导性的语句，如"普遍认为""权威机构或人士认为"等。如果在问题中设置引导性语句，那么会在不自觉中掩盖事物的真实性。

（6）隐私性的问题处理。

对于这类问题，被调查者在回答时有可能不愿做出真实的回答。因此设计提问时，要考虑到被调查者的隐私，可将这类敏感性的题目设计成间接问句，从而减轻被调查者的心理压力。比如，"你的年收入是多少？"可能导致被调查者难以回答，进而影响调查结果的真实性，可以改问"你们这一年龄或职称的老师年收入是多少？"

[实战演练 2-2]

调查问卷的改错练习

请指出问卷中下列问题的不妥之处：

①你的年龄是多少？

A.20岁及以下　　　　B.21~30岁　　　　C.31~40岁　　　　D.40岁以上

②你在这个地区居住了多长时间？

③在你的成长过程中，你和谁生活在一起？

A.双亲　　　　　　B.仅仅母亲　　　　C.仅仅父亲　　　　D.其他人

④你是否认为国家应该降低高昂的燃油附加费？

A.是的　　　　　　B.不是

⑤你熟悉你的邻居或者你的邻居熟悉你吗？

A.很熟悉　　　　　B.比较熟悉　　　　C.不太熟悉　　　　D.很不熟悉

⑥你和你的同学、好朋友谈论最多的问题是：

A.国家大事和社会问题 B.升学、就业和前途问题 C.各种奇闻趣事

提示：

（1）例：你喜欢LOFT户型吗？

分析：被调查者不了解或误解问句的含义，问题不符合被调查者的能力。

（2）例：您当前住房在什么位置？ A.市区　　　B.郊区

分析：问题的表述太笼统，不是无法回答就是答非所问。

【案例分析2-4】

住宅需求调查问卷

亲爱的先生/女士：

　　您好！

　　为了解目前住宅需求的情况，为相关研究提供依据，耽误您几分钟时间，希望您根据实际情况回答以下问题，谢谢您的参与！（调查资料所涉及您的个人信息，我们将严格保密）

　　1.请问近3年是否有购房打算？（单选）

　　A.有　　　　　　　B.没有

　　2.您觉得未来1~2年杭州市房地产价格趋势如何？（单选）

　　A.上升　　　　　　B.下降　　　　　　C.保持平稳状态

　　3.若在杭州下沙购房，您首选的居住板块是什么？（单选）

　　A.下沙大学城北居住区

　　B.金沙湖板块居住区

　　C.下沙东沿江居住区

　　D.物美区块周边居住区

　　E.其他

　　4.您本次购房的主要目的是什么？（可多选）

　　A.结婚买房　　　　B.改善居住环境　　　C.方便孩子上学

　　D.养老　　　　　　E.办公/商用　　　　　F.投资升值/出租

G.其他：（文字说明）

5.购房有很多考虑因素，请问您最关注的是哪些因素？请按您认为的重要程度依次进行选择（限选三项）。①（   ）②（   ）③（   ）

A.地理位置   B.交通条件

C.空气、绿化、周边自然环境   D.周边人文环境

E.教育条件   F.医疗条件

G.购物等生活配套条件   H.建筑风格、外观形象

I.小区内部园林景观   J.户型结构

K.智能化系统   L.安全系统

M.物业管理及服务   N.开发商品牌、实力和信誉

O.价格   P.升值空间

Q.其他：（文字说明）

6.请问您倾向于选择何种户型的空间形式？（单选）

A.平层   B.跃层   C.错层   D.不确定

7.请问您计划买房的户型是？（单选）

A.两室一厅一卫   B.两室两厅一卫

C.两室两厅两卫   D.三室一厅一卫

E.三室两厅一卫   F.三室两厅两卫

G.四室两厅两卫   H.其他：（文字说明）

8.请问您能接受商品住宅的价格（元/平方米）是什么区间？（单选）

A.10 000以下   B.[10 000，15 000)

C.[15 000，20 000)   D.20 000以上（含）

9.您希望购买的商品住宅面积是多少平方米？（单选）

A.90以下   B.[90，120)   C.[120，140)

D.[140，160)   E.[160，180)   F.180以上（含）

10.您最倾向于哪一种建筑类型？（单选）

A.多层（7层或以下）   B.小高层（8~15层）

C.高层（16~25层）   D.超高层（25层以上）

E.排屋（1~3层）

11.请问您比较喜欢什么样的建筑风格？（单选）

A.中式   B.欧陆   C.古典

D.现代   E.自然式庭院   F.其他

12.您希望小区会所有怎样的服务设施？（可多选）

A.运动设备及空间   B.足疗水疗桑拿   C.室内游泳

D.餐饮   E.休闲娱乐   F.社交活动

G.美容美发   H.儿童娱乐图书空间 I.其他

13.请问您可以接受的物业管理收费价格是每平方米多少？（单选）

A.[0.15，0.5）元/月　　　B.[0.5，1）元/月　　　C.[1，4）元/月
D.[4，8）元/月　　　　　　E.8元/月以上（含）

14.请问您对杭州金沙湖板块居住区（杭州下沙管委会附近）的住宅项目评价如何？（见表2-7，打对号选择）

表2-7　　　　　　　　　金沙湖板块居住区住宅项目评价

	很好	较好	一般	较不好	很不好
区块位置及交通条件					
周边自然环境（空气、绿化等）					
周边人文环境（居民素质）					
周边生活配套（购物、医疗、教育等）					
房屋未来的升值空间					

郑重承诺：我们对您的个人资料绝对保密，谢谢您的合作！

15.请问您从事的职业是什么？（可多选）
A.企业职员　　　　　　B.公务员　　　　　　C.教师
D.私营企业主，个体户　E.学生　　　　　　　F.其他

16.请问您的文化程度如何？（单选）
A.小学　　　　　　　　B.高中/中专　　　　　C.大专
D.本科　　　　　　　　E.硕士及以上

17.请问您的年龄在哪个范围？（单选）
A.20～25岁　　　　　　B.26～30岁　　　　　C.31～35岁
D.36～40岁　　　　　　E.40岁以上

18.请问您的性别是什么？（单选）
A.男　　　　　　　　　B.女

19.请问您的家庭年收入在哪个范围？（单选）
A.10万元以下　　　　　　　　　B.[10万，30万）元
C.[30万，50万）元　　　　　　D.50万元以上（含）

调查员：
时间：
地点：

分析：问卷设计须充分考虑要获取什么信息，围绕需要的信息设计题目，在正式调查前可以通过试调查，发现问卷问题，及时纠正调整，提高问卷设计质量。

四、数据分析

数据分析是基于公司已有的关于区域、客户、产品、价格、时间等交易信息及其他渠道收集来的大量数据，提取有用信息并对数据加以详细研究和概括总结，揭示市场规

律的分析过程。数据分析在房地产市场分析中有极大的应用价值。例如，一个房地产企业通过分析企业积累的以往交易信息，分析所得数据以判定市场动向，从而制订合适的开发及销售计划。

数据分析常用方法有：

1.时间序列分析

（1）时间序列数据及可视化

时间序列数据是以时间作为主要维度的数据，时间通常以月度、季度、半年或一年作为跨度。在进行时间序列分析之前，首先需要收集和整理历史数据。房地产市场的历史数据一般包括销售量、价格、库存量、去化周期等信息。数据可以通过统计年鉴、行业研究机构、行业数据库等渠道进行获取。然后将这些数据整理成表格并可视化，比较常用的时间序列分析有供求量价和库存去化分析，如图2-8、图2-9所示。

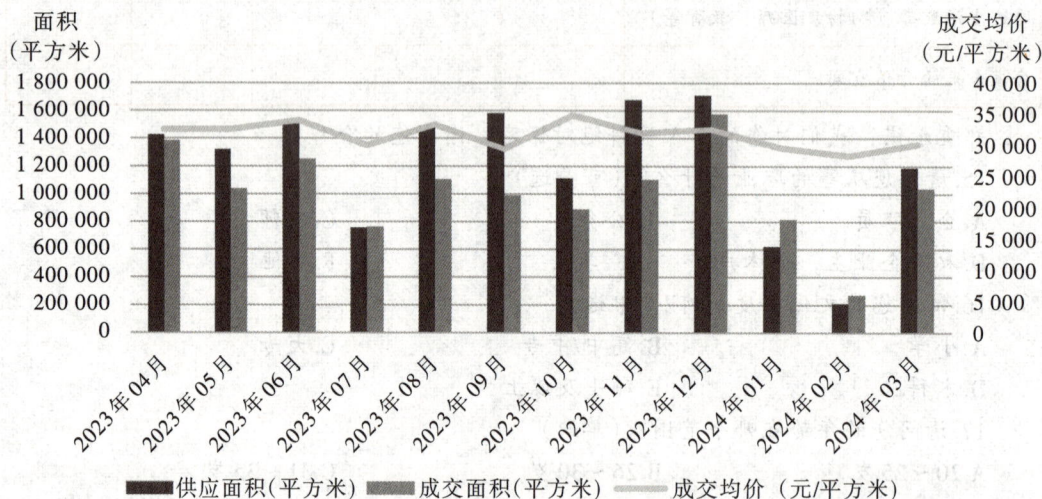

图2-8　月度供求量价分析

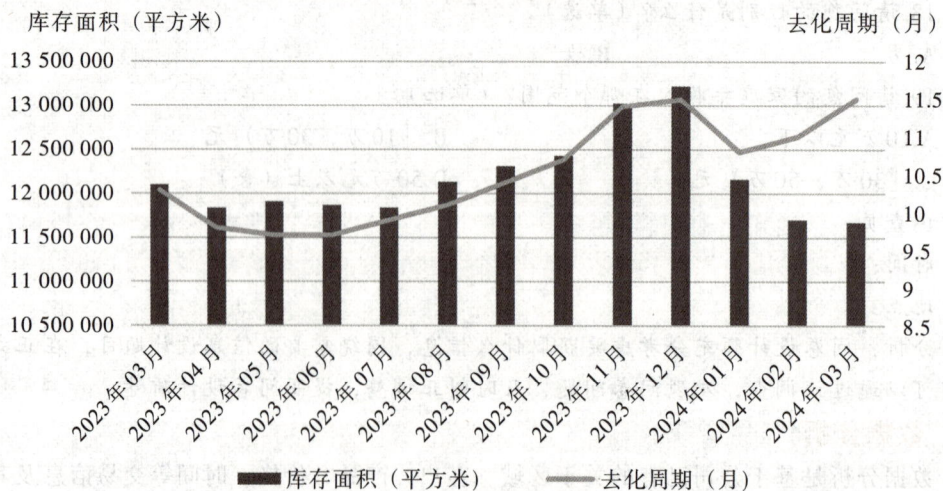

图2-9　月度库存去化分析

（2）时间序列数据分析

在时间序列分析中，趋势、季节性和周期性是重要的分析内容。趋势分析可以帮助我们根据以往的数据预测未来发展趋势，季节性分析关注周期性的短期变化，周期性分析则探讨较长时间范围内的周期性波动。比如，楼市中"金三银四""金九银十"的说法就来源于对数据的季节性分析。而较长时间范围内的周期性分析往往会和政策分析搭配，来研究政策对于市场数据周期性的影响（如图2-10所示）。基于周期性的分析和研究，也可以帮助我们进行市场的研判、销售的合理排期等。

2.空间序列分析

（1）区域市场特征分析

空间序列分析可以在空间维度上对不同地区的市场特征进行分析。不同地区的房地产市场受到地理位置、经济发展水平、人口结构、交通通达性等多种因素的影响，因此呈现出不同的特点。通过分析各区域市场的价格水平、人口结构、配套可达性等情况，我们可以更好地把握市场动态，为项目选址、客流分析、精准营销等工作提供重要的参考依据。

（2）空间数据可视化与解读

地理信息系统（GIS）技术在空间序列分析中发挥着至关重要的作用。GIS能够将地理空间数据与房地产市场数据相结合，实现对不同地区市场的空间分布、变化趋势等进行可视化展示和分析。通过GIS，我们可以制作房价分布图（如图2-11所示）、商品住宅成交面积热力图（如图2-12所示）、交通线路图、配套设施分布图等，直观地展示不同地区的市场特征，帮助决策者更好地理解市场格局和规律。在实际应用中，空间可视化可以帮助企业快速了解市场的地域分布情况、热点区域以及潜在的发展机会。通过对地理信息数据的分析和挖掘，企业可以更加准确地把握市场动态，制定更具针对性的营销策略，提高市场竞争力。

五、市场调查报告撰写

市场调查报告是市场调查人员以书面形式，反映市场调查内容及工作过程，并提供调查结论和建议的报告。市场调查报告是市场调查研究成果的集中体现，其撰写的好坏将直接影响整个市场调查研究工作的成果质量。一份好的市场调查报告，能给企业的市场经营活动提供有效的导向作用，能为企业的营销决策提供客观依据。

从严格意义上说，市场调查报告没有固定不变的格式。不同的市场调查报告写作，主要依据调查的目的、内容、结果以及主要用途来决定。但一般来说，各种市场调查报告在结构上都包括标题、导言、主体和结尾几个部分。

1.市场调查报告的一般内容

（1）标题。

标题即市场调查的题目。标题必须准确揭示调查报告的主题思想。标题要简单明了、高度概括、题文相符，如《××市居民住宅消费需求调查报告》《××项目客户群调查报告》《××板块酒店式公寓需求调查报告》等，这些标题都很简明，能吸引人。

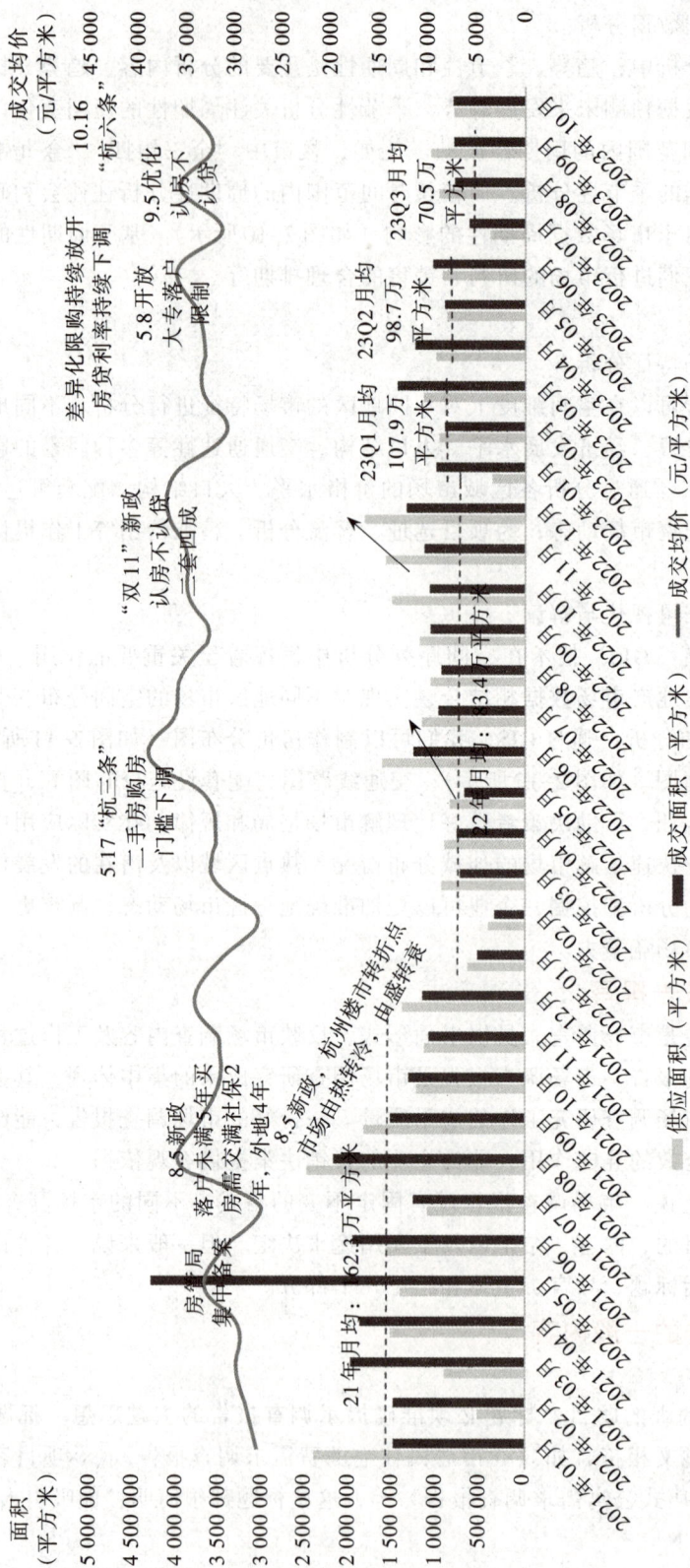

图2-10　杭州市区住宅供求与政策分析

数据来源：克而瑞数据库。

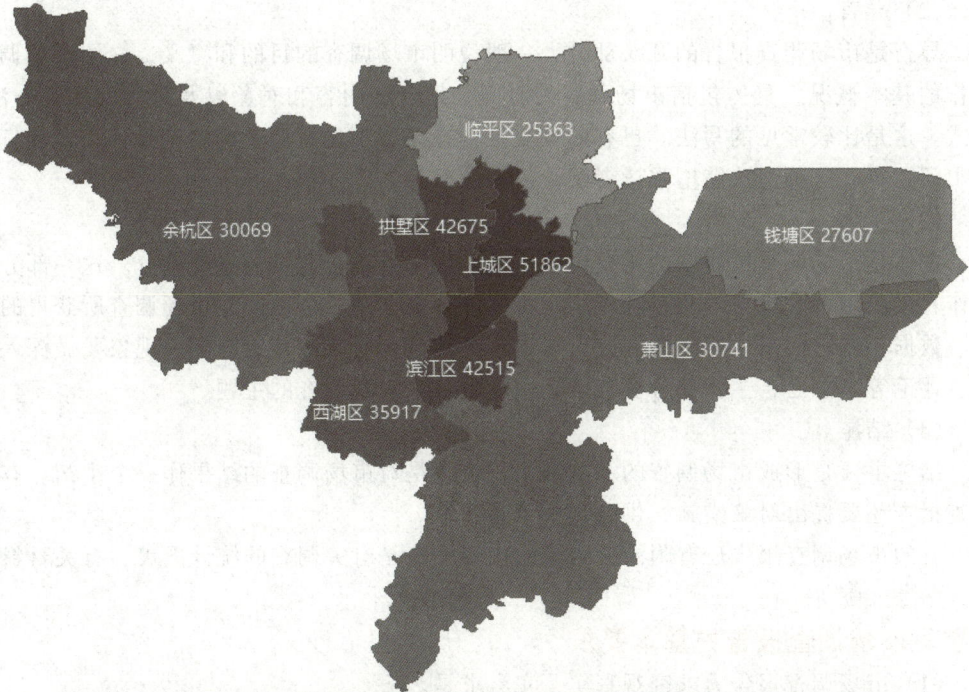

图2-11 杭州部分行政区房价分布图（单位：元/平方米）

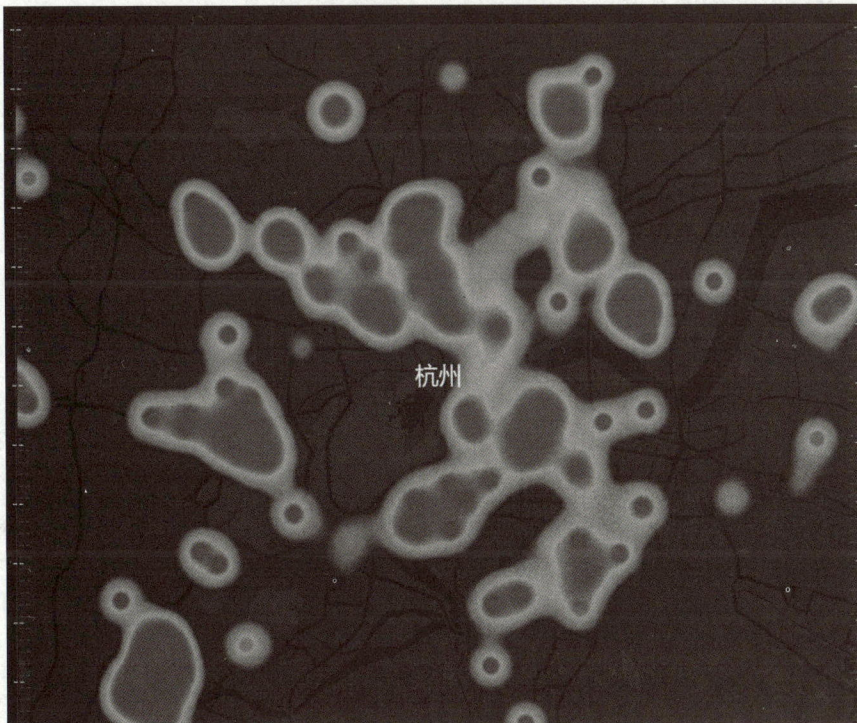

图2-12 杭州部分地区商品住宅成交面积热力图

图片来源：克而瑞科研平台。

（2）导言。

导言是市场调查报告的开头部分，一般说明市场调查的目的和意义，介绍市场调查工作的基本概况，具体包括市场调查的时间、地点、内容和对象以及采用的调查方法、方式。这是比较常见的写法。也有的调查报告在导言中先写调查的结论是什么，或直接提出问题等，这种写法能增强读者阅读报告的兴趣。

（3）主体。

主体是市场调查报告中的主要内容，是表现调查报告主题的重要部分。这一部分的写作直接决定调查报告的质量和作用。主体部分要客观、全面阐述市场调查所获得的材料、数据，用它们来说明有关问题，得出有关结论；对某些特定问题、现象要做深入分析、评论等。总之，主体部分要善于运用材料，来表现调查的主题。

（4）结尾。

结尾主要是形成市场调查的基本结论，也就是对市场调查的结果作一个小结。有的调查报告还要提出对策措施，供有关决策者参考。

有的市场调查报告还有附录。附录的内容一般是有关调查的统计图表、有关材料出处、参考文献等。

2.撰写市场调查报告的基本要求

（1）市场调查报告力求客观真实、实事求是。

市场调查报告必须符合客观实际，引用的材料、数据必须是真实可靠的，反对弄虚作假，或迎合上级。

（2）市场调查报告要做到调查资料和观点相统一。

市场调查报告是以调查资料为依据的，即市场调查报告中所有观点、结论都有大量的调查资料作为根据。在撰写过程中，要善于用资料、数据说明观点，用观点概括资料，二者相互统一，切忌调查资料与观点相分离。

（3）市场调查报告要突出市场调查的目的。

撰写市场调查报告，必须目的明确，有的放矢，任何市场调查都是为了解决某一问题，或者为了说明某一问题。市场调查报告必须围绕市场调查的目的来进行论述。

（4）市场调查报告的语言要简明、准确、易懂。

市场调查报告是给人看的，使用者大多不精通调查的专业术语，不喜欢冗长、乏味、呆板的语言。因此，撰写市场调查报告，语言要力求简单、准确、通俗易懂。

3.市场调查报告的写作程序

市场调查报告写作的一般程序是：确定标题，拟定写作提纲，取舍选择调查资料，撰写市场调查报告初稿，最后修改定稿。

【案例分析 2-5】

杭州某写字楼客户调查报告

图2-13为某写字楼效果图，为了做好该项目招商工作，公司市场调查组对来访客户进行了调研。

图2-13　某写字楼效果图

　　调查发现，从来访客户区域分布来看，写字楼客户以杭州本地人士为主，其中上城区占比最高，达34%；其次为拱墅区，占比21%。省内其他城市来访客户以温州、绍兴居多，省外客户亦占比8%。从来访客户年龄分布来看，36~40岁客户占总数的27%；其次是41~45岁，占总数的26%。从来访客户职业分布情况看，从事商业贸易的客户为项目的来访主体，占总数的29%；其次为金融保险类，占总数的22%。从拓客方式来看，来访客户主要以渠道为主，占总数的32%；其次为路过项目的访客，占总数的28%。目前在写字楼的来访客户中，对大面积需求较多，集中在1000平方米以上，占总数的23%。大部分客户购置写字楼的目的是商务办公，占总数的74%。

　　分析：目前写字楼客户的关注点主要为项目的地段和价格，其次则对项目的交房时间、升值潜力、配套和会所较为注重。该写字楼的客户主要还是以地缘客群为主，同时不乏来自宁波、台州和温州的客户，这主要与该项目所处的地理位置与交通有着重要的关系。从目前入驻企业的分布情况来看，并没有特别倚重哪个产业，各个产业均有分布，且相对较为平均。

任务三　房地产项目SWOT分析

一、SWOT分析法的含义

　　SWOT分析法是一种企业战略分析方法，即根据企业自身的既定内在条件进行分析，找出企业的优势、劣势及核心竞争力之所在。其中，S代表Strengths（优势），W代表 Weaknesses（劣势），O 代表 Opportunities（机会），T 代表 Threats（威胁），其中，S、W 是内部因素，O、T 是外部因素。按照企业竞争战略的完整概念，战略应是一个企业"能够做的"（即组织的优势和劣势）和"可能做的"（即环境的机会和威胁）之间的有机组合，如图 2-14 所示。

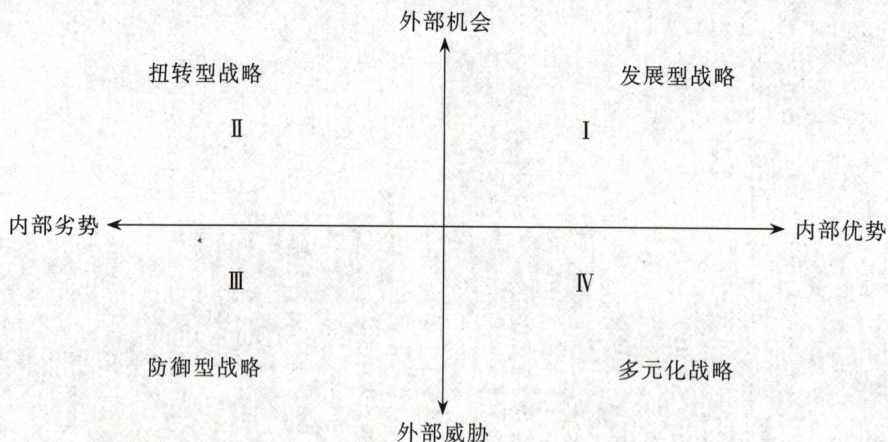

图2-14　SWOT分析图

二、SWOT分析的主要步骤

SWOT 分析主要是从优势、劣势、机会、威胁四个方面进行分析。从竞争角度看，对成本措施的抉择，不仅来自对企业内部因素的分析判断，还来自对竞争态势的分析判断。成本的优势—劣势—机会—威胁（SWOT）分析的核心思想是通过对企业外部环境与内部条件的分析，明确企业可利用的机会和可能面临的威胁，并将这些机会和威胁与企业的优势和劣势结合起来，形成企业成本控制的不同战略措施。SWOT 分析思路如图 2-15 所示。

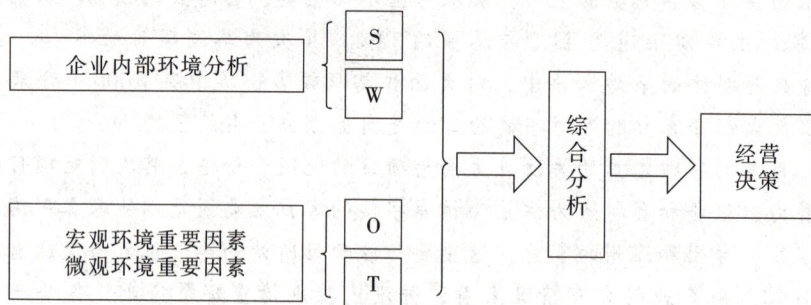

图2-15　SWOT分析思路

（1）分析企业的内部优势、劣势既可以相对企业目标而言，也可以相对竞争对手而言。

（2）分析企业面临的外部机会与威胁，可能来自与竞争无关的外部环境因素的变化，也可能来自竞争对手力量与因素变化，或二者兼有，但关键性的外部机会与威胁应予以确认。

（3）将外部机会和威胁与企业内部优势和劣势进行匹配，形成可行的战略。

三、SWOT分析的四种组合

1.优势—机会（SO）战略

SO战略是一种发展企业内部优势与利用外部机会的战略，是一种理想的战略模式。当企业具有特定方面的优势，而外部环境又为发挥这种优势提供有利机会时，可以采取该战略。

2.劣势—机会（WO）战略

WO战略是利用外部机会来弥补内部劣势，使企业改变劣势而获取优势的战略。存在外部机会，但由于企业存在一些内部弱点而妨碍其利用机会，可采取措施先克服这些弱点。

3.优势—威胁（ST）战略

ST战略是指企业利用自身优势，回避或减轻外部威胁所造成的影响。

4.弱点—威胁（WT）战略

WT战略是一种旨在减少内部劣势，回避外部环境威胁的防御性技术，见表2-8。

表2-8　　　　　　　　　　　　　　　　　SWOT分析矩阵

	企业内部优势与劣势	
	优势（S）	劣势（W）
企业外部机会与威胁	1.…… 2.…… 3.……	1.…… 2.…… 3.……
机会（O） 1.…… 2.…… 3.……	SO战略 依靠内部优势 利用外部机会	WO战略 利用外部机会 克服内部劣势
威胁（T） 1.…… 2.…… 3.……	ST战略 利用内部优势 规避外部威胁	WT战略 减少内部劣势 回避外部威胁

四、房地产项目SWOT分析实践

1.房地产项目的SWOT矩阵构造

首先，对整个项目及市场进行调研，找到影响项目决策的各种因素。然后，将这些因素按照轻重缓急或对企业的影响程度进行排序，构造出SWOT矩阵。在排序的过程中，将那些对企业决策有直接的、重要的、长远的影响因素优先排列出来，而将那些间接的、次要的、短暂的影响因素排列在后面。某项目的SWOT分析矩阵见表2-9。

表2-9　　　　　　　　　　　　　　　某项目的SWOT分析矩阵

S（优势）	W（劣势）
地段：位于商业区与居住区相交的成熟地段 交通：处于高速路入口，交通便利 配套：距离幼儿园、小学和重点中学15分钟的路程 产品：欧式风格，小高层洋房 工程形象：楼盘处于现楼状态 户型：户型多样，布局合理	规模：项目规模较小 自身配套：项目内部配套较少，绿化较少 户型：以100平方米以上户型为主，面积偏大 卖场：卖场形象较差 片区：位于老城区，不属于热点片区
O（机会）	T（威胁）
商业配套：大型超市将极大地吸引客户的关注 教育配套：可通过重点中学的宣传扩大客户群 营销：通过中低价位，刺激销售	竞争：大规模楼盘的推出对小楼盘造成竞争压力 区内竞争：区内项目即将推出，将直接冲击本项目 销售时机：开盘时正处于房地产调控最严厉的时期，销售压力较大

2.制定行动对策

在完成环境因素分析和SWOT矩阵的构造后，便可以制定出相应的市场对策。制定市场对策的基本思路是：发挥优势因素，克服劣势因素，利用机会因素，化解威胁因素；考虑过去，立足当前，着眼未来。

在一个项目没有开始之前，一般都要对项目的地理环境、人文环境、政治环境、竞争环境、经济环境等因素进行SWOT调研和分析。各种因素在同一个项目中可能表现为优势，也可能表现为劣势，可能会成为机会，也可能会成为威胁。但在策划分析并拿出解决方案后，劣势同样可以转化为优势，威胁可以转化为机会。如有的开发商集中在CBD地区开发一些高容积率、低绿化率的项目，而有的开发商却针对有车一族，到郊区开发低容积率、高绿化率的项目。尽管地理位置并非处于CBD地区，在区位上处于劣势，但项目迎合了部分人们远离城市喧嚣、回归大自然的需求。具体的行动制定做法如下：

（1）WT对策（最小与最小对策）。

当企业处于最不利方面，只能采取"避短"战略，寻找环境中的其他机会，即考虑劣势因素和威胁因素，目的是努力使这些因素的影响都趋于最小。

（2）WO对策（最小与最大对策）。

当企业本身缺少内部实力来利用这种机会时，企业将面临"避短"和"补短"两种战略选择。即着重考虑劣势因素和机会因素，目的是努力使劣势影响趋于最小、机会趋于最大，使劣势不成为机会的障碍。

（3）ST对策（最大与最小对策）。

当企业虽然有长处，但外部环境不利时，企业应避开这种威胁，寻找外部环境中的有利机会。即着重考虑优势因素和威胁因素。目的是努力使优势因素影响趋于最大，使威胁因素影响趋于最小，用优势抵消威胁。

（4）SO对策（最大与最大对策）。

当外部环境机会与企业优势正好相一致时，可以制定最有利的战略，发挥企业长处，取得优势，即着重考虑优势因素和机会因素，目的在于努力使这两种因素都趋于最大。

由此可见，WT对策是一种最为悲观的对策，是企业处在最困难的情况下不得不采取的对策；WO对策和ST对策是一种苦乐参半的对策，是企业处在一般情况下采取的对策；SO对策是一种最理想的对策，是企业处在最为顺畅的情况下十分乐于采取的对策。

【案例分析2-6】

雨润国际广场项目SWOT分析

雨润国际广场（如图2-16所示）位于南京奥体正东门、梦都大街与江东中路交会处，紧邻南京市政务服务区。项目步行2分钟至地铁2号线"奥体东站"。项目占地约2.1万平方米，总建筑面积约23万平方米，规划有7层的商业裙楼、两栋27层的L形塔楼，是集酒店、洲际行政公寓、办公等高端业态于一身的顶级城市综合体。

图2-16　雨润国际广场

雨润国际广场·洲际行政公寓，是河西核心区的豪装公寓，70年住宅产权性质，40～130平方米的主力面积区间，由澳门美高梅金殿、香港四季酒店等奢华酒店的设计大师威尔逊（新加坡）担当室内设计，荟萃索尼、杜拉维特、汉斯格雅、沃普特、弗兰卡、德格、特灵、开利、海福乐等品牌，配备空调系统、24小时热水系统、新风系统、可接收境外频道的卫星电视系统、智能灯光与窗帘控制系统等高端配套，全成品拎包入住，是专为洲际商务人士定制的国际风尚居所。

本项目SWOT分析如图2-17所示。

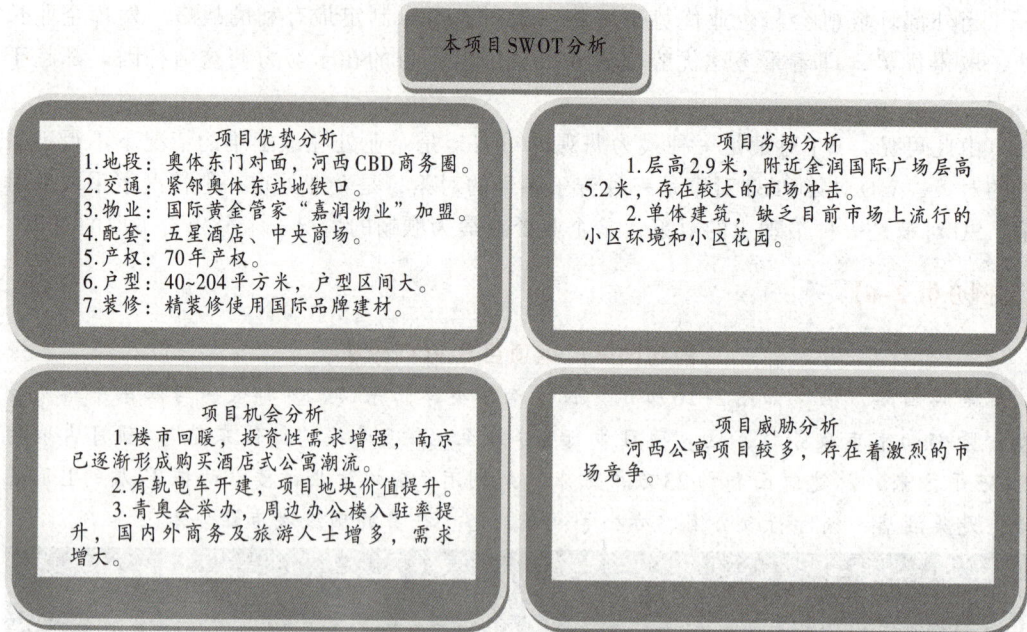

图2-17 本项目SWOT分析

资料来源：佚名. 南京雨润国际广场商业定位规划调研报告［EB/OL］.［2023-10-20］. https://wenku.baidu.com/view/abf2ff3903768e9951e79b89680203d8cf2f6a18.html.

分析：SWOT分析的目的是通过对项目的优势、劣势、机会和威胁的分析，能够在实际操作中更好地发挥优势，弥补劣势，利用机会以及规避威胁。在SWOT分析过程中，将那些对项目发展有直接的、重要的、大量的、迫切的、长远的影响因素优先排列出来，而将那些间接的、次要的、少许的、不急的、短暂的影响因素排列在后面。

【实战演练 2-3】

调查学校附近的一处在售楼盘，运用SWOT分析方法，分析该楼盘的营销环境。

提示：①每人分别从项目本身条件、外部环境两个方面，分析对楼盘有影响的因素（说明原因及影响程度）；②选择对楼盘有较大影响的因素，利用SWOT分析法确定该楼盘的营销环境现状。

任务四 房地产项目STP策划

STP策划又称目标市场策划，S、T、P分别是指市场细分（Market Segmentation）、目标市场选择（Market Targeting）和市场定位（Market Positioning）。

一、房地产市场细分

1.房地产市场细分的概念及基础

（1）概念。

房地产市场细分是指把房地产市场按照客户需求上的差异划分为具有类似性的若干

个不同购买群体的过程，也就是按照消费者欲望和需要把一个总体市场划分成若干个具有共同特征的子市场的过程。

（2）市场细分的基础。

市场细分的理论基础是市场"多元异质性"理论。这一理论认为，消费者对大部分产品的需求是多元化的，是具有不同的质的要求的。需求本身的"异质性"是市场可能细分的客观基础。

2.房地产市场细分的作用

（1）有利于发现市场机会。

房地产市场细分有利于企业分析、发现新的市场机会。通过市场细分，企业可以对每个细分市场进行了解，掌握在不同市场中顾客的需要，从中发现各细分市场的购买者的满足程度，即哪些顾客的需要已满足，哪些需要未满足。同时，分析和比较在不同细分市场中竞争者的行销状况，着眼于未满足的需要，而在竞争对手较弱的细分市场，寻找有利的市场行销时机，从而开拓新市场。

（2）有利于组织生产，有效服务目标市场。

企业面临的市场是非常广泛的，这个大市场的需要是形形色色的，而企业的人、财、物等资源却是有限的。企业若想发挥有限资源的作用，必须在大市场中选定一个适合于本企业优势的目标市场，这样才能发挥资源的作用。

（3）有利于企业提高经济效益。

企业通过市场细分后，可以面对自己的目标市场，生产出适销对路的产品，既能满足市场需要，又能加速商品流转，从而全面提高企业的经济效益。

3.房地产市场细分的标准

房地产市场细分的标准见表2-10。

表2-10　　　　　　　　　　　房地产市场细分的标准

标准	具体因素			
地理因素	国界 人口密度 其他	区域 交通条件	地形 城乡	气候 城市规模
人口因素	国籍 职业 收入	种族 教育 家庭规模	民族 性别 家庭生命周期	宗教 年龄 其他
心理因素	社会阶层 其他	生活方式	性格	购买动机
行为因素	追求利益 品牌商标的忠诚度	使用者地位 对渠道的信赖度	购买频率 对价格、广告和服务的 敏感程度	使用频率 其他

（1）地理因素。

地理因素是指潜在消费者的地理分布状况，如地区、地域特征（市区、郊区、远郊区、农村等）、人口密度，以及地区自然环境、生活环境、交通环境等。地理因素还是预测市场规模的重要因素。

（2）人口因素。

人口因素是消费者群体分类的基本变量，包括人口的年龄、性别、家庭结构、收入、职业、文化程度、宗教、民族、国籍等，这些都是市场细分的变量。

（3）心理因素。

心理因素是指以人们购买住宅的动机、生活方式以及个性等心理参数作为划分住宅消费群的基础。

（4）行为因素。

行为因素是指人们对住宅的认知、态度、使用或反应，市场细分可依据使用时机、追求利益、购买阶段等进行。

【案例分析 2-7】

市场细分标准举例见表 2-11。

表 2-11   市场细分标准举例

变量	划分标准
年龄	11 岁以下，12～19 岁，20～34 岁，35～49 岁，50～64 岁，65 岁以上
家庭人数	1～2 人，3～4 人，5 人以上
家庭生命周期	青年，单身；青年，已婚，无子女；青年，已婚，子女小于 6 岁；青年，已婚，子女 6 岁以上；较年长，已婚，与子女同住；较年长，已婚，子女已超过 18 岁；较年长，单身；其他
收入/月	低于 2 000 元，[2 000，5 000) 元，[5 000，10 000) 元，10 000 元以上（含）

分析：市场细分并没有严格的界限和划分标准，一般是基于消费心理、行为基础将具有共同需求特征的消费者作为一个群体，群体与群体间标志性的界限作为划分标准。

4. 房地产市场细分的程序

（1）依据需求选定产品市场范围。

产品市场范围应以市场的需求而不是产品特性来确定。比如，一家住宅出租公司打算建造一幢简朴的小公寓。从产品特性如房间大小、简朴程度等出发，可能会认为这幢小公寓是以低收入家庭为对象的，但从市场需求的角度来分析，便可看到许多并非低收入的家庭，也是潜在顾客。举例来说，有的人收入并不低，市区已有宽敞舒适的居室，但又希望在宁静的乡间再有一套住房，作为周末生活的去处，所以公司要把这幢普通的小公寓看作整个住宅出租业的一部分，而不应孤立地看成只是为低收入家庭提供住处的房子。

（2）列举潜在顾客的基本需求。

选定产品市场范围以后，公司的市场营销专家可以通过"头脑风暴法"，从地理、行为和心理几个方面，大致估算一下潜在的顾客有哪些需求，这一步能掌握的情况有可能不那么全面，但可以为以后的深入分析提供基本资料。

比如，上文中的住宅出租公司可能会发现，人们希望小公寓住房满足的基本需求，包括遮蔽风雨，停放车辆，安全，经济，设计良好，方便工作、学习与生活，不受外来干扰，足够的起居空间，满意的内部装修、公寓管理和维护等。

（3）分析潜在顾客的不同需求。

然后，公司再依据人口做抽样调查，向不同的潜在顾客了解，上述需求哪些对他们更为重要。比如，在校外租房住宿的大学生，可能认为最重要的是遮蔽风雨、停放车辆、经济、方便上课和学习等；新婚夫妇的需求是遮蔽风雨、停放车辆、不受外来干扰、满意的公寓管理等；较大的家庭则要求遮蔽风雨、停放车辆、经济、足够的儿童活动空间等。这一步至少应进行到有三个细分市场出现。

（4）移去潜在顾客的共同需求。

现在公司需要移去各分市场或各顾客群的共同需求。这些共同需求固然很重要，但只能作为设计市场营销组合的参考，不能作为市场细分的基础。比如，遮蔽风雨、停放车辆和安全等项，几乎是每一个潜在顾客都希望的。公司可以把它用作产品决策的重要依据，但在细分市场时则要移去。

（5）为细分市场暂时取名。

公司对市场剩下的需求，要做进一步分析，并结合各细分市场的顾客特点，暂时安排一个名称。

（6）进一步认识各细分市场的特点。

现在，公司还要对每一个细分市场的顾客需求及其行为，作更深入的考察。看看对各细分市场的特点掌握了哪些，还要了解哪些，以便进一步明确各分市场有没有必要再作细分，或重新合并。比如，经过这一步骤，可以看出，新婚夫妇与老年夫妇的需求差异很大，应当作为两个细分市场。同样的公寓设计，也许能同时迎合这两类顾客，但对他们的广告宣传和人员销售的方式都可能不同。企业要善于发现这些差异。他们原来如果被归属于同一个细分市场，现在就要被区分开来。

（7）测量各细分市场的大小。

以上步骤基本决定了各细分市场的类型。公司紧接着应把每个细分市场同人口变数结合起来分析，以测量各细分市场潜在顾客的数量。因为企业进行市场细分，是为了寻找获利的机会，这又取决于各细分市场的销售潜力。不引入人口变数是危险的，有的细分市场或许根本就不存在顾客。

5.房地产细分市场有效性评估

（1）细分市场的可衡量性。

经过细分的市场是可以识别并加以衡量的，也就是说，细分出来的市场不仅范围比较清晰，而且大小能被大致判断出来。

（2）细分市场的可进入性。

细分市场的可进入性是指所选定的细分市场必须与企业自身状况相匹配，企业有优势占领这一市场。可进入性具体表现在信息进入、产品进入和竞争进入。考虑市场的可进入性，实际上是研究其营销活动的可行性。

（3）细分市场的可获利性。

细分出来的市场必须有充分的现实需求，而且需求水平能够符合企业销售的期望水平，同时还要有一定的需求潜量，从而使企业在进入这个市场之后能够有良好的发展前景，细分市场容量足以使企业获利。

市场细分与目标市场选择程序如图2-18所示。

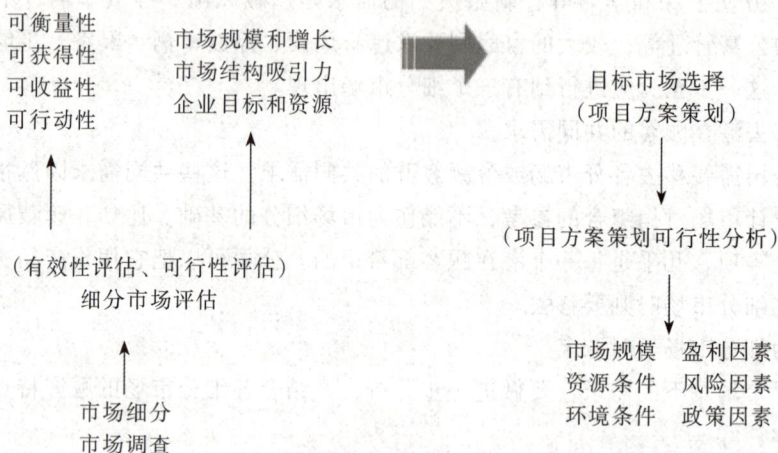

可衡量性
可获得性
可收益性
可行动性

市场规模和增长
市场结构吸引力
企业目标和资源

目标市场选择
（项目方案策划）

（项目方案策划可行性分析）

（有效性评估、可行性评估）
细分市场评估

市场细分
市场调查

市场规模　盈利因素
资源条件　风险因素
环境条件　政策因素

图2-18　市场细分与目标市场选择程序

二、目标市场选择

1.目标市场的定义

目标市场是指通过市场细分后，企业准备以相应的产品和服务满足其需要的一个或几个子市场。

2.目标市场选择标准

（1）有一定的规模和发展潜力。

当市场规模狭小或者趋于萎缩状态时，企业进入后难以获得发展，此时，应审慎考虑，不宜轻易进入。

（2）细分市场结构的吸引力。

细分市场可能具备理想的规模和发展特征，然而从盈利的观点来看，它未必有吸引力。波特认为有五个因素决定整个市场或其中任何一个细分市场长期的内在吸引力。这五个因素是：同行业竞争者、新加入的竞争者、替代产品、购买者和供应商，其具有如下五种威胁性：

①细分市场内激烈竞争的威胁。

如果某个细分市场已经有了众多的、强大的或者竞争意识强烈的竞争者，那么该细分市场就会失去吸引力。如果该细分市场处于稳定或者衰退阶段，生产能力不断大幅度提高，固定成本过高，撤出市场的壁垒过高，竞争者投资很大，那么情况就会更糟。这些情况常常会导致价格战、广告战，新产品推出，并使公司要参与竞争就必须付出高昂的代价。

②新竞争者的威胁。

如果某个细分市场可能吸引增加新的生产设备和大量资源并争夺市场份额的新竞争者，那么该细分市场就没有吸引力。问题的关键是新竞争者能否轻易地进入这个细分市场。根据行业利润的观点，最有吸引力的细分市场应该是进入的壁垒高、退出的壁垒低。在这样的细分市场里，新的公司很难打入，但经营不善的公司可以安然撤退。如果细分市场进入和退出的壁垒都高，那里的利润潜量就大，但也往往伴随较大的风险，因为经营不善的公司难以撤退，必须坚持到底。如果细分市场进入和退出的壁垒都较低，公司便可以进退自如，然而获得的利润虽然稳定，但不高。最坏的情况是进入细分市场的壁垒较低，而退出的壁垒却很高。于是在经济良好时，大家蜂拥而入，但在经济萧条时，却很难退出。其结果是大家都生产能力过剩，收入下降。

③替代产品的威胁。

如果某个细分市场存在着替代产品或者有潜在替代产品，那么该细分市场就失去了吸引力。替代产品会限制细分市场内价格和利润的增长。

④购买者讨价还价能力加强的威胁。

如果在某个细分市场中购买者的讨价还价能力很强或正在加强，那么该细分市场就没有吸引力。购买者会设法压低价格，对产品质量和服务提出更高的要求，并且使竞争者互相斗争，所有这些都会使销售商的利润受到损失。

⑤供应商讨价还价能力加强的威胁。

如果公司的供应商——原材料和设备供应商、公用事业、银行、工会等，能够随意提价或者降低产品和服务的质量，或减少供应数量，那么该公司所在的细分市场就会没有吸引力。

（3）符合企业目标和能力。

某些细分市场虽然有较强吸引力，但不能推动企业实现发展目标，甚至分散企业的精力，使之无法完成其主要目标，这样的市场应考虑放弃。此外，还应考虑企业的资源条件是否适合在某一细分市场经营。只有选择那些企业有条件进入、能充分发挥其资源优势的市场作为目标市场，企业才会立于不败之地。

【案例分析 2-8】

老年群体的市场细分及市场可获利性分析

养老的客户群体可划分为六类，分别是：低龄健康老人、慢性病自理老人、高龄自理老人、专业护理老人、高龄长照老人、失智老人（如图 2-19 所示）。

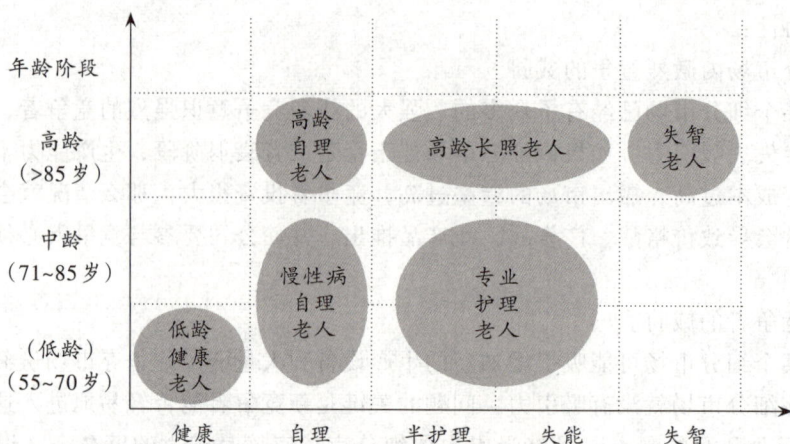

图2-19 养老的客户群体分类图

每一类客户群体对于物业、配套和服务的需求都有区别。其中刚需养老的客户群体有三种：专业护理老人、高龄长照老人和失智老人。这些均为有庞大的市场需求基础以及可以盈利的市场，经调研，北京、上海这样的一线城市，专业照护老人每月收费可高达1万～1.2万元，而且依然有市场。但是由于这几类人群对服务的专业性要求高，老人的护理风险高，房地产开发企业又不具备服务能力等原因，众多企业不敢、不愿也不会涉足；而在非刚需养老的三类客户中，尤其是低龄健康老人的群体一直被国内地产商作为主打的客户市场（如图2-20所示），而这个群体恰恰支付意愿低、价格敏感、养老需求不明确。

图2-20 老年群体市场分析图

图片来源：李亚南. 国内养老地产四大短板 [EB/OL]. [2024-06-10]. https://wenku.baidu.com/view/e7275f3a743231126edb6f1aff00bed5b8f3734a.html.

分析：目标市场的选择，要考虑细分市场的可介入性和可获利性。

3.目标市场选择策略

目标市场选择策略如图2-21所示。

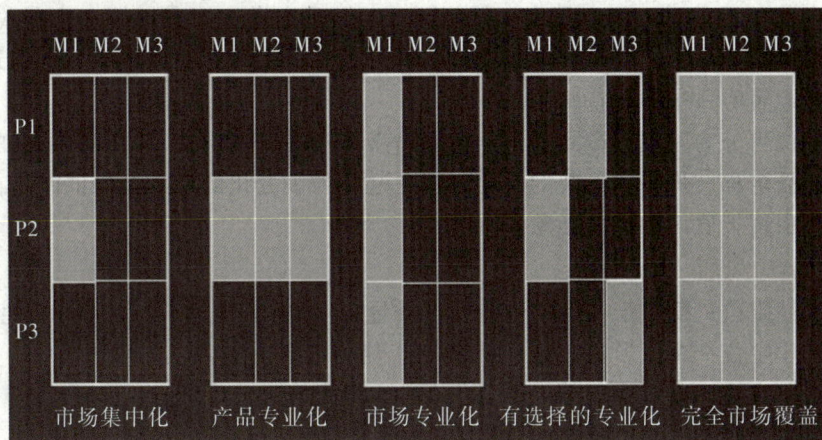

图2-21　目标市场选择策略

（1）市场集中化策略。

企业集中力量服务一个细分市场。其优点是企业深刻了解该细分市场的需求特点，采取有针对性的产品、价格、渠道和促销策略，从而获得强有力的市场地位和良好的声誉。其缺点是隐含较大的经营风险。

（2）产品专业化策略。

企业集中生产一种产品，并向所有顾客销售这种产品。例如，万达只做商业综合体地产，企业面向各个地区市场，提供同种类产品和服务，而不生产其他类型的房地产产品。这样，企业在商业地产方面树立了很高的品牌声誉，但一旦出现消费者消费习惯或偏好转移，企业将面临巨大的威胁。

（3）市场专业化策略。

企业专门服务于某一特定顾客群，尽力满足他们的各种需求。例如企业专门为老年消费者提供各种档次的产品。企业专门为这个顾客群服务，能建立良好的声誉。但一旦这个顾客群的需求潜量和特点发生突然变化，企业就要承担较大风险。

（4）有选择的专业化策略。

企业选择几个细分市场，每一个细分市场对企业的目标和资源利用都有一定的吸引力，但各细分市场彼此之间很少或根本没有任何联系。这种策略能分散企业的经营风险，即使其中某个细分市场失去了吸引力，企业也能在其他细分市场中盈利。

（5）完全市场覆盖策略。

企业力图用各种产品满足各种顾客群体的需求，即以所有的细分市场作为目标市场，一般只有实力强大的企业才能采用这种策略。

三、房地产市场定位

1.市场定位的概念

市场定位是在20世纪70年代由美国营销学家艾尔·里斯和杰克·特劳特提出的，其含义是企业根据竞争者现有产品在市场上所处的位置，针对顾客对该类产品某些特征或属性的重视程度，为本企业产品塑造与众不同的、令人印象深刻的形象，并将这种形象生动地传递给顾客，从而使该产品在市场上确定适当的位置。

市场定位并不是对一件产品本身做些什么，而是在潜在消费者的心目中做些什么。市场定位的实质是使本企业与其他企业严格区分开来，使顾客明显感觉并认识到这种差别，从而在顾客心目中占有特殊的位置。

市场定位可分为对现有产品的再定位和对潜在产品的预定位。对现有产品的再定位可能导致产品名称、价格和包装的改变，但是这些外表变化的目的是保证产品在潜在消费者的心目中留下值得购买的形象。

2.市场定位的内容

（1）产品定位：侧重于产品实体定位（质量/成本/特征/性能/可靠性/可用性/款式）；

（2）企业定位：企业形象塑造（品牌/员工能力/知识/语言表达/可信度）；

（3）竞争定位：确定企业相对于竞争者的市场位置；

（4）消费者定位：确定企业的目标客户群。

3.市场定位的步骤

市场定位的关键是企业要设法在自己的产品上找出比竞争者更具有竞争优势的特性。

竞争优势一般有两种基本类型：一是价格竞争优势，企业需要降低单位成本。二是偏好竞争优势，即能提供确定的特色来满足顾客的特定偏好。企业需要在产品特色上下功夫。因此，企业市场定位重要步骤有：

（1）分析目标市场的现状，确认本企业潜在的竞争优势。

这一步骤的中心任务是要回答三个问题：一是竞争对手产品定位如何？二是在目标市场中顾客还需要什么？三是针对竞争者的市场定位和潜在顾客的真正需要，企业能够做什么？通过调研，回答上述三个问题，企业明确项目的潜在竞争优势。

（2）准确选择竞争优势，对目标市场进行初步定位。

竞争优势表明企业能够胜过竞争对手的能力。这种能力既可以是现有的，又可以是潜在的。通常的方法是分析、比较企业与竞争者在经营管理、技术开发、市场营销、财务成本和产品特色等方面的优劣势。借此选出最适合本企业的优势项目，以初步确定企业在目标市场上所处的位置。

（3）显示独特的竞争优势并重新定位。

这一步骤的主要任务是企业通过一系列的宣传促销活动，将其独特的竞争优势准确传播给潜在顾客，在顾客心目中留下深刻印象，并及时纠正与市场定位不一致的形象。

拓展阅读2-5 ### 4.市场定位的形式

（1）产品差异化战略，即从产品质量、产品款式等方面实现差异化。寻求产品特征是产品差异化战略经常使用的手段。

（2）服务差异化战略，即向目标市场提供与竞争者不同的优异服务。企业的竞争力越好地体现在对顾客的服务上，市场差异化就越容易实现。

项目市场定位

（3）人员差异化战略，即通过聘用和培训比竞争者更为优秀的人员以获取差别优势。

（4）形象差异化战略，即在产品的核心部分与竞争者雷同的情况下塑造不同的产品形象以获取差别优势。

【案例分析 2-9】

互联网生态下的田园经济——乌村

乌镇拥有 7 000 多年文明史和 1 300 年建镇史，是典型的中国江南水乡古镇，是中国历史文化名镇，有"鱼米之乡、丝绸之府"之称。乌镇古镇是国家 5A 级旅游景区，素有"中国最后的枕水人家"之誉。2013 年起，举办乌镇戏剧节；2014 年起，成为世界互联网大会永久会址。坐拥长三角的黄金区位，再加上互联网基因的加持，乌镇早已在众多的古镇中脱颖而出。乌镇的旅游景区管理模式已经非常成熟，这张金名片的辐射效应需要新的载体来承接。而乌村正是凭借着优秀的选址、定位和差异化的经营方式，让乌镇又焕发了新的生机。

乌村（如图 2-22 所示）位于乌镇西栅历史街区北侧 500 米，紧依京杭大运河而建，总面积 450 亩，由乌镇旅游股份有限公司投资管理。乌村是对原有的自然村乌镇虹桥村整治、规划改建而来，保留了搬迁农房和原有村落地貌，以江南原有的农村风情为主题元素，围绕江南农村村落特点，内设酒店、餐饮、娱乐、休闲活动等一系列的配套服务设施，是一个用"休闲度假村落"的方法打造美丽乡村的成功案例。在当前实施乡村振兴战略中很有参考价值。

图2-22　乌村

分析：

一、定位精准

乌村从一开始就定位为"体验式的精品农庄"，强调在乡村肌理保护基础上，引进国际先进的"农庄度假"理念，以精品农产品种植加工区、农事活动体验区、知青文化区、船文化区构成四大板块，内设酒店、民宿、餐饮、娱乐、景观等一系列满足游客"吃住行游购娱"需求的配套服务设施，营造具有典型江南水乡农耕文化的传统生活氛围，打造成适应现代人休闲度假的"桃花源"。

二、传统农耕文化与现代休闲体验相结合

乌村本身在设计的过程中就最大程度地保留了原有村落的肌理、文脉。在这里，无论改为客户使用的民房，村头的池塘，油菜花田地，还是重新梳理的民居前园菜地、藕塘、垂钓池、田间小路，均采用了江南乡野最普通不过的自然景观设计手法。正是这些视野范围可及的平常之物，承载着众多游客内心的乡愁，拉近了景区与游客之间的距离。同时，乌村应用了现代化的"互联网+旅游"智慧旅游新模式，进入乌村，在乌村里吃住行，只需一个橙色手环。显示扫描成功，就可以进村。戴上手环，就成了乌村的"新村民"，不论是坐游览车、到自助餐厅用餐还是参加活动，不需要额外支付费用，只需要刷手环就能一站式搞定。村道边上，还有百科知识的二维码可以供游客查阅。所有的这些，都实现了农耕文化与互联网的完美结合。

三、一价全包和G.O.的服务模式有机结合

作为一个大乌镇范围内的创新景区，乌村在景区运营管理方面也进行了新的尝试。这种新的模式主要借鉴国外地中海俱乐部（ClubMed）。作为国际高端度假村运营者，ClubMed两大特色就是"一价全包（All Inclusive）"和"G.O.服务"。目前乌村的运营就采取这种服务模式。"一价全包"包括两种类型：非住宿一价全包和住宿一价全包，各种类型活动内容丰富。"G.O.服务"是指村内的专业服务人员提供的基于村民视角的服务、建议和陪伴。

资料来源：农耕人. 美丽乡村案例——浙江省嘉兴市乌村［EB/OL］. ［2024-04-24］. https://www.meipian.cn/22fpqryg.

📢 **项目小结**

房地产市场评估，包括房地产市场宏观环境分析、市场调查、市场分析、市场细分及市场定位。房地产市场评估是房地产项目前期策划的基础，是做好市场营销的前提和保障。宏观环境包括政治法律环境、经济环境、社会文化环境和科学技术环境；市场调查包括对消费者的调查、对竞争对手的调查；市场分析是在调查的基础上，对调查所得数据整理研究得出的市场认知；在市场认知的基础上，可以对市场进行细分，选择合适的细分市场作为目标市场；市场定位是在理解客户需求的基础上，做出相应的产品，在特定客户群中树立特有的形象和地位的过程。房地产市场评估在房地产开发、房地产营销活动中处于基础的地位。

◎ **关键概念**

房地产市场宏观环境　SWOT分析　房地产市场细分　市场定位　目标市场

💡 基础知识练习

一、单项选择题

1.房地产市场营销环境是企业（　　）的因素和力量，包括宏观环境和微观环境。

A.可改变　　　　B.不可捉摸　　　　C.可控制　　　　D.不可控制

2.房地产市场调查首先要解决的问题是（　　）。

A.确定调查方法　　B.选定调查对象　　C.明确调查目的　　D.解决调查费用

3.（　　）差异的存在是市场细分的客观依据。

A.产品　　　　　　B.价格　　　　　　C.需求　　　　　　D.服务

4.从逻辑关系上看，市场细分、市场定位与目标市场选择这三项活动的顺序是（　　）。

A.市场细分、市场定位、目标市场选择　　B.市场细分、目标市场选择、市场定位

C.目标市场选择、市场细分、市场定位　　D.目标市场选择、市场定位、市场细分

5.市场定位是（　　）在细分市场中的位置。

A.塑造一家企业　　B.塑造一种产品　　C.确定目标市场　　D.分析竞争对手

6.企业专门服务于某一特定顾客群，尽力满足他们的各种需求属于哪一种定位策略？（　　）

A.产品专业化策略　　　　　　　　B.市场专业化策略

C.市场集中化策略　　　　　　　　D.全覆盖策略

7.下列不属于房地产产品调查内容的是（　　）。

A.产品的数量、质量、结构、性能调查

B.房地产的环境、功能、格局调查

C.新技术、新工艺、新材料在房地产产品上的应用情况调查

D.价格调查、客户需求调查

8.房地产项目定位阶段的市场调查应从了解开发项目的（　　）入手。

A.土地状况　　　　B.交通状况　　　　C.周边景观　　　　D.社会需求

9.房地产项目定位的核心内容是（　　）。

A.对产品提出一种主题推广概念，使产品在潜在消费者心中产生共鸣

B.通过对产品和形象的设计，对产品赋予不同的价值，最终达成销售

C.通过对市场、消费者的分析，拟定建筑设计任务书

D.产品定位、客户定位和形象定位

10.在楼盘推广过程中，市场主题的确定是以（　　）为基础的。

A.产品定位　　　　B.客户定位　　　　C.形象定位　　　　D.功能定位

二、简答题

1.房地产市场环境分析的因素有哪些？

2.简述房地产市场调查的内容。

3.简述房地产市场细分的依据和方法。

4.目标市场选择策略有哪些？

5.谈谈什么是市场定位，以及市场定位的内容和步骤。

6.商铺与住宅在调研问卷设计上有什么不同？写字楼和别墅与住宅在问卷设计上又有什么区别？

【问卷材料】

商铺需求调查问卷

1.请问您是否打算购买商铺？（1）是　　（2）否

2.请问您打算何时购买？

（1）半年内　　　　　（2）半年到一年　　　　　（3）一年到两年

（4）两年到四年　　　（5）四年以上

3.请问您购买商铺主要是用于：

（1）自己经营　　（2）租给他人经营　　（3）将来转手　　（4）后两者皆有

4.请问您在购买商铺时主要考虑的因素有：

（1）地段　　（2）交通　　（3）环境　　（4）政策　　（5）升值潜力

5.请问您考虑到_____附近购买商铺吗？

（1）是（转题7）　　（2）否

6.请问您不打算购买的原因：

（1）商业氛围不好　　（2）人流量太少　　（3）档次不高　　（4）其他_____

7.请问您打算购买多大面积的商铺？

（1）30平方米以下　　（2）[30，60）平方米　　　　（3）[60，100）平方米

（4）[100，150）平方米　　（5）[150，200）平方米　　（6）[200，500）平方米

（7）[500，1 000）平方米　　（8）1 000平方米以上（含）

8.请问您愿意为此商铺支付的总价？

（1）6万元以下（2）[6万，10万）元　（3）[15万，25万）元　（4）[25万，50万）元　（5）[50万，100万）元　（6）[100万，200万）元　（7）[200万，500万）元（8）500万元以上（含）

9.如果购买商铺，请问您打算经营什么_____

10.您选择的付款方式？

（1）一次性付款　　（2）分期付款　　（3）按揭

11.您期望的交付状态？

（1）毛坯　　（2）初装修　　（3）全装修

12.如果在***城区建造一个大型中高档商业中心，请问您有没有兴趣投资？

（1）有　　（2）可以考虑　　（3）没有　　（4）有待于进一步了解情况

13.请问您来自_____？

（1）**市区　　（2）**周边城镇　　（3）**邻近县市

（4）**省内其他地区　　　　　（5）外省市

郑重承诺：我们对您的个人资料绝对保密，谢谢您的合作！

分析：商铺调研问卷在设计上与住宅调研问卷有什么不同？

⊙ 实践操作训练

一、案例题

越秀·维多利中心市场定位策划

G20峰会在杭州的成功举办，提升了杭州整体城市价值，推动着这座城市经济的迅速发展，将给这座城市带来无限发展的可能。但从目前杭州产业结构来看，以工业、制造业和互联网商业、旅游服务业为主，写字楼需求并不强劲。最新研究显示，目前杭州写字楼市场总体供过于求，写字楼销售竞争激烈，销售难度较大。

越秀·维多利中心（效果图如图2-23所示），位于钱江新城之江东路与御道路交汇处。项目总占地面积12 000余平方米，总建筑面积70 000余平方米，东临钱塘江，西靠钱江新城核心区，北接城东新城，项目由两幢270度环幕钻石塔楼、四席商务独栋以及部分商业配套共同组成江景办公集群。项目地理位置优越，10分钟连接武林与西湖，5分钟可达市民中心、万象城，周边商业气息日渐成熟浓郁。项目所处的钱江新城板块（如图2-24所示）是杭州新的中心级，功能定位为杭州市行政及金融商务中心，板块目前有杭州市民中心，以及来福士、高德置地、西子国际等众多超甲级写字楼。该项目A幢于2015年11月销售，2018年1月售罄；B幢自持，由越秀旗下REIT公司委托自己的运营公司对B幢进行出租运营，主要用于高端商务办公。

图2-23 越秀·维多利中心效果图

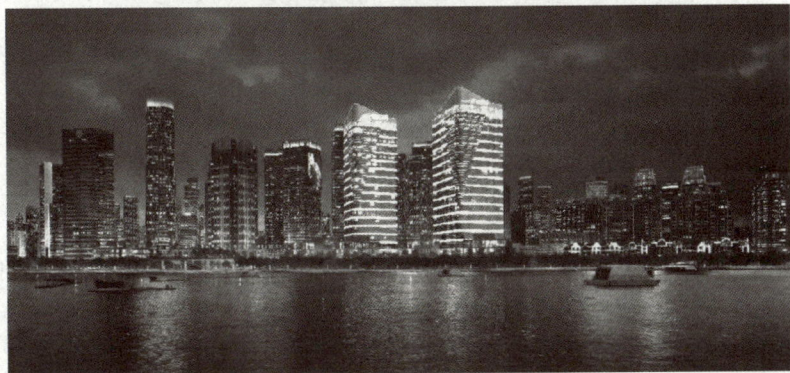

图2-24 越秀·维多利中心地处钱江新城板块

资料来源：根据越秀·维多利中心项目有关资料整理。

问题：

在当前杭州地区市场环境下，为做好越秀·维多利中心项目的市场营销，请完成对该项目的市场定位策划。

分析提示：

市场定位策划主要是回答好以下问题：写字楼客户群是哪些？项目的目标客户群如何选择？目标客户群需求特征是什么？本项目要在客户群中树立什么样的价值？具体可以从以下几个方面入手：

1. 杭州写字楼市场分析；

2. 与本项目直接竞争的写字楼项目分析；

3. 本项目SWOT分析；

4. 本项目的市场定位研究。

二、实训题

【实训情境设计】

假设某开发商在你所在学校附近区域刚刚购得一块面积200亩的土地，土地用途为住宅用地，拿地后企业进入什么样的市场，为谁开发产品，在该地段打造一个什么样的产品，成为开发商急需解决的课题，需要展开分析论证。请结合地块所处的位置和当前本区域房地产市场的实际情况进行调查分析，为该企业出具一份有关该地块的市场定位报告。

【实训任务要求】

以小组为单位，通过完成土地分析、市场环境分析、客户分析、竞品分析等进行市场选择和市场定位，并撰写市场定位报告，保留调研分析基础材料（如调查问卷、专项分析报告等）。

【实训提示】

市场定位的关键是找准市场，在确定的细分市场上，以及对客户特征的深入认知基础上，推出比竞争产品更有优势的价格，塑造出企业所要提供的产品和形象。因此，需要完成：

（1）分析地块所在城市、区块房地产市场的状况，探查消费者房产消费动向；

（2）分析不同目标消费群体的需求状况及消费特征；

（3）分析周边同类项目的产品及市场销售、竞争状况；

（4）寻找产品在客户群中的价值点。

【实训效果评价】

陈述评价（40%）：从问题清晰度、目标明确性、组织实施、问题解决、PPT质量等方面进行评价。

书面评价（60%）：从内容客观性、结构完整性、数据准确性、参考应用价值、逻辑合理性、排版整洁性等方面进行评价。

【阅读材料】

烟台市某项目客户调研及产品定位报告

项目开发的客户调研及产品定位分析报告，一般由六个方面组成。报告从市场环境、竞品、地块本身、目标客户等方面分析入手，提出开发战略的建议，以及经济分析测算。

1.房地产市场环境研究

房地产市场环境研究包括城市房地产市场环境分析和区域房地产市场分析。

城市房地产市场环境分析主要包括：

（1）全国政策、中央层面："维稳"是总基调，"房住不炒"是底线；央行：按照"因城施策"原则，省级分支机构指导房贷利率市场定价机制。

（2）地方政策："烟九条"政策持续，芝罘区大力推进棚改。

（3）城市概况：烟台是山东半岛的核心城市之一，环渤海区域的重要港口城市，辖四区七县级市一县和开发区、高新区、保税港区及昆嵛山保护区，总面积达1.37万平方千米，目前航空、铁路、港口海运便利，规划建设4条地铁线路。

（4）全市普通住宅市场分析：受三四线城市去库存的政策利好影响，2017年、2018年普通住宅成交量大幅提升，2019年以来小幅回落，新增供应与成交量基本持平。住宅均价大幅提升，复合增长率为21.5%，成交均价已达10 745元/平方米，芝罘区均价仅次于莱山区。

芝罘区房地产市场分析如图2-25和图2-26所示。

▶ 芝罘区普通住宅市场

芝罘区普通住宅需求量在2017年达到最高值并出现供不应求的状况，此后开始回落，供应量在2018年达到峰值，2019年1—8月仅为2018年全年的32%，主要在6月集中供应，价格逐年攀升，2019年8月均价为13 688元/平方米。

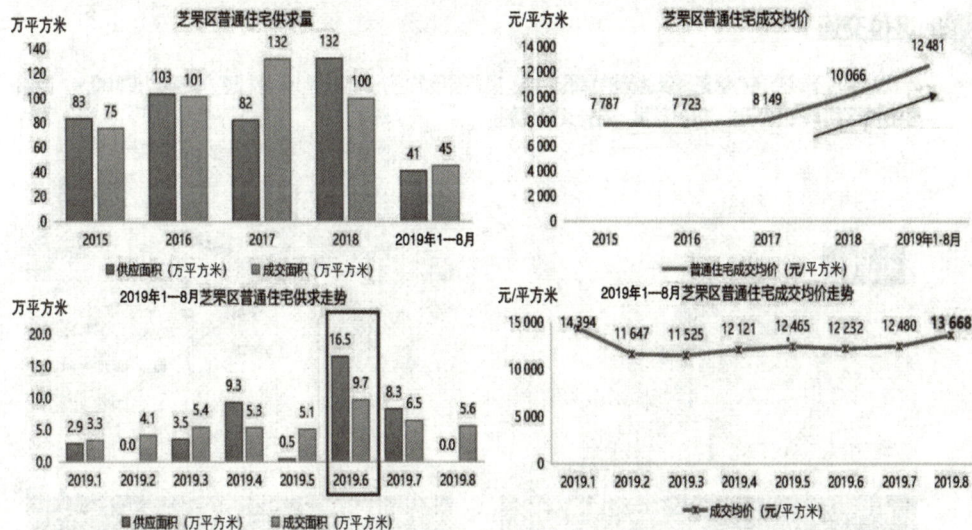

图2-25　芝罘区普通住宅市场分析

经过多方面的分析，得出区域市场的结论：去库存效果减弱，价格稳步上升，区域住宅总存量占全市的29.4%，潜在风险较高；住宅市场以刚需三房为主力，二房、四房为次主力，商业市场供求量少，以小面积低总价商铺为主。

▶ 芝罘区住宅市场户型趋势总结

从区域的户型成交结构来看，刚需及首改三房为主力供应户型，面积段在90~100平方米、100~110平方米、110~120平方米的成交量最大；刚需二房、改善四房为次主力产品，70~90平方米、140~160平方米的成交量最大。

二房							
面积段（平方米）	供应面积（平方米）	供应套数	成交面积（平方米）	成交套数	成交均价（元/平方米）	成交金额（元）	供求比
70~80	34 309	450	51 798	679	12 177	630 745 152	0.66
80~90	26 656	310	49 406	584	10 932	540 099 190	0.54

三房							
面积段（平方米）	供应面积（平方米）	供应套数	成交面积（平方米）	成交套数	成交均价（元/平方米）	成交金额（元）	供求比
90~100	54 787	569	93 249	973	10 461	975 465 709	0.59
100~110	61 225	578	57 601	546	10 698	616 195 741	1.06
110~120	36 505	316	46 224	401	11 781	544 542 529	0.79
120~140	99 543	761	74 832	574	14 340	1 073 098 378	1.33

四房							
面积段（平方米）	供应面积（平方米）	供应套数	成交面积（平方米）	成交套数	成交均价（元/平方米）	成交金额（元）	供求比
140~160	47 628	319	41 948	284	15 628	655 555 185	1.14

图2-26　芝罘区住宅市场户型趋势分析

2.本体及竞品市场研究

本体及竞品市场研究包括本体发展条件分析和项目竞争环境分析。

本体发展条件分析，包括对本案区位交通条件、地块条件的分析，如图2-27和图2-28所示。

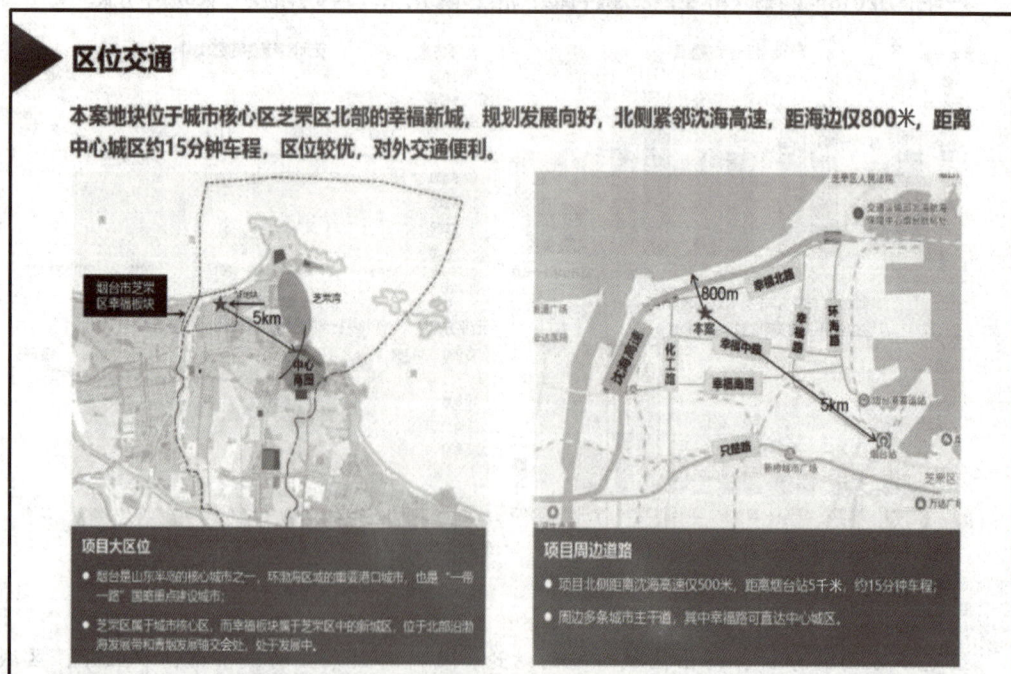

图2-27　区位交通条件分析

图2-28　地块条件分析

　　规划指标：项目占地面积7.77万平方米，容积率1.7～2.05，总建筑面积13.2万～15.9万平方米。强排指标：商业面积1.47万平方米，住宅面积13.96万平方米，地块要求全装修。

　　项目竞争环境分析包括：项目周边住宅市场情况、周边近期待开盘项目、周边在售及售罄住宅项目情况分析，以及项目竞品分析。项目周边住宅市场情况分析如图2-29所示。

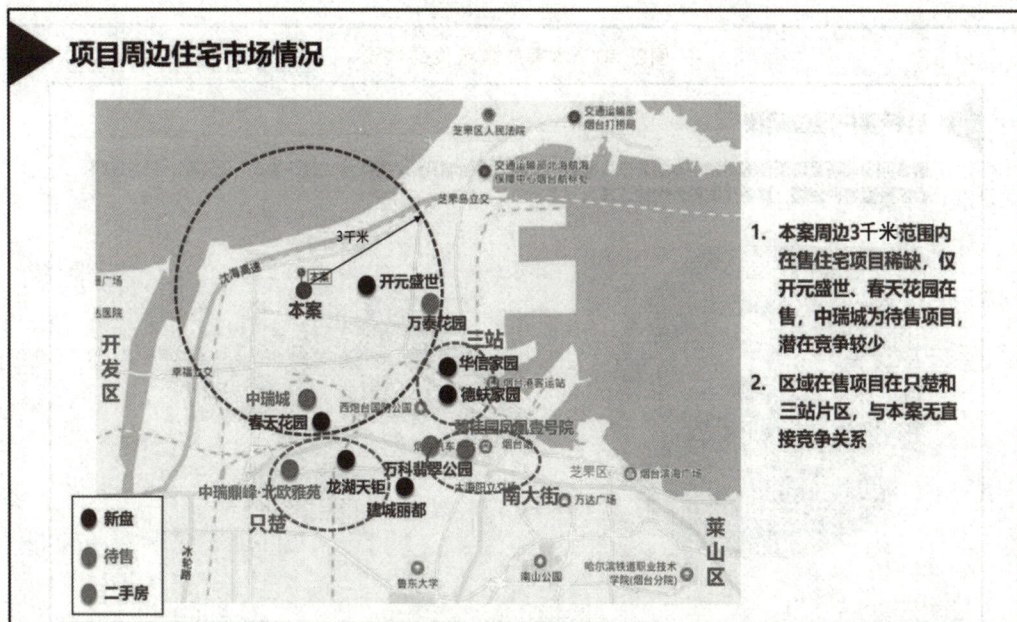

图2-29　项目周边住宅市场情况分析

3.目标客户分析

目标客户分析包括目标客户调研分析和业内一线从业人员专访分析。

其中,目标客户的调研分析包括对客户来源分析、客户购买力分析、客户置业需求分析。对业内一线从业人员的分析,主要来源于访谈。

4.整体定位建议

通过以上分析得出对本案的整体定位建议,包括:住宅产品定位建议、商业产品定位建议、客户定位建议、营销策略建议、产品排布建议。本案户型定位建议如图2-30所示,本案目标客户定位建议如图2-31所示。

本案户型定位建议

由于本案是片区发展的首个启动项目,建议本案以快速去化为前提,主打小面积的刚需、刚改产品;户型配比建议以市场主流刚需及首改三房为主,刚需二房为辅,以避免同质化竞争,增强本案产品的功能性。

两者结合得出项目房型建议

芝罘区市场房型表现
三房为绝对主力,90-100㎡/100-120㎡/120-140㎡为主力面积段
二房70-80㎡/80-90㎡
四房140-160㎡

典型案例房型选择
德秋家园、开元盛世主打刚需二房70-80㎡、80-90㎡
华侨家园户型涵盖1-4房
万科翡翠花园、龙湖天钜主打改善3房和4房

结合区域及典型案例的户型配比情况,建议本案的户型配比如下:

产品形态	户型	面积段(㎡)	面积段中间数(㎡)	套数占比	套数	总面积(㎡)
小高层	2房1厅1卫	70~80	75	25%	391	29 311.3
		80~90	85	34%	532	45 178.5
	3房2厅2卫	90~100	95	20%	313	29 702.1
		100~110	105	15%	234	24 621.5
	4房2厅3卫	110~120	115	6%	94	10 786.6
合计				100%	1 564	139 600

图2-30 本案户型定位的建议

目标客户定位建议

结合问卷调研及访谈情况,锁定本案未来目标客户:以幸福新城及周边的地缘性客户为主,芝罘区、开发区核心区外溢客户为辅,其他区域和外地投资客为偶得客户。

偶得客户
烟台其他区域及外地的投资客

次核心客户
芝罘区、开发区核心区总价外溢客户

核心客户
幸福新城地缘性刚需及改善客户

长岛市

图2-31 本案目标客户定位的建议

根据效益最大化原则，结合相邻关系、环境、景观资源，对不同业态和品类产品进行布局。

5.项目价格建议及经济测算

项目价格建议及经济测算包括销售价格建议以及整体经济测算，并得出物业开发时序及推案节奏。

资料来源：根据易居克而瑞网站相关资料整理。

项目三　房地产项目产品策划

● 学习目标

知识目标

　　1.掌握房地产产品整体概念；

　　2.掌握房地产产品策划要点，理解景观策划要素；

　　3.理解房地产价格内涵，能根据市场预测项目价格；

　　4.了解房地产产品发展趋势；

　　5.熟悉小区规划的主要内容及控制指标。

能力目标

　　1.能进行户型评价与设计；

　　2.能进行价格预测与景观环境建议；

　　3.能分析评价住宅户型和小区规划，并给出建议。

素养目标

　　1.在房地产产品发展趋势分析中，弘扬中华文化，增强文化自信，将传统文化元素与现代设计理念相结合，促进房地产项目产品与民族文化的融合。

　　2.在房地产项目产品策划中融入绿色发展理念，强调生态平衡与环境保护，响应国家对生态文明建设的号召，体现美好生活追求，提升幸福感、满足感。

>>>>>>> 项目三思维导图

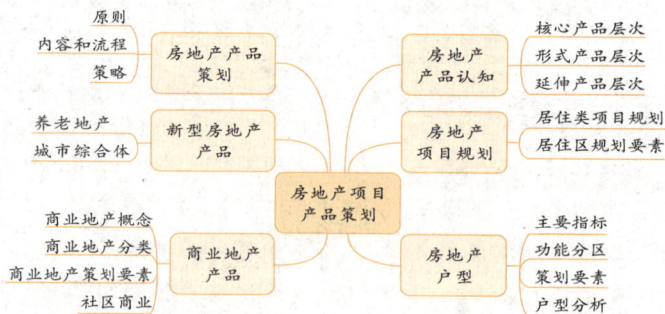

原则				核心产品层次
内容和流程	房地产产品策划		房地产产品认知	形式产品层次
策略				延伸产品层次
养老地产	新型房地产产品		房地产项目规划	居住类项目规划
城市综合体				居住区规划要素
商业地产概念		房地产项目产品策划		主要指标
商业地产分类	商业地产产品		房地产户型	功能分区
商业地产策划要素				策划要素
社区商业				户型分析

》》》》》》　引例

借力智慧，植根文化，存量策划，需求营销
——绍兴"越阁"存量资产盘活记

　　浙江省绍兴市的快阁苑小区是一个建于21世纪初的老旧小区，小区中心的一处配套公建"越阁"，由于功能单一、设施陈旧，一直处于关闭状态，一方面无法满足社区居民对配套设施的需求，另一方面是大量空置房闲置。在老旧小区的综合改造提升工作中，对该处存量资产进行重新定位、重新设计、重新营销，成为当地老旧存量资产盘活的一个成功案例。

　　第一，时空叠加，实现空间利用的加法效应。小区的住户是全龄段的，住户的需求也是各式各样的。功能的复合利用：知行学舍，白天是为老年人开放的老年大学，夜晚则是青年人的兴趣平台；露台，夏天提供天幕和露营装备，冬天则化为温暖舒适的"阳光房"；中央厨房，平时是社区食堂，节假日提供家宴服务。利用时间上的"白+黑，冬+夏，忙+闲"，达到空间上的错峰使用。

　　第二，借力智慧，实现空间利用的乘法效应。将三端融合，为治理提供智能服务，为居民提供数字化的服务，智能手环可以根据身体健康检测，推出社区食堂最适合的食谱，也会推送相关建议和吃药提醒。社区小程序与越阁店铺智慧联动，空间的利用突破了实体建筑的限制。

　　第三，植根文化，实现空间利用的乘方效应。越阁的改造，植根于绍兴本地的文化。越剧、黄酒、乌篷船、三味书屋等等，带着深深的绍兴文化印记，在此次改造中，无论从店铺命名、还是进驻商家的形式和内容，都反映了浓郁的文化气息，小区住户倍感亲切，完全接纳了重生的"越阁"。

　　存量资产"越阁"，经过重新策划，成了一个魔方，焕发新的生机。绍兴快阁苑"越阁"改造后效果图如图3-1所示。一个成功的营销，底气就来自一个成功的策划。

图3-1　绍兴快阁苑"越阁"改造后效果图

资料来源：作者根据相关资料管理。

◁◁◁◁◁◁◁

任务一 房地产产品认知

【案例分析 3-1】

"院隐于市"的梦想走进现实

墙门、坊巷、粉墙黛瓦……中式六合院，将江南风情尽数呈现，创新六重天地院落，业主可以在堂院插花观鱼、品茶赏月，让年迈的父母在雅院耕耘自己的果蔬小园，让家里的客人住在礼院有住在花园的感觉……散落着的六重院子，足以安放三代同堂的天伦之乐，重拾院落记忆。

四庭墅，则是为满足人们"院隐于市"的梦想而来，是在杭州城区开发设计的坡地叠院。在高低错落的坡地间，在东情西韵间，四庭墅为都市人带来渴慕的庭院生活。在这里，可以感受春夏秋冬的季节更迭、低密人生的优雅与隽永……

为此，项目团队专为都市人们在繁忙工作之余打造一处"世外桃源"，近 30 000 平方米体量，以数百种桃花点缀，花开季节，桃之夭夭，灼灼其华，美不胜收；桃花溪谷中还意在营造浪漫的"樱花跑道"，让自然与生活更融洽，在风景与岁月的辉映中，感受人生每个季节的变幻与美好（如图3-2所示）。

图3-2 桃源小镇

资料来源：根据桃源小镇项目有关资料整理。

视频 3-1

在建筑中传承中华文化

分析：本项目是杭州首个融入田园风光和学院式养老概念的理想小镇，规划有独栋别墅、联排别墅、高层公寓、风情商街、主题会馆等多元物业形态。在核心产品满足人们居住需求的同时，桃源小镇有完善的生活配套，如 32 000 平方米的小镇商街，21 000 平方米的双主题会馆，4 000 平方米的吉的堡幼儿园，3 000 亩都市生态农庄以及小镇食堂、鲜蔬菜场、超市等，能满足多样化需求。小镇的物业服务由专业化、社会化的服务联盟执行，服务体系包括健康医疗、文化教育、居家生活三大系统，为目标人群提供"老有所养、老有所学、老有所乐"的美好生活。小镇诠释了房地产产品是效用核心产品层次、实物形式产品层次与服务延伸产品层次结合的整体概念特性。

一、产品整体概念

市场营销学认为，广义的产品是指人们通过购买而获得的能够满足某种需求和欲望的物品的总和，它既包括具有物质形态的产品实体，又包括非物质形态的利益。营销大师菲利普·科特勒等认为，应按核心产品、形式产品、期望产品、延伸产品和潜在产品五个层次来表述产品整体概念。

课程思政教学
设计3-1

二、房地产产品整体概念

凡是提供给市场的能够满足消费者或用户某种需求或欲望的任何有形建筑物、土地和各种无形服务或权益均为房地产产品。这里有形的物质形态主要包括土地和建筑物及其附属设施；无形的非物质形态主要包括房地产的权益、心理上的满足感、给消费者带来的附加利益、楼盘形象、对开发商、代理商品牌的信任等。结合市场营销学和房地产产品特性，房地产产品整体概念可分为三个层次：核心产品层次、形式产品层次、延伸产品层次（如图3-3所示）。

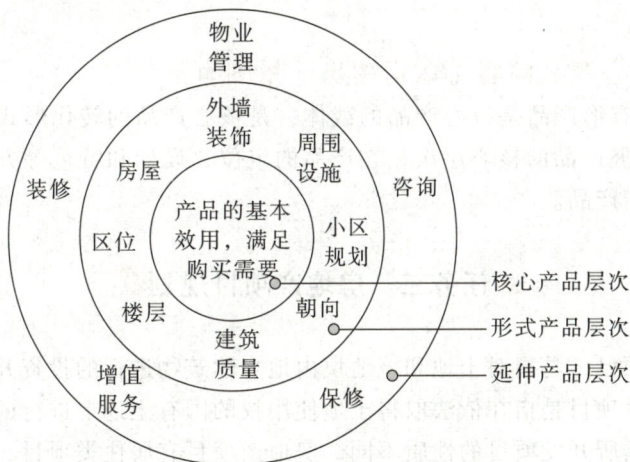

图3-3 房地产产品整体概念

1.核心产品层次

核心产品层次是房地产产品整体概念中最基本的层次，为消费者提供最基本的效用和利益，能满足消费者最基本的使用功能和基本利益，如住宅物业，它除了可以满足人们对"住"的基本需求之外，其效用在不同经济发展时期有不同的诠释。

2.形式产品层次

形式产品层次是指房地产产品的实体和外在表现，如房地产的区位、质量、外观造型与建筑风格、建筑材料、色彩、建筑结构与平面布局、周边环境等。

3.延伸产品层次

延伸产品层次是指消费者购买和消费房地产产品时所得到的各种附加服务，如协助办理房地产产权、协助办理按揭贷款、装修、物业管理、物业咨询等。

三、房地产产品整体概念内涵

1.房地产产品是有形特征和无形特征构成的综合体

在产品开发过程中，应有针对性地提供不同功能的产品，以满足消费者的不同需要。同时，对于产品的无形特征也应充分重视，比如物业服务，已然成为提升产品竞争力的重要因素。

2.房地产产品整体概念是一个动态的概念

随着市场消费需求水平和层次的提高，市场竞争焦点不断转移，对产品提出了更高的要求。高质量、新科技、好服务将成为高品质住宅产品的重要特征。

3.对房地产产品整体概念的理解必须以市场需求为中心

产品整体概念的三个层次，体现了一切以市场需求为中心的现代营销观念。整体产品应满足人民对美好生活的向往，使"人民群众获得感、幸福感、安全感更加充实、更有保障、更可持续"[①]。

4.房地产产品的差异性和特色是市场竞争的重要内容

拓展阅读3-1

房地产产品整体概念三个层次中的任何一个要素都可以通过产品的效用、风格、业态、品牌、形象、装修装饰、物业管理等形成与众不同的特点。

户型与面积
变化趋势

5.核心产品内容可以衍生出一系列有形产品

有形产品是核心产品的载体，是核心产品的转化形式。房地产策划应该把握产品的核心层次，在产品的定位、设计和特色等方面有所创新，由此开发出一系列新产品。

任务二 房地产项目规划

房地产开发项目，是指对土地和该地块内地上建筑物进行的投资开发建设项目。在我国，房地产开发项目是指在依法取得土地使用权的国有土地上进行的基础设施和房屋建设的项目。根据所开发项目的性质不同，房地产项目有居住类项目、商业类项目、工业类项目等不同类型。

房地产开发项目从开发、建设、经营、管理的全过程分析，一般可分为五个阶段，即：可行性研究和项目决策阶段、建设前期准备阶段、建设阶段、销售阶段、交付使用阶段。在建设前期准备阶段，开发商委托规划设计人员开展房地产项目的规划设计，作为下一步报批、建设的依据。

房地产开发项目必须符合城乡规划的各项要求。按照经济效益、社会效益、环境效益相统一的原则，对所开发项目实行全面规划、合理布局、综合开发、配套建设。我国的城乡规划分为总体规划和详细规划，其中详细规划又分为控制性详细规划和修建性详细规划。对房地产开发项目产生直接法律约束的是详细规划。

一、居住类房地产项目规划

居住区依据其居住人口规模主要可分为十五分钟生活圈居住区、十分钟生活圈居住区、五分钟生活圈居住区和居住街坊四级。

---

① 出自《高举中国特色社会主义伟大旗帜 为全面建设社会主义现代化国家而团结奋斗》（党的二十大报告）。

其中，"十五分钟生活圈居住区"是指以居民步行十五分钟可满足其物质与生活文化需求为原则划分的居住区范围，居住人口规模为50 000～100 000人（17 000～32 000套住宅），配套设施完善的地区。"十分钟生活圈居住区"是指以居民步行十分钟可满足其基本物质与生活文化需求为原则划分的居住区范围，居住人口15 000～25 000人（5 000～8 000套住宅），配套设施齐全的地区。"五分钟生活圈居住区"是指以居民步行五分钟可满足其基本生活需求为原则划分的居住区范围，居住人口5 000～12 000人（1 500～4 000套住宅），配建社区服务设施的地区。"居住街坊"是住宅建筑组合形成的居住基本单元，居住人口规模在1 000～3 000人（300～1 000套住宅），并配建有便民服务设施。

课程思政教学设计 3-2

居住类房地产开发项目大多属于"五分钟生活圈居住区"或"居住街坊"。

居住社区是城市居民生活和城市治理的基本单元，为落实党中央、国务院关于加强基层治理的决策部署，建设安全健康、设施完善、管理有序的完整居住社区，住房和城乡建设部于2022年1月发布了《完整居住社区建设指南》。

完整居住社区是指在居民适宜步行范围内有完善的基本公共服务设施、健全的便民商业服务设施、完备的市政配套基础设施、充足的公共活动空间、全覆盖的物业管理和健全的社区管理机制，且居民归属感、认同感较强的居住社区。建设完整居住社区，就是从保障社区老年人、儿童的基本生活出发，配套养老、托幼等基本生活服务设施，促进公共服务的均等化，提升人民群众的幸福感和获得感；就是通过构建规模适宜、功能完善的基本细胞，优化调整城市结构，完善城市功能，激发城市活力，从根本上解决"城市病"问题，推动城市转型发展。

微课 3-1

上海15分钟社区生活圈实践

1. 居住类房地产项目的物质组成要素

（1）建筑工程。

居住区内的建筑工程分为地上建筑和地下建筑，主要包括居住建筑、公共建筑，以及市政公共设施建筑。其中占大多数建筑量的是各类居住建筑（如图3-4所示）。

别墅

排屋

多层住宅

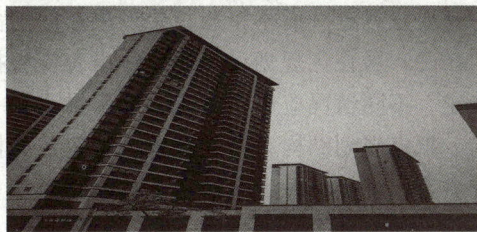

高层住宅

图3-4　居住建筑

居住建筑包括1~3层的低层住宅建筑，如别墅、排屋；4~9层的多层住宅建筑（包括4~6层的多层Ⅰ类、7~9层的多层Ⅱ类），以及10层以上的高层住宅建筑（包括10~18层的高层Ⅰ类、19~26层的高层Ⅱ类）。

居住区内的公共建筑主要包括文化活动站、小超市、幼儿园、小学、公共厕所等。

居住区内的市政公共设施建筑主要是指变配电房、锅炉房、垃圾收集房、水泵房等，与供电、供水、供暖等工程设施相关。

（2）室外工程。

居住区内的室外工程设施包括地上、地下各种工程管线，以及道路、公共绿地，驳岸、挡土墙等构筑物。

2. 居住区用地的组成

居住区用地包括住宅用地、配套设施用地、道路用地、公共绿地这四类用地。各类用地的构成是：

（1）住宅用地：包括住宅建筑基底所占用地以及四周合理间距内的用地（宅旁绿地、宅间小路等）；

（2）配套设施用地：是指为居住人口配建的各类设施的用地，包括公共建筑基底所占用地及其所属的专用场院、绿地、配建停车场、回车场等；

（3）道路用地：包括居住区内的各级车行道路、广场、停车场、回车场等，但不包括宅间步行小路以及配套设施用地内的专用道路和配建停车场；

（4）公共绿地：居民共享的集中绿地，包括居住区公园、小游园等，以及其他具有一定规模的块状或带状绿地。

3. 居住区规划的基本原则与主要成果

（1）居住类房地产项目的规划设计，应遵循下列基本原则：

① 适居性原则，要求按照人的居住生活、社会生活规律、人的生理心理特点进行规划设计；卫生、安全、方便、舒适是居住区适居性的基本要求。

② 生态优化原则，尊重并保护自然与人文环境，"坚持绿水青山就是金山银山的理念"[1]，保护并营造良好的生态环境。

③ 综合效益原则，注重经济效益、社会效益、环境效益的综合提升。

④ 社区塑造原则，营造社区特征，强化社区文化、社区服务等功能。

⑤ 整体性和多样性原则，既要创建居住区的功能、空间、形象等的整体统一，同时又要注意统一而不单调，要形成空间的多样性。

（2）居住区规划设计的具体内容应根据城市总体规划的要求以及基地的具体情况而确定，不同情况应区别对待。通常来讲，一项居住区规划全程应包括选址定位、估测指标、拟定规划结构和布局形式、拟定各类构成用地的布置形式、建筑选型、工程规划设计方案、规划设计说明和经济技术指标等。图3-5为居住区规划图（部分）。

---

① 出自《高举中国特色社会主义伟大旗帜 为全面建设社会主义现代化国家而团结奋斗》（党的二十大报告）。

现状图

结构分析图

总平面图

交通分析图

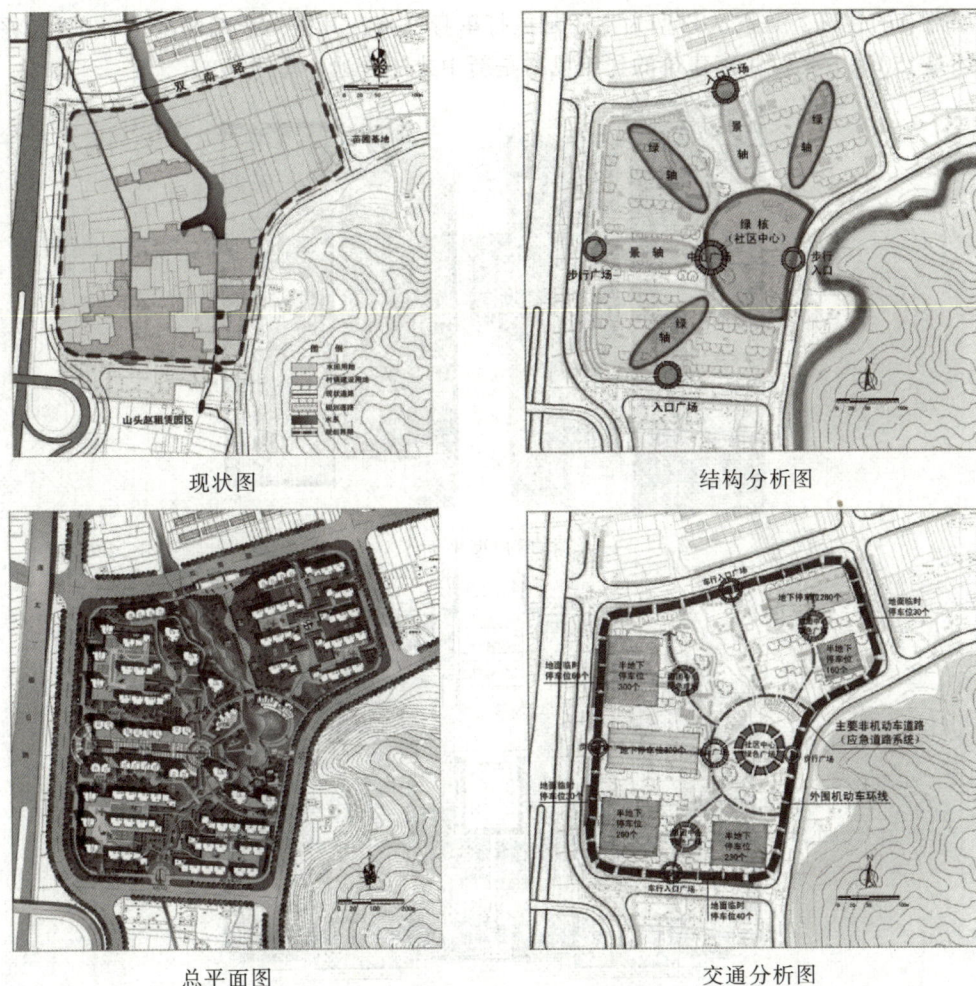

图3-5 居住区规划图（部分）

① 现状图，包括基地的现状分析，以及基地的区位分析。基地的现状分析具体包括地块的地形、植被、人工地物等；区位分析具体包括地块的毗邻关系、地块的区位条件（包括地理区位和交通区位的分析）。

② 规划设计方案，包括总平面图，以及各种规划分析图，如规划结构、道路系统分析、绿地景观分析，主要建筑选型设计方案图。

③ 工程规划图纸，包括竖向规划设计图，各类工程管线设计图和管线综合图。

④ 规划设计意向图或模型，包括鸟瞰图、主要街景等。

⑤ 规划设计说明及经济技术指标。居住区规划的经济技术指标包括用地平衡表，建筑密度、容积率、绿地率、停车位等指标。

二、居住区规划要素

1.住宅建筑选型

居住区的住宅建筑选型，主要选择住宅的每户面积、户型组成、楼层数等的搭配，以及建筑风格、建筑类型等（如图3-6所示）。例如：该住区是多层住宅住区还是高层多层兼有的住区？是以大户型为主还是主打单身公寓？其主力户型面积是每户100平方米还是150平方米？住区建筑的建筑风格是新中式还是地中海风情？

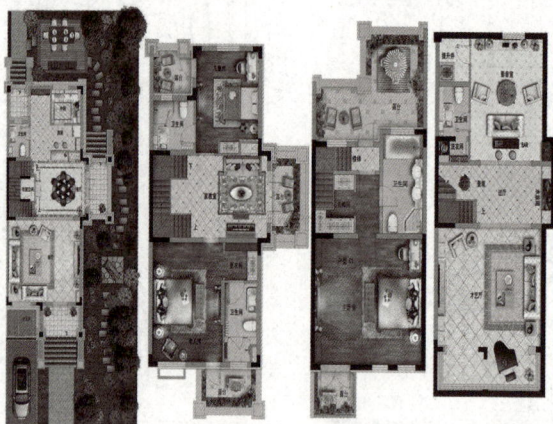

排屋户型平面

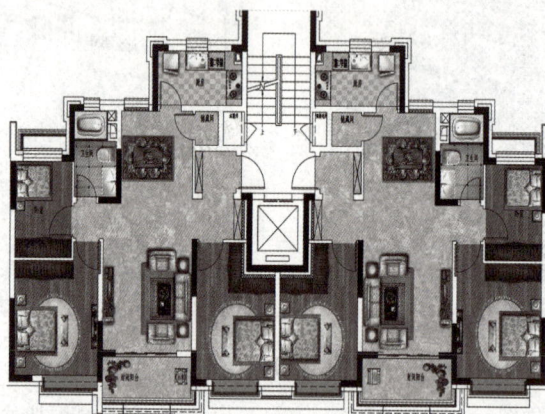

一梯两户单元式户型平面

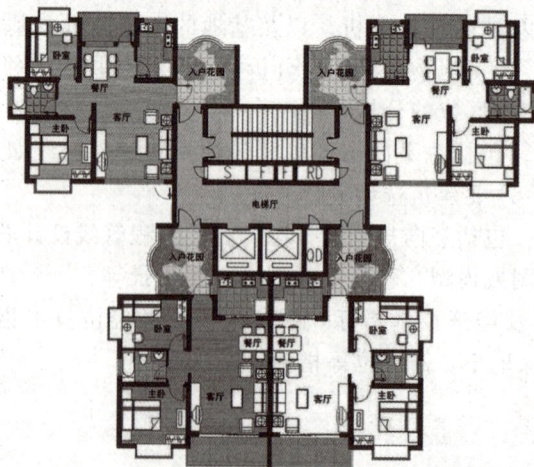

一梯四户单元式户型平面

图3-6 住宅户型平面

影响居住区建筑选型的因素主要有下列四点：

（1）城市规划的要求。城市控制性详细规划对该地块的建设有各种指标的限定，其中建筑限高、建筑密度、容积率等指令性指标，以及建筑风格、建筑色彩、建筑体量等指导性指标，都会对住宅建筑选型产生影响。

（2）住宅市场的导向。当前房地产市场的流行趋势会对居住区开发形成导向作用，市场的热点和发展方向会对住宅建筑选型产生影响。

（3）项目的开发定位。开发商对该项目的市场定位、潜在客户群的判断，对住宅建筑选型会产生影响。

（4）建筑成本及土地成本。通常低层住宅比多层住宅造价经济，而多层住宅又比高层住宅经济，但低层住宅占地面积大，较适宜规模较小的城市或用于较高标准的楼盘开发。对于多层住宅，提高层数能降低住宅建筑的单方造价，但六层以上，这一效果将明显下降。从节约用地的观点来看，高层住宅是解决城市用地紧张的途径之一。但层数越高，单方造价也越大，相应增加的单方成本也并不随层数增加均匀上升，而是阶梯状上升的。

2.住宅组群平面组合

住宅组群平面组合包括三种基本形式：行列式、点群式、周边式，此外还有三种基本形式的混合式。

（1）行列式。

行列式（如图3-7所示）是条式单元住宅和联排式住宅等，按一定的朝向和间距，成排布置，形成行列式布局。这种组合方式的优点是每户都能获得较好的日照、通风条件，便于布置道路和管网，土地利用率高；缺点是建筑空间布局呆板。如果能在平面布局时多考虑各建筑单体的错落分布，以及景观的穿插，那么就能避免兵营式布局的单调。

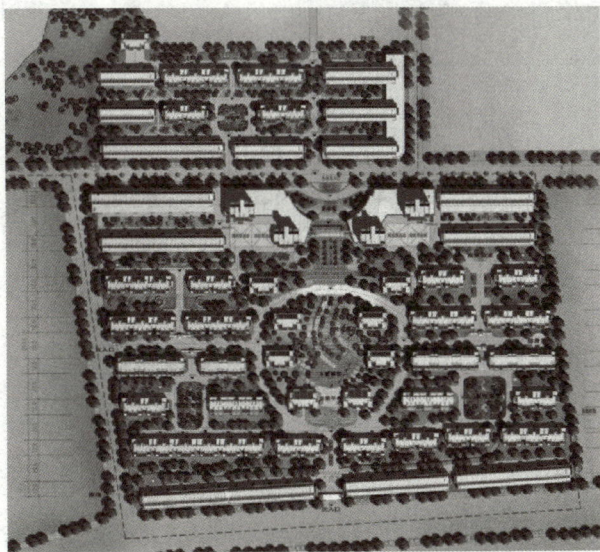

图3-7 行列式布局形式

（2）点群式。

点群式（如图3-8所示）住宅布局形式，是以点式住宅的组合形成丰富的建筑群空间。点式住宅可以是低层独立式住宅、多层点式住宅、高层塔式住宅等多种形式。这种布局形式对地形的适应性较好，布局灵活多样，空间景观丰富；但外墙面积占比高，使土地利用效率降低，单方造价提高，在寒冷地区过多的外墙也不利于建筑节能。

图3-8　点群式布局形式

（3）周边式。

周边式（如图3-9所示）住宅沿地块或院落的周边布置，形成封闭或半封闭的空间。这种布局方式便于形成安静、安全的院落空间，节约土地，在寒冷多风沙地区便于形成相对宜人的小区内部环境；但周边式布局方式会使部分住宅呈东西向，日照条件较差，转角建筑单元使结构、施工较为复杂，不利于抗震，增加了造价；地形起伏大的地区会产生较大的土石方量。

图3-9　周边式布局形式

（4）混合式。

居住区布置时根据地块内外的地形、交通、景观各因素，以及建筑的选型等，因地制宜，综合运用行列式、点群式、周边式等基本形式，形成混合式布局形式（如图3-10所示）。混合式布局形式比较适用于规模较大的居住区。

图3-10　混合式布局形式

住宅组群布局时，要考虑住宅建筑对日照、通风、朝向、噪声等要素的特殊要求。另外，建筑在布置时也必须满足消防的要求。

3.配套设施的规划

居住类开发项目大多对应"五分钟生活圈居住区"或"居住街坊"，所配建的配套设施主要有：社区服务设施和便民服务设施。社区服务设施，如社区服务站、幼儿园、老年人日间照料中心、社区商业网点等；便民服务设施，如物业管理服务、老年人活动场地、生活垃圾收集点、居民机动车停车场等。

居住区配建配套设施，应遵循配套建设、方便使用、统筹开放、兼顾发展的原则进行配置，其布局应遵循集中和分散兼顾、独立和混合使用并重的原则。规划时宜集中布局、联合建设，并形成社区综合服务中心。

4.道路与停车设施的规划

（1）居住区道路系统的规划。

居住区道路的规划建设应体现以人为本，提倡绿色出行，综合考虑城市交通系统特征和交通设施发展水平，满足城市交通通行的需要，融入城市交通网络，采取尺度适宜的道路断面形式，优先保证步行和非机动车的出行安全、便利和舒适，形成宜人宜居、步行友好的城市街道。

居住区规划道路系统时，应根据地形、气候、用地规模、城市交通系统，以及居民的出行方式，来选择经济、便捷的道路系统和道路断面形式。居住区的道路布置模式包括：环通式、尽端式、半环式、内环式、混合式等，道路布局要因地制宜。

道路的布置要有利于居住区内外各功能的联系，有利于建筑物的布置，同时还要满足日照通风的要求和地下工程管线的埋设。

（2）居住区停车设施的规划。

居住区必须配套设置机动车和非机动车的停车位，随着城市住户人均拥有私家车的数量逐年提高，以前的老旧居住区按总户数的20%~30%设置停车位，已满足不了社会生活发展的需要，一些档次较高的住区已按总户数的100%，甚至150%配置车位。如何确定这一比例？规划中应根据不同类型居住区、不同居住人群，并适当超前的原则来配置车位比例。

居住区停车可以根据道路系统规划，考虑集中与分散相结合的布置方式，以方便、安全、经济为原则。居住区的机动车停车形式有地面停车、建筑底层架空停车、地下集中车库停车、立体车库停车等。

5.居住区规划的技术经济指标分析

居住区规划的技术经济分析，主要是通过用地平衡和技术经济指标的统计进行的。

（1）居住区用地平衡。

居住区用地，主要包括住宅用地、配套设施用地、道路用地、公共绿地四项。居住区的用地平衡就是指这四项用地在比例上的均衡，以满足居住区规划的科学、合理、经济的要求。

对于十五分钟生活圈居住区、十分钟生活圈居住区、五分钟生活圈居住区、居住街坊这四个等级的居住区，上述四项用地的比例是不同的。并且同一类型的居住区，因为所处的气候区不同、住宅建筑层数不同，几类用地的指标也不同。具体数值可查阅《城市居住区规划设计标准》（GB 50180-2018）的相关条文。

（2）主要技术经济指标。

城市控制性详细规划对地块的开发强度控制主要有建筑密度、容积率等指标；对环境容量有绿地率等指标；此外，对居住区用地还有住宅平均层数、住宅建筑面积密度、停车率等指标。

建筑密度，是指居住区的用地范围内，建筑物基底面积总和与总用地面积的比率（%），它是指建筑物的覆盖率，反映了居住区范围内的建筑密集程度。

建筑密度（%）=建筑基底总面积÷总用地面积

容积率，又称建筑面积毛密度，是指居住区用地范围内的地上总建筑面积与总用地面积的比率，这是一个无量纲比值，是衡量建设用地使用强度的一项重要指标。对于开发商来说，容积率决定了该地块能够建造的房屋总量，继而决定了整个项目的预期利润；而对于住户来说，容积率体现了地块内建筑物的总量，直接影响到居住的舒适度。

容积率 = 总建筑面积÷总用地面积

绿地率，是指居住区用地范围内各类绿地总面积与总用地面积的比率（%）。各类绿地主要包括公共绿地、宅旁绿地等。其中，公共绿地，又包括居住区公园、小游园，以及其他的一些块状、带状化公共绿地。

绿地率（%）=各类绿地总面积÷总用地面积

建筑密度、容积率、绿地率，是城市规划管理部门评审、审核一个居住区项目的主要指标。

住宅平均层数，是指住宅总建筑面积与住宅基底总面积的比值，以层为单位，可以是小数。它反映了居住区住宅建筑中，低层、多层、高层的比例关系。

视频 3-2

住宅平均层数（层）=住宅总建筑面积÷住宅基底总面积

住宅建筑面积密度，包括住宅建筑面积毛密度、住宅建筑面积净密度。住宅建筑面积毛密度是指每公顷居住区用地上拥有的住宅建筑面积；住宅建筑面积净密度是指每公顷住宅用地上拥有的住宅建筑面积。

VR居住区规划元素展

停车率，是指居住区内居民汽车的停车位数量与居住户数的比率（%）。

任务三　房地产户型

户型是建筑的室内空间间隔，需要考虑整体建筑结构、建筑承重、消费者生活习惯及水、电、气、热、光纤等管网线路布置，是实现消费者居家生活的基本要素，是满足"舒适性"的首要前提。

【案例分析 3-2】

极致的空间艺术，中海户型之王实至名归

中海运河丹堤是国内房地产大鳄中海集团在扬州开发的首个"N+1户型王"项目。项目打造50多万平方米多业态低密度社区，独占南区生态景区和古运河文化景区双重稀缺资源，涵盖住宅、花园洋房、别墅等多种产品，融入古运河景观带，打造成沿河新景，营造出充满生态风情的特色小区。2014年8月，中海运河丹堤营销中心开放短短5天之内，就吸引了众多扬州客户追捧观摩。为何一个小小的户型，能一石激起千层浪，引来如此大的关注呢？逆势旺销，户型是关键！

在市场万般期待之下，揭开神秘面纱的中海第五代升级产品，其高层洋房突破性地做到了创造超高拓展空间。据悉，目前首推的瞰景高层，超宽楼间距享有开阔视野，其

中被客户惊呼不可思议的96平方米四房，在设计上更是颠覆了传统空间的布局，受到购房者一致青睐！100～129平方米墅质洋房则做到三开间朝南，健康舒适的空间，以及超高的利用率，正被越来越多注重生活品质的家庭所关注！

资料来源：根据杭州爱想广告公司的相关资料整理。

分析：由上述案例可知，户型是核心产品的载体，是房地产项目成功的关键和重要卖点，是消费者购房的重要参数。

一、户型主要指标

1. 进深

进深是指一间独立的房屋或一幢居住建筑从前墙壁到后墙壁之间的实际长度，也就是指住宅的实际深度（如图3-11所示）。在住宅的高度（层高）和宽度（开间）确定的前提下，设计的住宅进深过长，就使住宅成为狭长型，距离门窗较远的室内空间自然光线不足。为了保证住宅具有良好的自然采光和通风条件，进深不宜过长。一般来说，多层和高层住宅的进深在10.5～12米比较理想。

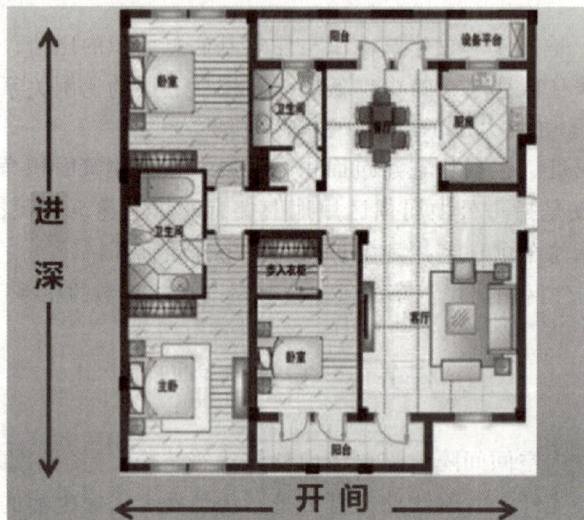

图3-11 户型的进深和开间

2. 开间

在住宅设计中，住宅的宽度是指一间房屋内最左侧墙的定位轴线到最右侧墙的定位轴线之间的实际距离，因为是就一自然间的宽度而言，故又称开间（如图3-11所示）。较小的开间尺度，可有效缩短楼板的空间跨度，增强住宅结构的整体性、稳定性和抗震性。但开间小，在住宅建筑面积中，承重墙、柱的结构面积相对较大，相对减少了有效使用面积；同时由于开间小，房间分割过小，不适应家庭居住行为变化的要求，而且住房很难自行改造。一般两室一厅80平方米的住宅，其客厅开间在3.6～3.9米；120平方米的住宅，客厅开间在3.9～4.2米。

建筑设计中，开间和进深均采用3M的模数，即都是300毫米的整数倍。住宅的开间和进深通常采用3.0米、3.3米、3.6米、3.9米、4.2米、4.5米、4.8米、5.1米、5.4米等尺寸。

3.楼间距

楼间距，是指两相邻楼的外墙面距离。一般来说，楼与楼之间的距离越大，品质就越高，房屋的日照、采光、通风、隐私、防噪等功能就越好。

住宅建筑的楼间距主要考虑日照和消防的需要。南北方向的楼间距主要考虑日照间距，按冬至日（或大寒日）底层住宅窗台的满窗日照时长计算，这一标准与所在城市的纬度、气候区、城区常住人口有关，具体可查阅《城市居住区规划设计标准》（GB 50180-2018）。各地的控制性详细规划中也会明确本地的居住区住宅建筑的日照间距系数。图3-12所示过窄的楼间距，无法满足住宅日照的要求。

其他方向的楼间距主要考虑消防间距。通常（指一、二级耐火等级建筑，参阅《建筑设计防火规范》（GB 50016-2014）），高层建筑的间距应在13米以上，多层建筑之间应在6米以上，高层与多层之间应在9米以上。

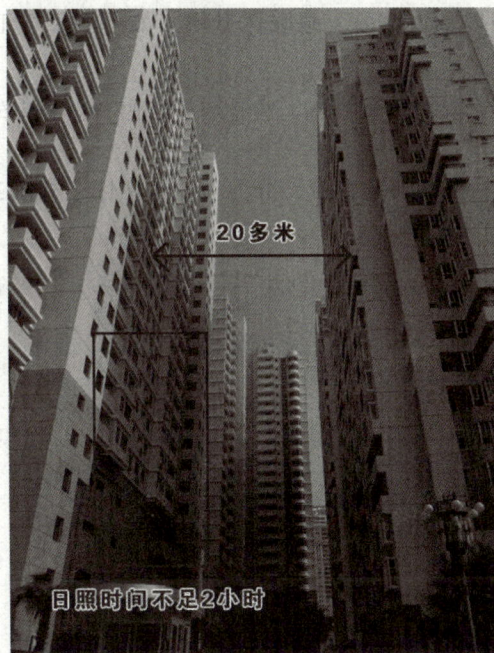

20多米

日照时间不足2小时

图3-12 楼间距

4.公摊面积和得房率

公摊面积是指每套（单元）商品房依法应当分摊的公用建筑面积，得房率是指可供住户支配的面积（套内使用面积+套内墙体面积+阳台建筑面积）与每户建筑面积（可供住户支配面积+公摊面积）之比。

得房率是买房比较重要的一个指标，在一般情况下，住宅中多层、小高层、高层得房率依次降低。目前我国一般按建筑面积计算税基和销售，得房率低意味着房价中公摊面积费用占比较高。但得房率也不宜过高，否则公共部分不足。因为得房率越高，公共部分的面积就越少，住户也会感到压抑。一般来说，得房率在80%比较合适，公共部分既宽敞气派，分摊的面积也不会太多，比较实惠。一般多层的建筑物得房率为88%，高层的建筑物得房率为72%，而办公楼得房率为55%。

5.赠送面积

购房时大都会有一些面积是赠送的，如阳台。阳台分为封闭和半封闭两种，封闭阳台算全部面积，半封闭阳台算一半面积，露台不算面积。如按住房和城乡建设部发布的《建筑工程建筑面积计算规范》（GB/T 50353-2013），阳台要按水平投影面积的一半计算建筑面积；结构净高在1.2～2.2米的地下室、半地下室，只计算一半面积；结构净高1.2米以下形成建筑空间的坡屋顶，不算面积。

二、户型功能分区

住宅应满足基本需求，即起居、饮食、洗浴、休息、储藏、工作和学习等。按开放程度和功能，住宅可以分为公共活动区、私密区和辅助区三个区域：

（1）公共活动区：供起居、交流、活动用，如客厅、玄关、餐厅等，如图3-13（a）所示；

（2）私密区：供处理私人事务、睡眠休息用，如卧室、主卫生间、书房等，如图3-13（a）所示；

（3）辅助区：居家生活辅助空间，主要有厨房、阳台、客卫生间、储藏室等，如图3-13（a）所示。

此外，住宅还可以根据其活动特点，分为动、静两区，如图3-13（b）所示。

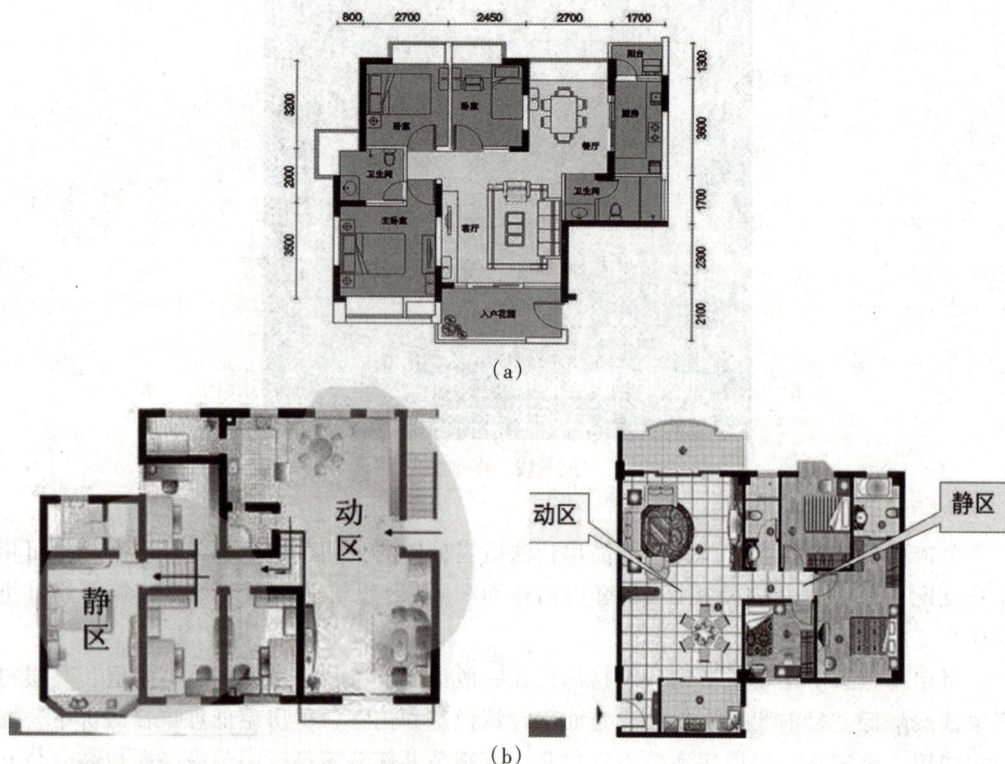

（a）

（b）

图3-13　户型分区

图片来源：根据世联户型有关资料整理。

（1）动区：活动比较频繁，可以有较多的干扰源，如走廊、客厅、厨房等；

（2）静区：要求安静，活动相对比较少，比如卧室、书房。

　　这些分区，各有明确的专门使用功能。户型设计策划中应注重动静分开、公私分开、主次分开和干湿分开。

三、户型策划重点

　　户型设计应根据目标客户群需求与欲望和市场发展，结合项目实际，在项目总体定位的前提下，确定户型大小、户型类别和户型类别分布。户型好坏没有统一的标准，设计能被市场认可、具有前瞻性和较强生命力、符合社会发展趋势的户型是策划的重要任务。

1.客厅（含玄关）

　　客厅是活动中心，是户型设计的重要一环。在普通住宅中大厅小卧仍是户型设计的主要方向。根据总面积的不同，客厅的开间一般应在3.8~5米。通常情况下，进深与开间之比不超过1.5。客厅的设计要保证客厅的独立性和空间的利用效率。

　　玄关，又称门厅，是指建筑物入门处到正厅之间的一段转折空间，它是屋外和屋内的一个缓冲。设玄关的目的有三：一是保持住宅的私密性；二是起装饰作用；三是方便出入时更衣换鞋挂帽。玄关在目前的户型设计中越来越受到重视，如在玄关增设洗手台，防止病毒细菌入户。同时，如果户型有缺陷，可以通过装修设计玄关来弥补（如图3-14所示）。

图3-14　玄关

　　图片来源：根据百度有关图片整理。

2.阳台

　　阳台是可以与外界自然环境很好融合的空间，最好与客厅相连。阳台（非封闭）由于只计入50%的面积，因此是开发商提高户型得房率的重要措施，也是营销的卖点。近年来，大露台、入户花园、多阳台、错层阳台、退台式阳台等成为户型设计的一大亮点（如图3-15所示）。

3.卧室

　　住宅户型中的卧室包括主卧、次卧和客卧。主卧是消费者重点关注部分，设计时应注意以下几点：

　　（1）卫生间：主卧一定要有独立卫生间。主卧卫生间面积还应比公共卫生间大，功能也应更完备，有条件的要设计明卫。

　　（2）位置：独立性、私密性是主卧的主要要求。

入户花园　　　　　　　　　　　　　　　　退台式阳台

图3-15　阳台

图片来源：作者拍摄。

（3）面积：卧室面积一般在14～20平方米。主卧中可以利用飘窗、八角窗等设计带有休闲阅读的区域，延伸卧室功能，有条件应尽量考虑设置独立的衣帽间（步入式衣橱）和独立的梳妆间。

次卧应和主卧位于同一区域，面积小于主卧，通常不设卫生间。客卧一般朝北，需要注意的是，在刚需型户型中次卧常被改为书房，应注意与主卧的距离。

4.餐厅

客厅与餐厅空间设计有分合。连通会使整个厅显得开阔，错开或隔断使功能区分清楚细致，但通风采光性会降低，面积利用率也会降低。所以，目前通常是大户型客厅与餐厅分开，140平方米左右的客厅和餐厅常利用装修分隔客厅和餐厅，对小户型则采取"模糊双厅"或利用房间的布局，打造半开放式的简约厨房。餐厅设计最好背靠2个面，有2个稳定面，形成相对独立餐厅的位置，如图3-16所示。

餐厅与客厅隔断设计　　　　　　　　　　　半开放式厨房设计

图3-16　客厅与餐厅的分隔

5.厨房与卫生间

随着生活水平的提高，住宅不仅仅要满足生活基本效用，更要体现生活品质，满足美好生活愿景。其中，厨房和卫生间越来越受重视，面积占比逐步增加，是消费者关注的重点。在规划设计中应注意以下几点：

（1）厨房应靠近餐厅，距离不宜过长；

（2）厨房应与一个卫生间贴邻而处；

（3）避免穿过厨房进入洗手间或洗手间门直接开向厨房或正对卧室。

四、户型评价标准

户型评价没有统一的标准，但以下几点通常是评价户型的依据：

（1）住户的使用需求是否能够满足？

（2）住宅户型是否适应人们品质生活提升要求及社会的发展？

（3）是否考虑市场需求和未来发展趋势？是否符合空间功能和平面布置的具体要求？

例如，客户在购房时会考量户型各部分：

客厅：方正好用（面积、家私布置、布局、采光通风等）；

主卧室：合理性（面积、采光）、私密性；

餐厅：相对独立，通风采光；

厨房：宽敞实用，有服务阳台；

卫生间：便利性、隐蔽性；

次卧室：适宜作书房、客房；

阳台：生活阳台的休闲、观赏性，服务阳台的实用性。

又如，对空间功能的要求：

动区：客厅、餐厅和厨房——应靠近入户门设置；

静区：卧室——位置应比较深入；

动区与静区之间：卫生间——方便使用，室内交通线尽可能便捷，无浪费通道。

住宅户型评价见表3-1。

表3-1　　　　　　　　　　　　　住宅户型评价表

评价序号		户型 型号	建筑面积 （平方米）	户型标准		总体 评价	总评分	评分 等级
		户型	房　厅　卫	标准 参数	评价 参数	评价 意见	权重分	评分
（一） 专业性 （40%）	1	客厅使用面积（平方米）					4	
	2	客厅开间（平方米）					3	
	3	客厅实墙面长度（米）					1	
	4	餐厅使用面积（平方米）					3	
	5	餐厅采光通风状况					2	
	6	主卧室使用面积（平方米）					3	
	7	主卧室开间（米）					1	
	8	其他卧室使用面积（平方米）					2	

评价序号		户型 型号	建筑面积 （平方米）	户型标准		总体 评价	总评分	评分 等级
		户型	房 厅 卫	标准 参数	评价 参数	评价 意见	权重分	评分
（一） 专业性 （40%）	9	小卧室使用面积（平方米）					2	
	10	厨房使用面积（平方米）					3	
	11	厨房净宽（米）					1	
	12	厨具操作面长（米）					1	
	13	单卫生间使用面积（平方米）					2	
	14	双卫生间总使用面积（平方米）					2	
	15	三卫生间总使用面积（平方米）					2	
	16	卫生间净宽（米）					1	
	17	生活阳台进深（米）					2	
	18	服务阳台进深（米）					1	
	19	储藏间使用面积（平方米）					1	
	20	层高（米）					3	
（二） 合理性 （50%）	21	总体评价		在小区中位置			2	
	22			建筑容积率			2	
	23			自然朝向/景观朝向			5	
	24			户型方正、通透			3	
	25			各房室比例得当，尺度合理			2	
	26			动静分区			2	
	27			与其他户不对视			1	
	28			户型创新			4	
	29	客厅		入口玄关			1	
	30			客厅方正			2	
	31			宽深比例适当			1	
	32			客厅开口少，便于家具摆放			1	

续表

评价序号		户型 型号	建筑面积 （平方米）		户型标准			总体 评价	总评分	评分 等级
		户型	房　厅　卫		标准 参数	评价 参数	评价 意见	权重分	评分	
（二） 合理性 （50%）	33				有观景阳台/露台			2		
	34	餐厅			餐厅独立（相对客厅）/ 餐厅占角			1		
	35				餐厅通风采光			2		
	36	主人房			方正实用			2		
	37				有独立卫生间			1		
	38				有步入式衣帽间			1		
	39				有阳台			1		
	40	厨房			通风采光			2		
	41				紧邻餐厅			1		
	42				有生活阳台			1		
	43	卫生间			通风采光			2		
	44				公卫干湿分区			1		
	45	客房			方正实用			2		
	46	小客房			方正实用			2		
	47	工人房			面积>4平方米			1		
	48				有独立卫生间			1		
	49	储藏室			位置得当，设置合理			1		
（三） 市场性 （10%）	50				门窗外无不良风水现象			3		
	51	可能存在的风水问题			大门不冲电梯门、不对长 走廊			1		
	52				大门不冲厨房、卫生间门			2		

续表

评价序号		户型 型号	建筑面积 （平方米）	户型标准			总体 评价	总评分	评分 等级
		户型	房 厅 卫	标准 参数	评价 参数	评价 意见	权重分	评分	
（三） 市场性 （10%）	53	可能存在的风水问题		大门不直冲主人房的房门			1		
	54			大门不直冲客厅落地大窗			1		
	55			内门不相冲			1		
	56			卫生间不在户型中央			1		
（四）	1	户型优点		优点突出的分项					
	2			优点突出的分项					
	3			优点突出的分项					
（五）	1	户型缺点		不满足专业性评价标准的分项					
	2			不满足合理性评价标准的分项					
	3								
	4			可能存在的风水问题的分项					
	5								
	6								
（六）	1	修改建议		修改不满足专业性评价标准的分项					
	2			修改不满足合理性评价标准的分项					
	3								
	4			修改可能存在风水问题的分项					
	5								
	6								

资料来源：根据世联地产有关资料整理。

五、户型与房地产产品价值

1.户型与小区整体布局

房地产产品"没有相同的物业，只有相似的物业"，说明了房地产产品价值的唯一性。如图3-17所示，图中左侧和右侧标注的相同户型由于所处位置不同，朝向不同，拥有的资源不尽相同，其价值也不同。

图3-17 小区整体分布图

2.户型与容积率

住宅小区容积率越高，项目楼幢数、楼层数越多，建筑物密度也越大，楼间距也越小，采光和视野都会受影响，降低房地产产品的价值。

3.户型与建筑平面

同样户型在不同的平面位置上结果大不相同，如图3-18所示。

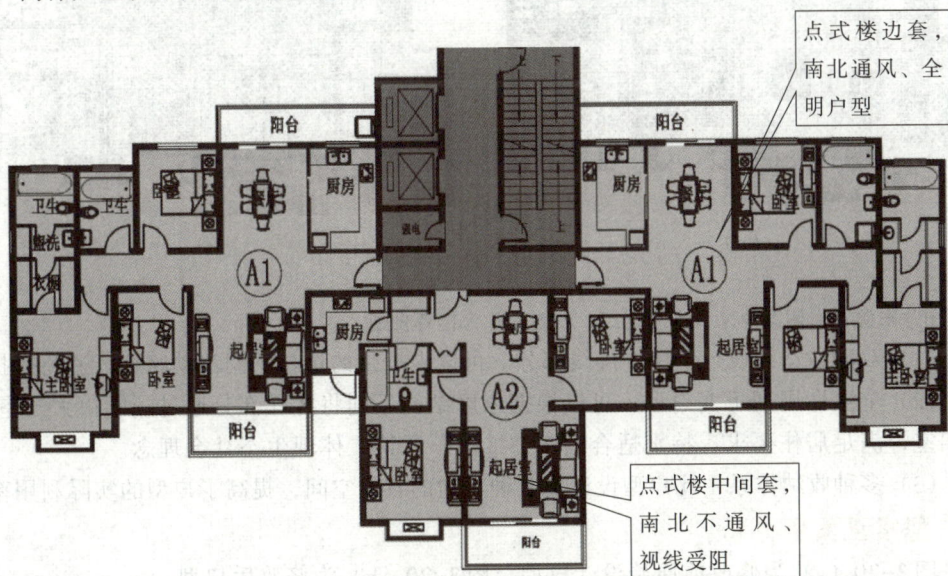

图3-18 户型平面布置图

4.户型与楼层

对住宅而言,楼层越高,景观越好,楼层间的压抑感越少,从而提升了房地产产品的价值。所以,相同户型的房地产产品价值各不相同,一般有朝向、位置因素造成的水平差价和楼层因素造成的垂直差价,常会有"一房一价"之说。

六、户型分析

1.户型分析要点

(1)朝向、采光、动线、楼层;

(2)结构;

(3)实用性及功能;

(4)面积、房型配比、价格等因素;

(5)浪费空间;

(6)私密性;

(7)管道布线;

(8)地坪、净高、建材。

2.经典户型分析

如图3-19(a)所示的户型为125平方米4室2厅2卫1厨。此户型除方正、全明通透、多阳台外,还有其独特的设计,如图3-19(b)。

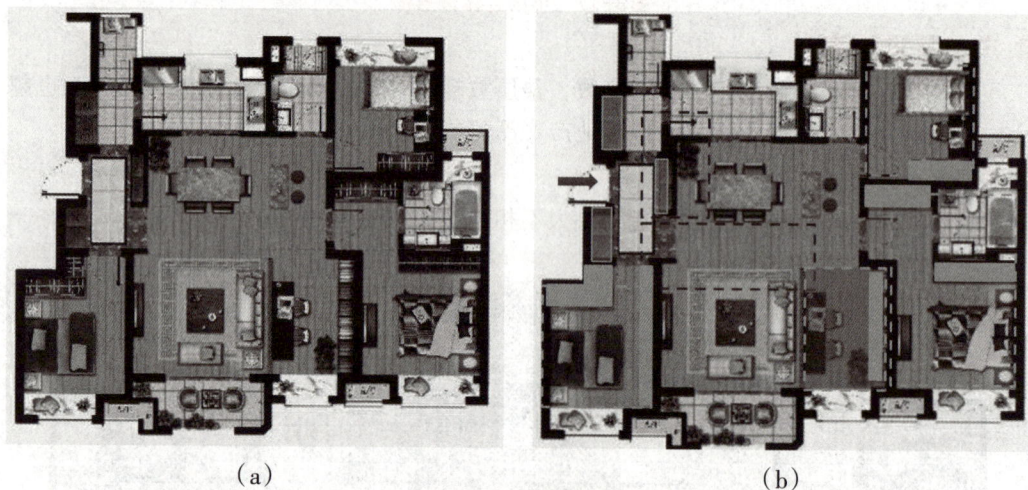

(a)　　　　　　　　　　　　　　(b)

图3-19　户型图

图片来源:左侧图片来自中海地产,右侧图片为作者自创。

(1)双洄游动线设计:图中虚线部分。可以根据目的选择不同活动路线,避免打扰。

(2)全生命周期可变户型:可以根据家庭结构不同将客厅部分通过隔断由大三室变成四室,满足居住要求,特别适合国家"二孩"政策,体现生态社会理念。

(3)多种收纳体系:此户型设计了多种用途的收纳空间,提高了户型的实际利用率。

3.户型修正案例分析

图3-20(a)为修改前原始设计户型,图3-20(b)为修改后户型。

（a）

餐厅太空。

没有玄关。

餐厅与客厅之间太空，浪费太多的面积。

开门直冲着主卧卫生间方向，没有任何隐私感与仪式感。

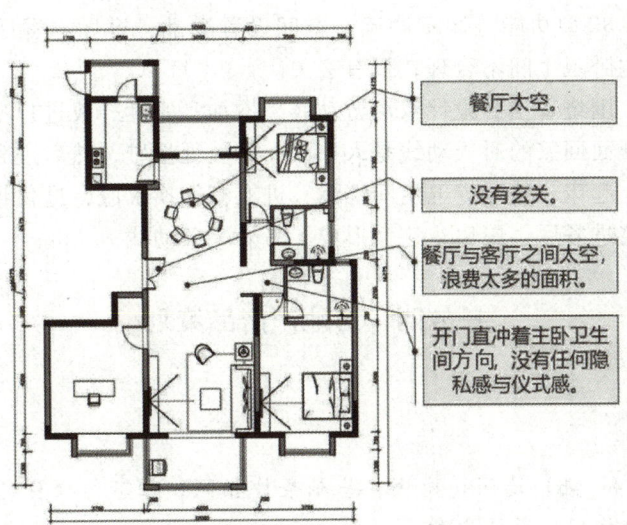

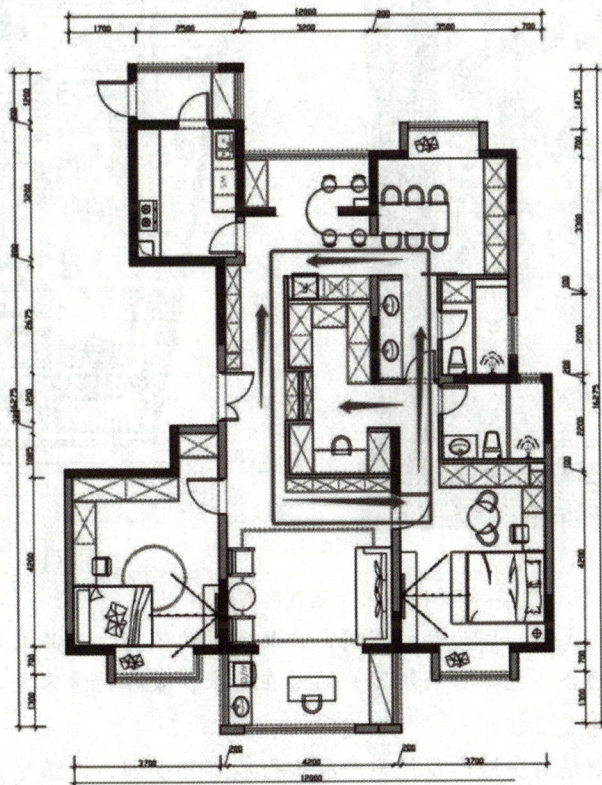

图3-20　户型评价与修正

图片来源：CAD室内设计（仁厚教育）。

（1）修改前：户型功能分区不明确，空间设置凌乱；客厅与餐厅之间面积浪费较多；进户门正对主卧卫生间不合理；没有玄关。

（2）修改后：围绕着主卧设计双洄游动线，增加私密度，改进户型缺陷。其中，动线一：主人刚从外面回家的时候动线是入户，在玄关处换鞋，然后进卧室形成的一条线路。动线二：早上起床，然后进卫生间洗漱，进衣帽间换衣服，进化妆间化妆，最后从公卫那边的门直接进餐厅、厨房，这又形成了另外一条动线。

任务四　房地产产品策划

【案例分析 3-3】

图 3-21（a）和（b）是同一地块，基础条件相同，但不同项目定位及设计理念产生了不同的小区整体规划设计方案。

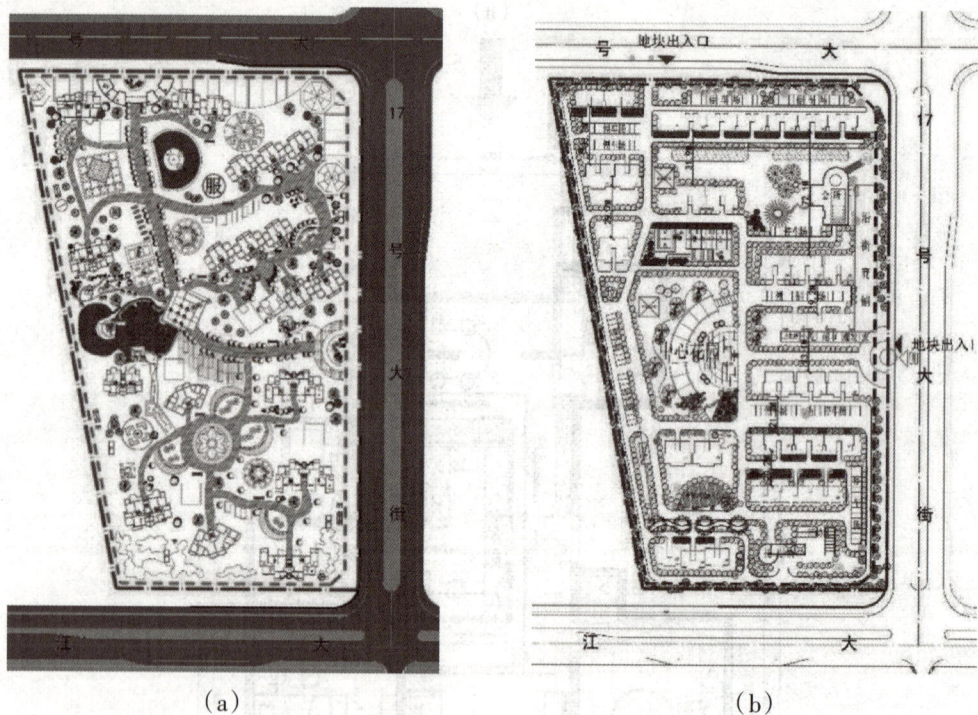

（a）　　　　　　　　　　　　　（b）

图3-21　居住区规划图

分析：同样一块土地，因为目的不同，产品定位就不同，产品策划也应该和目标客户群、产品定位相吻合，挖掘并满足客户的潜在需求，兼顾销售需要。

一、房地产产品策划原则

房地产产品策划是对房地产及住宅产品进行运筹和谋划，以满足人们对房地产产品的特定要求。产品策划是房地产策划中最重要的一个环节。我们常说一个项目的成功70%取决于规划设计即产品策划，30%取决于后期的营销推广，可见产品策划在房地产策划中的重要性。

1.因地制宜原则

每个地区的发展状况不同，市场也不同，产品需求和产品特色也不尽相同。因此，产品策划前需要充分调研城市区域经济、产业和市场情况，分析数据，充分利用当地的各种优势资源，因地制宜地进行房地产产品策划，不能简单复制。

2.充分挖掘地段价值的原则

房地产策划的终极目标是取得良好的经济效益和社会效益。地段是影响房地产产品价值最重要的因素。随着城镇化发展和区域调整，房地产项目地段的价值是动态的、相对的。不同的地段有不同的地产基因，即使同样的地段，随着时间的变迁，其价值也在动态的变化当中。挖掘地段的价值不光要考虑地段当前价值，更要考虑地段未来价值，以便很好地协调发展与生存的关系。

拓展阅读 3-2

长三角一体化战略

3.先总后分的原则

坚持先总后分的原则就是产品策划对整体与局部的正确把握。这需要根据对市场的深入研究，首先明确产品的市场总体形象，包括产品面对的主力人群，产品的主题是青年刚需社区、改善型社区、休闲度假型社区还是养老社区等。只有明确了总体方向、总体布局，才能以此为原则进行细部的组合与配置，包括交通组织、环境规划、建筑布局、配套安排、建筑风格、户型设计等。

先总后分的原则具体表现在以下4个方面：

（1）先进行整体布局，是对称式布局、围合式布局，还是点状或组团，再进行建筑单体安排；

（2）先进行建筑类型、建筑风格定位，是商用、住宅，还是写字楼，是新古典主义、现代简约建筑，还是中式建筑，接着才是户型设计、外立面和天际线处理；

（3）先进行整体交通规划，明确人车交通组织，再考虑各楼或各单元空间的联系；

（4）先进行整体环境景观规划，包括景观风格与景观布局，再进行中心庭院、各组团景观和宅间景观的设计。

4.先外后内的原则

建筑的整体外观怎么样，在一定程度上左右着人们的购买欲望，甚至决定着一个项目的成功与失败。建筑的外观，包括建筑的外立面风格、颜色、材质以及天际线处理，它在一定意义上代表着一个产品的品质，决定着一个产品的性质，具有很强的识别性。

5.先弱后强的原则

从产品营销的角度而言，在买方市场格局下，项目设计首先要考虑客户的人气聚集，要先适当从弱小客群的产品做起，如小户型设计、高性价比是刚需人群重点考虑的因素。这种原则特别适合一些多种业态的项目开发。

二、产品策划的内容和流程

1.产品调研

在产品的前期策划中最重要的是调研，包括对区域竞争产品的调研，对购房者消费倾向的调查，其目的是了解需求和供应状况，为产品定位做好准备。

2.项目定位

在产品调研基础上，对产品进行恰当定位，具体包括：目标客户定位（这一点最重要，因为产品竣工后是卖给他们的），产品品质定位，产品功能定位，产品规模定位，产品形象定位等。

3.产品规划设计

这是策划的重心，根据目标客户的特性分析，产品为其量身定做，具体包括：规划设计、建筑设计、环境设计、户型设计、配套设计、物业服务等。

4.产品细节设计

设计产品细节，需要采用新技术、新材料、新设备、先进的生产工艺，从而保证产品质量。

5.产品营销

针对目标客户推出产品的半成品或成品，包括产品的包装、产品的推广等。

6.产品服务

这里的产品服务主要是指售后服务，其目的是提升产品的价值并延长产品寿命。

三、房地产产品策略

1.产品组合策略

产品组合是指一个企业提供给市场的全部产品线和产品项目的组合或结构。在房地产行业，产品组合是指一个项目中所有的产品类型、户型、面积等，如商铺、写字楼、酒店、住宅、工业厂房等。住宅又分为别墅、多层住宅、高层住宅、公寓等。别墅又分为单栋、双拼、联排、叠加。在别墅类别中包含多种风格，每种风格中又有多种户型，在多层或高层中又有多种户型。

产品组合包括宽度、长度、深度、相关性等4个变量要素。

（1）宽度。

宽度是指企业的产品线总数。产品线是指一组密切相关的产品项目。产品有类似的功能、同类的顾客群，或同属于一个价格幅度，如别墅、排屋、多层、高层等。

（2）长度。

长度是指产品项目总数，如高层住宅中的小高层、中高层和超高层等。

（3）深度。

深度是指在产品线中每一产品有多少品种，如在别墅中不同建筑风格的数目，在多层、高层住宅中各个户型的数目。

（4）相关性。

相关性是指各产品线在最终用途、生产条件、分销渠道等方面的相关联程度。如某楼盘多业态的住宅产品。

产品组合策略通常采取以下三种方式：

（1）扩大产品组合。

① 开拓产品组合的宽度，在项目中建设多种物业形态，分散企业风险，如万达集

团开发的长沙开福万达广场的城市综合体，其业态包括大型商业中心、商业步行街、高级酒店、商务酒店、写字楼、精装豪宅等。

②加强产品组合的深度，在同类产品中细分更多的市场，满足更广泛的需求，如在上海紫园的别墅项目中，每栋别墅都有不同的建筑风格。

（2）缩减产品组合，在市场发展速度减缓的情况下，集中力量专注深耕擅长的产品线。如万科集团从20世纪末开始就缩减产品组合，从最初涉足10多个行业到2002年时缩减到专注做房地产，而其开发的项目也主要以住宅为主。

（3）产品线延伸策略。

①向下延伸，在休闲改善型项目中增加刚需物业形态，如一期开发洋房、别墅等高端产品；二期推出多层、高层、小户型等刚需产品。

②向上延伸，在原有产品中增加高端产品项目：一期推出多层、高层，二期、三期推出别墅，或者景观好、位置佳的高端物业。

2.产品品牌策略

【案例分析3-4】

融创中国宣布启用新LOGO

融创中国全称为融创中国控股有限公司。2019年3月25日，融创文旅品牌发布会在北京水立方举行，融创集团现场宣布企业战略升级，启用新LOGO，发布融创文旅新品牌，做中国家庭美好生活整合服务商。新形象是对融创的创新定位、新战略的感性表达。融创新LOGO依然保留了"至臻·致远"的文字标识，它代表融创的初心始终不变，以真诚之心打造至臻品质。变化的是LOGO的色彩和字形，融创新LOGO使用了橙色和灰色组合。橙色，相较于原先的蓝色，更显温暖、更有活力，其表达了融创希望以更有温度的产品和服务为中国家庭创造更美好的生活场景，包含了融创希望传达给客户的信赖、舒享、包容、关爱、活力和欢乐；灰色更加理性、沉稳，亦是砂石的色彩，其表达了融创扎根地产主业，始终以高品质引领时代的理念。融创品牌标识演变如图3-22所示。

图3-22　融创品牌标识演变

资料来源：根据相关资料整理。

分析：LOGO设计对于企业的重要性不言而喻，它不仅是企业的形象和脸面，更承载了外界对企业的整体认知。LOGO的演变与企业发展息息相关，是不断优化完善的结果。LOGO不是简单的图形，是关联品牌市场推广的重要要素。

品牌营销是房地产项目营销的首要特色。品牌不仅是指有形的企业字号、产品名称、品牌标志，更代表无形的资产和产品品质，有着宝贵的应用价值。随着房地产市场竞争的日趋激烈，良好的品牌对营销的作用也日益凸显。品牌代表了产品和企业在市场和行业中的地位，可以帮助吸引合作、筹措资金、促进销售。品牌的管理需要优良的品质和匹配的价格，需要完善的售后服务，需要恰到好处地树立品牌形象。

拓展阅读3-3

苏宁易购
品牌与定位

任务五　商业地产产品

一、商业地产概述

1.商业地产的概念

商业地产，就是各种具有零售、餐饮、娱乐、健身、休闲等经营用途的房地产形式。从广义上讲，具有商业用途或者具备商业功能的地产，都可以称为商业地产。

商业地产是一个兼具地产、商业、投资三重属性的综合性行业，这三个属性既相互独立又相互辅助，具有很强的系统性特征。

它可以是商务办公和住宅的结合体，符合年轻人快节奏的生活方式。

它也可以是商业零售和传统百货的结合体，通过主力店带动次主力店的模式吸引客流。

它也可以是商务办公和商业零售的结合体，一站式满足人们的办公、购物、休闲需求。

拓展阅读3-4

它还可以是旅游、休闲、娱乐的结合体，用完善的配套设施和服务形成完整的生态系统。

它还可以是一个资产平台，通过地产基金的形式实现资产证券化并回笼资金，以满足持续开发的现金流。

K11

2.商业地产的分类

商业地产有着不同的分类维度，主要按照市场功能、盈利模式和规模形态三种方式分类。

3.商业地产的业态与业种

商业地产的业态是指为了满足目标客户的消费需求，进行相应的要素组合，形成的不同经营形式或营业形态，特征是"怎么卖"，即业态是一种经营形式，而不是指经营的内容，如购物中心、百货、专业市场等。

业种则是指满足顾客的某类用途而形成的商业营业种类，特征是"卖什么"，即经营的内容，如餐饮、娱乐、服务等。

4.社区商业

社区商业作为城市商业的基本模块，是满足居民生活消费的重要载体，是在围绕居住、工作、学习等场景下，以人为中心，通过线上平台、线下网点的布局，为用户提供安心、高品质、便捷的内容，解决衣食住行等一系列消费需求。

社区商业主要围绕生活形态，在购、居、旅、食、文五个方面展开服务：

（1）零售服务：打造供应链服务优势，搭建可溯源的产品体系，通过线上平台+线下多渠道社交零售体系，为客户提供日常消费体验。

（2）居家服务：通过互联网+服务模式，为客户提供一站式的家政、空调、洗护等入户便捷服务，提供可靠的安全保障。

（3）旅居服务：以资产为核心，运营为手段，为商业和文旅地产、人才公寓、综合园区等提供标准化、数字化、智能化资产运营服务方案。

（4）餐饮服务：为企事业单位、机构组织食堂提供全品类食材配送服务及日常委托运营服务，同时以健康为核心，为业主提供健身、商务会客、儿童健康、休闲阅读等综合性社区空间运营服务。

（5）文化服务：凭借丰富的园区空间资源开发能力、品牌策划服务能力及文化传播能力，不断为客户创造价值，为业主创造多彩的文化生活。

【案例分析3-5】

某企业的社区商业以社区、校园、商企为三大主要场景（如图3-23、图3-24、图3-25所示），就近提供方圆100米的便利服务。有效利用围合的空间，布局服务触点，与用户达成众筹、共建、自治、共享的方式，并深度运营专业业态，结合多项服务提供综合的商业业态。打造全新的社区O2O消费模型，线下可全方位满足客户吃、喝、住、行、玩、乐、购等生活需求，打造线上展示购物消费、物业管理、金融服务，和线下社区服务中心日常营业、配送到家、服务到家等功能为一体的平台。

清洁服务	洗护服务	空调服务	定制化服务
食堂运营	会所运营	健身活力中心	青少年体适能中心
基础服务	IP活动		社区服务场景

图3-23 社区服务场景

校园服务体系

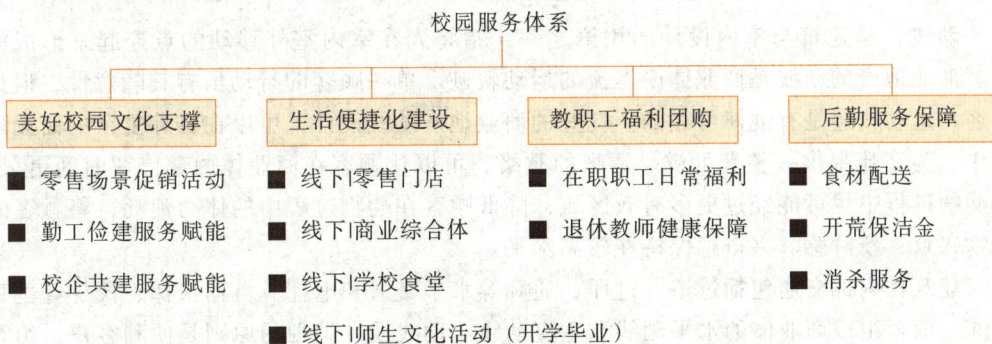

美好校园文化支撑	生活便捷化建设	教职工福利团购	后勤服务保障
■ 零售场景促销活动	■ 线下零售门店	■ 在职职工日常福利	■ 食材配送
■ 勤工俭建服务赋能	■ 线下商业综合体	■ 退休教师健康保障	■ 开荒保洁金
■ 校企共建服务赋能	■ 线下学校食堂		■ 消杀服务
	■ 线下师生文化活动（开学毕业）		

图3-24 校园服务场景

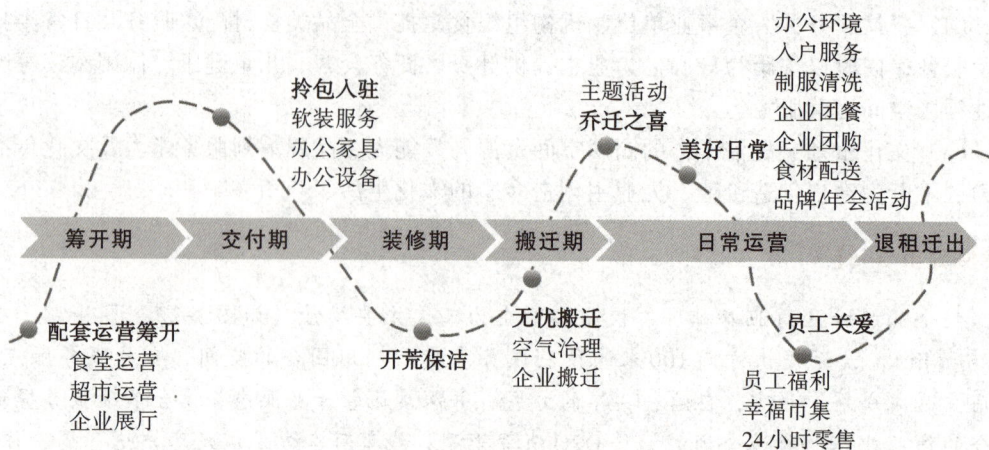

图3-25 商企服务场景

营销分析：针对不同场景，梳理客户需求，依托公司完整供应链，设计服务链条，通过O2O方式提供多业态多业种的服务，增加客户黏性，将流量转化为稳定的运营。如：

住宅场景：实施包含"一老一小"的邻里商业中心设施，构建5分钟便民商业与温暖自在的活力生活场景。

校园场景：综合"人"的经度和"生活需求"的纬度，创新校园生活圈，为师生提供便于学习和生活的美好校园服务。

商企场景：从企业入驻到企业迁出，一站式解决全过程服务需求。

二、商业地产产品策划

前已述及，商业地产以自持出租经营为主，与住宅等其他建筑相比，最大的区别是拥有不同的业态和业种，对建筑空间的要求也不同。

1.建筑空间

商业项目建筑空间策划包括面积分割、墙柱距离、高度和楼板承重要求。不同业态和业种的商业项目对建筑空间的要求差距较大。例如，购物中心主力店布局，一般要求大空间，分区；超市要有足够的纵深；仓储式卖场、家具城等的楼层需要有足够的层高，楼板承重要求也更高。

2.动线

动线，是建筑与室内设计的用语之一，指将人在室内室外移动的点连起来形成的线。商业地产的动线是商业体中客流的运动轨迹。单一顾客的行动虽有其随意性，但目标客户运动轨迹是有规律可循的。良好的商业地产动线设计，可以在错综复杂的商业环境中，为客流提供一整套可辨、清晰的脉络，可以让顾客在商业体内部停留时间更久，在购物过程中尽可能经过更多有效区域，降低顾客在购物过程中的体力消耗，将顾客的购物兴致、新鲜感、兴奋感保持在较高水平。

建筑物内部交通包括过道、过厅、通廊等水平交通和电梯、自动扶梯、楼梯等垂直交通。两者组成商业体的水平动线和垂直动线。动线设计策划的原则是便利客户，给客户更好的体验，有效吸引客流。合理配置、布局动线能提升各楼层的商业价值，实现商业价值最大化。图3-26是上海新世界百货的垂直交通设计，自动扶梯体系采用了交叉梯和飞梯的结合，提升效率相当明显。

图3-26 上海新世界百货的自动扶梯

3.配套设施

商业地产的配套设施主要有停车场、消防设施、装卸货设施和智能设施及管理，商业地产的配套设施占比大于住宅。如商业地产建筑面积是租赁面积、公共空间面积和后勤保障面积之和。公共空间包括中庭、回廊和公共设施，后勤保障包括服务设施、设备机房及行政管理。

视频 3-3

VR漫游商业
地产

任务六　新型房地产产品

随着社会经济不断发展，我国房地产市场逐步走向成熟。城镇化水平逐年提升，长三角、大湾区等城市群不断涌现，智慧城市、未来社区建设方兴未艾。同时，生活水平和医疗水平不断提升，寿命延长，人口增速减缓，社会老龄化程度越来越高，人们对物质文化生活的要求也越来越个性化，种种现象表现出相对独特的驱动力和运行规律，许多新型房地产产品应运而生。

一、养老地产

目前，中国已经成为世界上老年人口最多的国家，也是人口老龄化发展速度最快的国家之一。针对日趋严重的人口老龄化问题，房地产与养老需求相对接，出现一批适老、宜老、养老的房地产产品，将是行业的大势所趋。

养老地产，是指从建筑设计、园林规划到装饰标准，所开发的建筑产

微课 3-2

老龄化

品接近高端住宅产品开发的规律，创新核心在于适老化设计。养老地产实现了品质地产和优良管家服务的有机结合，从护理、医疗、康复、健康管理、文体活动、餐饮服务到日常起居全方位服务，增加设施、设备并精心打造专业管理团队。

养老地产主要的产品形态包括：保险资金推出的升级版的养老机构，如养老院，把养老地产视作商业地产项目长期经营；开发商推出的养老地产项目。根据老龄化所处阶段的不同、社会需求的差异，养老地产的发展阶段也是不同的（见表3-2），目前我国的养老地产正处于由第二阶段向第三阶段发展过程中。

表3-2　　　　　　　　　　　　　　　　　养老地产所处阶段

所处阶段	第一阶段：传统养老院	第二阶段：老年公寓	第三阶段：老年社区
形成条件	老龄化初期	老龄化中期	老龄化加剧
运营主体	政府	政府+开发商	开发商为主
社会保障	社会保障水平低	政府给予一定支持	社会保障体系完善

养老地产实现了品质地产和优良管家服务的有机结合，现阶段根据养老地产的不同特点，可以将其分为多种模式（如图3-27所示）。

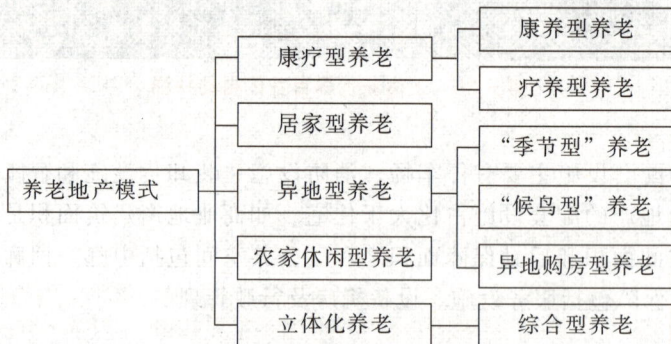

图3-27　现阶段养老地产模式

1. 康疗型养老地产

拓展阅读3-5

宁波星健兰亭养老公寓

养老地产通过嫁接专业医疗资源，强调提供专业化的健康管理服务，采取会员制方式，主要面向对健康格外关注的中高端老年群体。

这种模式以开发商为开发主体，政府、专业医疗机构协助，通过与专业医疗机构、康复疗养机构合作，提供全方位的健康体检、老年特色疾病的照料看护、病愈的康复疗养等专业化的健康管理服务，并辅以满足交流、学习、娱乐需求的活动中心。由于受用地性质的限制，康疗型养老地产一方面依托自身养生、休闲等配套设施接待养生体验度假游客，另一方面对提供医疗看护服务的老年公寓实行会员制入住，收取会员费加管理费，一般无产权。

康疗型养老地产的一些典型案例包括：北京太申祥和山庄、北京燕达国际健康城、台湾长庚养生文化村、万科随园嘉树等。

2. 居家型养老地产

在地产大盘中加入养老主题概念，仅提供基本养老服务和社区配套服务，面向中高收入的活跃长者，采取住宅直接销售的经营方式。

　　这类养老地产是居住用地性质，一般通过市场化的出让方式获取，通常位于城郊，有一定的生态资源，空气清新、自然。这类养老地产实质上是养老主题地产，往往以在郊区大盘中配建针对老年人的养老公寓、养老别墅的形式推出。

拓展阅读3-6

万科随园嘉树

　　居家型养老地产的一些典型案例包括：绿地21世纪孝贤坊、绿城乌镇雅园（如图3-28所示）等。

图3-28　绿城乌镇雅园售楼模型

3.异地型养老地产

　　这是一种非主流养老方式，健康且具有一定经济实力的老年人通过异地购房，将异地旅游和养老相结合，灵活性强。

　　异地型养老地产强调山海等强势生态资源及宜居的气候条件，针对有一定经济实力的健康活跃长者，他们喜欢参加社会活动，并且与外界保持良好的联系。异地出售型社区模式是养老养生与度假旅游的完美嫁接，是异地养老方式催生出的一种养老住宅产品，一般位于环境和自然资源优良的旅游胜地，利用自然资源，与养老住宅和设施进行融合，以住宅产品出售获利。该模式利用移入地和移出地不同地域的房价、生活成本的巨大差异，以及气候、环境自然养老资源的巨大差异，来满足老年人追求高品质退休生活的养老需求。由于其特有的资源环境条件，这种模式难以普遍模仿复制。

　　目前，异地出售型社区模式主要出现在三亚、大连、青岛等气候、环境宜人的城市或大城市的周边地带。三亚绿城清水湾项目就位于海南三亚风景优美的清水湾，购房者主要来自上海、浙江、江苏、北京等省市，不少业主是绿城品牌的拥护者。据不完全统计，三亚岛外购房者的比例约为85%，其中，养老型消费者在所有购房者中占60%。

4.农家休闲型养老地产

　　这是一种养老与农业休闲相结合的农家寄养式异地养老，主要面向城市中高收入的活跃长者，采取将集体土地使用权出售的运营方式。

拓展阅读3-7

海南开维
生态城

其用地性质是集体土地，仅有使用权而无所有权，在乡村景区周边利用农村闲置资源建设度假物业，并将该物业一定年限的使用权销售给城市养老客户。

区位环境：拥有田园景观等乡村原生态资源；结合农业经营活动、农村文化及农家风情生活，借鉴分时度假模式，将农业休闲旅游和生态养老结合，提供养老居住、瓜果采摘、绿色农家餐饮等功能。

它主要针对城市中高收入的活跃长者，渴望田园生活，希望回归自然，主要案例包括江浙一带的生态农庄等模式。

5.立体化养老地产

这是一种面向全龄段老人的全方位需求、采取租售结合的运营方式，对开发商的资源整合能力和持续经营能力要求较高，综合性强、功能多元复合。

立体化养老面向各阶段中高收入的老年客户，涵盖从活跃、可自理自立的低龄长者，到需低度照看护理及高度医护的高龄长者。大型综合养老社区包括住宅、购物中心、老年大学、酒店、医院、康体娱乐等多种业态，提供满足居住、休闲娱乐、学习交流、医疗护理、康体养生等需求的丰富多元的配套设施。

立体化养老模式典型的案例有北京太阳城、上海亲和源、南京朗诗常春藤（如图3-29所示）等。

图3-29　南京朗诗常春藤

二、城市综合体

城市综合体是一种新型的房地产业态，是以建筑群为基础，融商业零售、商务办公、酒店餐饮、公寓住宅、综合娱乐五大核心功能于一体的"城中之城"（功能聚合、土地集约的城市经济聚集体）。

随着时代的进步，越来越多源于城市综合体运作模式的综合体建筑不断演化出来，它们的功能比狭义上的城市综合体少，根据不同功能的侧重，有不同的称号，但是都属于城市综合体。例如：商务综合体——一般以CBD、酒店和写字楼为主导，没有居住物业；商业综合体——区域中心，以购物中心为主导；生活综合体——郊区和新城，居住比例高于30%；单一综合体——一类是无住宅、公寓的纯综合体，另一类是多种功能的单栋建筑；综合体集群——由一个以上的综合体组成的复合体或商圈。

图3-30是杭州天目里项目，这是一处城市商业艺术综合体楼盘项目，集办公、艺术空间、实验剧场等多元业态为一体的混合型空间。它是由普利兹克建筑奖获得者伦佐·皮亚诺设计，由17栋单体建筑构成，围绕中部建立了名为"城市客厅"的中心广场，其中的11个下沉式庭院则由日本枯山水大师——枡野俊明及其团队打造。这是一个集城市商业和艺术于一体的新概念综合体，已经成为当地的一处网红打卡地。

图3-30　杭州天目里商业艺术综合体

📢 项目小结

本项目主要讲述房地产产品整体概念，住宅建筑类型，住宅项目规划和产品策划要素。通过本项目学习，能进行房地产项目规划，产品户型、景观、建筑等部分的评价、改进，获得产品策划的基本技能，并了解当前房地产市场出现的一些新型地产类型。

◎ 关键概念

房地产产品整体概念　户型　玄关　进深　开间　户型策划重点　养老地产城市综合体

💡 基础知识练习

一、单项选择题

1.在下列因素中，（　　）不是房地产产品的属性。

A.增值　　　　　　B.消费　　　　　　C.管理　　　　　　D.收益

2.房地产价格的构成主要是（　　）。

A.地租年数总额、房地产开发经营成本与利润、房地产税

B.土地开发成本、房地产开发经营成本与利润、房地产税

C.土地开发利润、房地产开发经营成本与利润、房地产税

D.土地价格、房地产开发经营成本与利润、房地产税

3.对于楼盘来说，质量的特征包括（　　）。

A.楼宇质量、户型、建筑风格、小区设计

B.楼宇质量、户型、建筑风格、小区设计、绿化率

C.楼宇质量、户型、建筑风格、小区设计、绿化率和周围环境

D.楼宇质量、户型、建筑风格、小区设计、周围环境

4.对商业繁华程度的依赖性最大的是（　　）。

A.写字楼　　　　　B.高尔夫球场　　　C.住宅　　　　　　D.商场

5.以下对居住区容积率指标的解释，不正确的是（　　）。

A.容积率是指居住区用地范围内的地上总建筑面积与用地面积的比率

B.容积率指标没有单位

C.容积率反映了居住用地的使用强度

D.对开发商而言，地块容积率越高越好

6.以下对居住区道路规划的说明，正确的是（　　）。

A.居住区道路布置应该做到人车分流

B.居住区道路布置应该横平竖直、通畅顺达

C.居住区道路布置应该考虑到市政管线的布置

D.居住区停车应主要由地面停车和建筑底层停车解决

7.以下关于居住区的建筑成本及土地成本的说法，不正确的是（　　）。

A.低层住宅比多层住宅造价经济

B.低层住宅的单位建筑面积，占地面积更大

C.居住区的容积率相同，层数越高的居住区，其建筑密度也越低

D.住宅建筑的层数越高，单方造价也越高，所增加的单方成本随层数增加而均匀上升

8.商业用途房地产的位置优劣主要是看繁华程度和（　　）。

A.安宁程度　　　　B.周围环境状况　　C.对外交通　　　　D.临街状况

9.由城市规划管理部门核发的（　　），主要规定了用地性质、位置和界限。

A.选址规划意见通知书　　　　　　　　B.规划设计条件通知书

C.建设用地规划许可证　　　　　　　　D.建设工程规划许可证

10.以下（　　）不是钢结构建筑的优点。

A.强度高　　　　B.施工速度快　　　　C.可塑性好　　　　D.耐腐蚀

二、简答题

1.房地产项目品牌的组成要素是什么？

2.户型的功能分区主要有哪几个？

⌖ 实践操作训练

一、案例题

户型是销售的基本单元，介绍户型、评价户型是营销人员的基本职业素养，某单元户型图如图3-31所示。

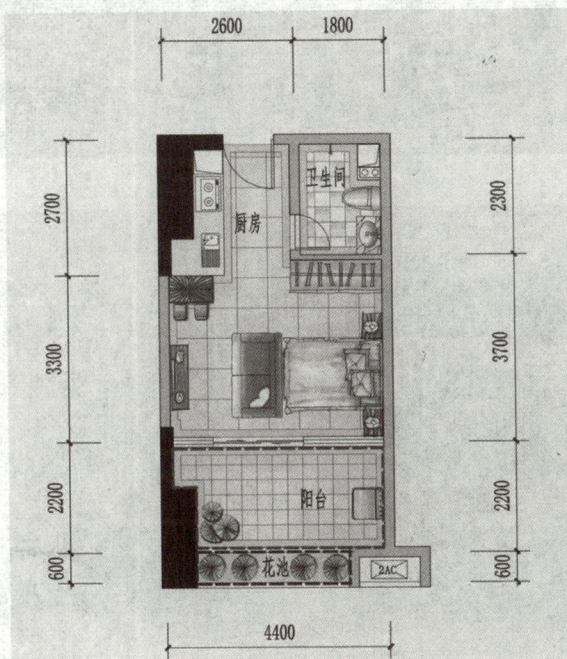

图3-31　单元户型图

要求：

请结合所学回答：

（1）户型类型；

（2）适合购买人群（潜在目标群体）；

（3）点评户型特点；

（4）分别在图3-31中标注开间、进深尺寸，并判断是否合理。

二、实训题

【项目背景】

南方某城市一房产项目，实际用地292.25亩。总建筑面积38.38万平方米，控制容积率2.0，建筑密度30%，绿地率30%。自然及气候条件：地处大江下游河口盆地，处于中亚热带与南亚热带接壤地带，全市属亚热带海洋性季风气候，温暖湿润，年平均气温为19.6℃，市区以东南风为主导风向。用地现状：项目基地范围内无大树等值得保留的植被，基地平坦，北面的江景是可值得借景的自然景观。

图3-32是该项目的三个规划方案总平面图。

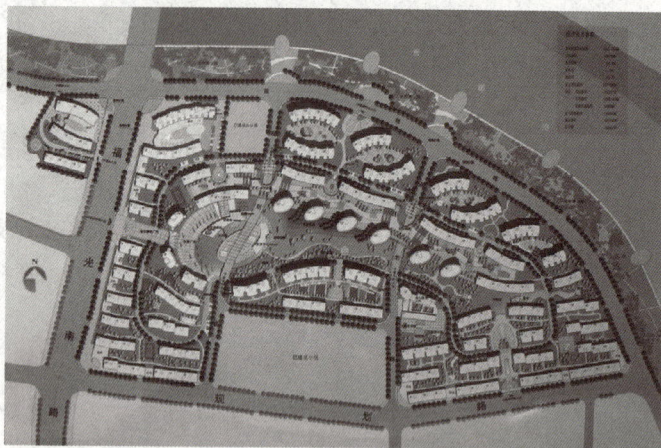

方案一

方案二

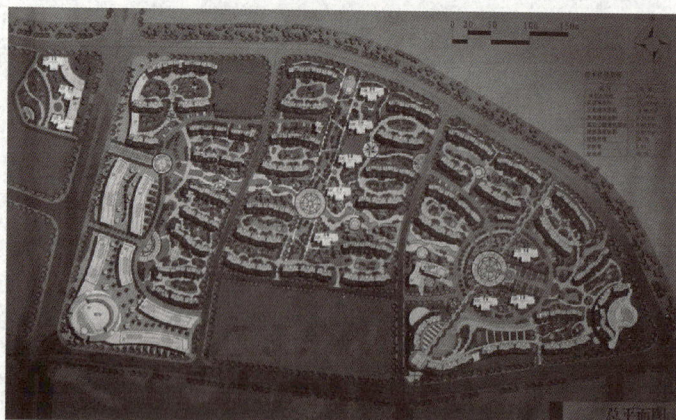

方案三

图3-32 项目方案总平面图

【实训任务要求】

试着从路网分布、区内外景观要素规划、建筑物的排列、规划特色等方面，分析比较图3-32所示的三个规划方案。

【实训提示】

方案一：路网布局采用内环式，线型自然，分布合理；景观设计采用了内心式的布置方法，没有很好地利用江边的景观资源；基地下侧沿街道布局过于拥挤，同时沿街部分的建筑在功能组织上效果不是很合理。但整个方案的可行性很高。

方案二：路网布局也采用内环式，线型较生硬；较多的楼宇视野开阔，环境通透性好，与江景的关系处理较好；但整个方案的塔式高层过多，水面过多，绿地不足等，其可实施性略差。

方案三：整个方案的住宅部分做得较好，三个片区既自成一体又相互呼应；但西南角的公共建筑和住宅片区很不协调，商业区块和住宅区块的衔接显得粗糙；另外，方案没有考虑如何利用江边的景观资源，留下一块白地，甚是可惜。

项目四　房地产项目推广策划

● 学习目标

知识目标

　　1.掌握主要媒介的利弊；

　　2.掌握房地产的常见推广渠道；

　　3.掌握房地产的定价方法，熟悉价格营销策略；

　　4.了解房地产项目常见推广媒介的种类，了解推广媒体的发展，了解新媒体。

能力目标

　　1.会根据项目选择合适的推广方式并设计销售场所；

　　2.会根据项目选择合适的推广渠道并提出建议；

　　3.会根据项目和市场测算价格。

素养目标

　　1.在项目推广中注重社会责任，真实客观，杜绝虚假扩大宣传，多渠道运用数字媒体的信息传递积极健康的社会主义核心价值观，促进房地产市场的健康发展。

　　2.在房地产定价策略中结合国家政策导向，深刻理解党和国家对民生的关怀，满足人民群众对住房的合理需求。

▶▶▶▶▶▶　项目四思维导图

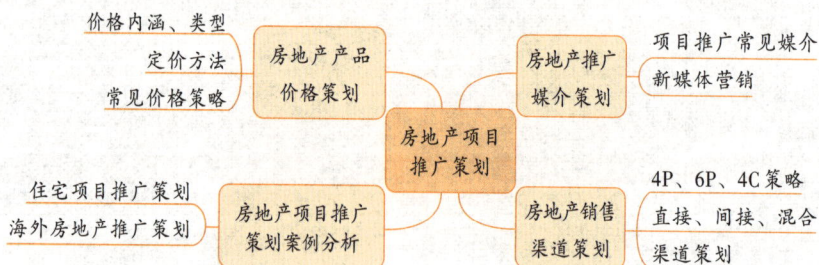

价格内涵、类型
定价方法
常见价格策略
　　　　　房地产产品
　　　　　价格策划

住宅项目推广策划
海外房地产推广策划
　　　　　房地产项目推广
　　　　　策划案例分析

房地产项目
推广策划

房地产推广
媒介策划
　　　　　项目推广常见媒介
　　　　　新媒体营销

房地产销售
渠道策划
　　　　　4P、6P、4C策略
　　　　　直接、间接、混合
　　　　　渠道策划

>>>>>> 引例

2020年初，突如其来的新冠疫情打破了人们原有的生活节奏和生活方式，影响了各行各业，房地产市场也不例外。面对注重体验、投资巨大的房地产交易活动，房地产企业如何应对？

最先反应的是乐居。乐居紧急启动了线上售楼处的平台搭建，为购房者和开发商提供线上连接平台，紧接着与阿里联合推出淘宝售楼直播，2月16日还重磅推出"好房线上购"平台，开启第三波自救攻势。

疫情期间，各大房企也纷纷开展线上销售模式，如保利充分调动原有客户信息系统"悦家云"；同时，快速响应新营销模式平台试水，推出"60天无忧退房"政策，给予客户最坚强的选择后盾。

万科在春节期间，利用已交付入住项目通过物业进行"送祝福""严消毒"等操作展现品牌魅力，同时也紧抓新房市场。大连万科于农历初八正式开启"网上售楼处"，其中"e选房"模块除项目信息查阅外，更是可以在注册登录后实现意向客户登记和扣款等操作，同时通过抖音等实播平台的辅助进行在售项目推广。

资料来源：佚名. 疫情之下房地产线上营销创新案例［EB/OL］. ［2024-02-19］. https：//news. fang.com/open/34899243.html. 经过改编。

<<<<<<<

任务一　房地产推广媒介策划

【案例分析4-1】

从2020年9月开始，融创西南房地产开发（集团）有限公司（以下简称融创西南）发起了一个致敬云南文旅的融创旅居"出逃计划"第一季，这是融创未来文化娱乐（北京）有限公司（以下简称融创文化）、融创西南联合抖音出品的首档文旅微综艺节目，共60集，每集5分钟以内，9月起陆续上线播出。"出逃计划"的整体视频播放量超过5 108.5万，视频点赞量达97.7万，超高播放量使其成为十一期间的综艺黑马。

核心玩法如下：

（1）融创文旅在云南的五大文旅项目，为剧情主舞台；

（2）动员了当红的六位明星，深度参与拍摄，明星在综艺中的轨迹，高度同步了项目的生活方式，微代言效果十分巧妙；

（3）节目基于抖音的算法逻辑进行内容研发，定位于一档融入人类学、少数民族文化、药学、植物学与地质学等的娱乐科普节目；

（4）联动携程线下近百家门店，推出"出逃明星"同款旅游线路，高流量实现项目销售的落地。

六位明星真人出镜，在这次大手笔的跨界事件营销中，融创整体的内容策划与资源调用，都大幅超出了冠名与购买的简单逻辑，营销含金量之高，是近几年乏善可陈的地产跨界事件营销中最有看点的一例。

分析：与传统媒体相比，新媒体充分利用短视频时代大众的碎片化时间，以短综式的精品内容，联合抖音平台形成具有全国影响力的内容，再依托旗下文旅项目，最终实现内容驱动地产，由"营"向"销"转化。

一、项目推广常见媒介

1.报纸

报纸是房地产推广中广泛运用的主流传媒媒体。一般房地产报纸广告分为硬广和软文两类，硬广就是以画面类的形式进行宣传，而软文则以文章的形式通过文字进行宣传。报纸作为传统媒体，具有覆盖面广、公信力强、传播度深的优势，相比户外广告，报纸版面虽小，但是可以通过文字的叙述宣传，将项目各种卖点深入浅出地传播给阅读者，让其较深入地了解项目的卖点和优势。

报纸广告的版面空间是广告信息的载体，它引起受众注意的要素有两个方面：一是版面面积，二是刊登位置。房地产广告选用的报纸版面面积可以从半通栏至整版，版面面积越大，广告注意率越高，但支出也越高。

随着互联网日益普及，电子报纸逐渐占主导地位，报纸房地产广告逐渐被新媒体取代。

2.杂志

杂志与报纸一样，都是平面类媒体，杂志没有报纸那么广的覆盖面，但是杂志比报纸更加精准，画面更加精美，针对的读者群体也更加明晰，例如高档楼盘往往选用航空杂志，其读者——飞机乘客可能是高档楼盘潜在的顾客。

杂志广告一般分为封底、封二、封三、封面和内页几种。不同版面位置的广告注意度差异很大。最吸引注意力的为封面（如图4-1所示），封底次之，再次为封二、封三和扉页，再后为内页，内页文前后的小广告和补白广告为最次。

图4-1 杂志封面

3.电视

电视媒体作为动态媒介，可以通过画面、声音形象直观地向客户进行宣传，广义的房地产电视广告包括在电视台播放和在销售现场电视机中播放这两种形式。很多电视台成立了专门的房产栏目甚至专门的房产频道，全天候播报房产相关信息，内容涵盖房产新闻、楼盘信息、装修、验房、家居等。图4-2为广东广播电视台房产频道。

图4-2　广东广播电视台房产频道

4.电台

电台在大城市中运用非常广泛，且非常受开发商的青睐，其最主要的优势在于电台媒介针对性强，且覆盖面广。众所周知，现在会收听电台的人大部分都是私家车主或出租车司机，而上下班高峰期间，路上堵车，私家车主选择收听电台的概率非常高，潜在客源众多，所以电台媒介推广能够迅速准确对购房主力人群进行宣传。

5.楼书

　　楼书（如图4-3所示）是房地产开发商或销售代理商宣传楼盘、吸引购房者的重要资料，是房地产广告的一种重要形式，它较大众媒体上的房地产广告和销售宣传资料更为翔实和丰富。因此，楼书可以说是项目广告策划中的一本大纲，是将项目的案名、主题、卖点全部凝聚成一体的表现，是项目所有的文字主题和画面表现的集合体。从楼书中可以完全地了解项目所有的信息和优势，了解项目的格调，以及项目的主题广告语。近几年，电子楼书和电子沙盘因其更新便捷，传播方便，且可视频点播正日渐推广普及。

图4-3　楼书

拓展阅读4-1

楼书主要内容

　　楼书作为产品的说明书，必备要素有案名、开发商（或发展商）名称、楼盘简介（含户型和景观图）、联系电话和必要的法律条文。

　　楼书应具有以下特点：

　　（1）与楼盘和整个宣传风格相一致；

　　（2）印刷精美，图文并茂，品位和品质感强；

　　（3）充分展现楼盘和套型的优点；

　　（4）翔实介绍产品位置、配置配套、周边情况，信息丰富、准确；

　　（5）售楼地址、电话、发展商、设计单位等内容齐全；

　　（6）电子楼书的制作、发布要与纸质楼书风格、内容等统一，同时便于浏览并进行意见反馈。

拓展阅读4-2

房地产企业
应该守住
诚信底线

　　但需要注意的是，随着电脑制图技术和彩印技术的飞速发展，如今的楼书制作相当精美，尤其是对于预售商品房来说，电脑制图技术发挥到了极致。然而，楼书越精美，距离楼盘的实际状况也就越远。购房者一定要冷静分析其中所包含的大量的楼盘信息，客观评价，审慎抉择。

6.单页（折页）

　　房地产广告单页顾名思义就是单张印刷品，一般为双面彩色。幅面尺寸在八开以内一般称为直接邮寄广告（Directmail，DM），大于八开一般称为海报。

　　由于DM是通过邮寄发放给受众的印刷品广告，所以DM尺寸一般幅面较小并采用折页形式。房地产销售中常把幅面较小的房地产广告印刷品统称DM。

　　海报英文为poster，原意是张贴在柱子上的告示。中文定义为"一种平面的、大幅的、张贴式的户外印刷广告媒体"。房地产广告海报很少用于张贴，主要是采用海报"平面的、大幅的"形式。大幅的房地产海报选用的图片印刷尺寸较大，增加了视觉冲击力；楼盘立面图、平面图往往印刷在一个平面上，便于售楼人员讲解。

7.展板

　　房地产项目展板主要有室内外展板、工地现场看板和户外广告路牌。

　　室内外展板主要用于悬挂在售楼处或房产展销会展台。一般标准展板面积为90厘米×120厘米。展板底板一般为KT板（一种由聚苯乙烯颗粒经过发泡生成板芯，经过表面覆膜压合而成的新型材料）或万通板（标准尺寸为90厘米×240厘米）。展板广告画面平面设计主要为电脑设计加喷绘，如图4-4所示。

图4-4　展板

　　工地现场看板主要以楼盘工地围墙墙面作为广告画面载体，工地围墙墙面可以是砖墙，也可以用木板等材料制作。

　　户外广告路牌主要选择人流量、车流量大的地点，形式有中型到超大型的广告牌。近年来在城市高架道路及主干道引进国外柱式T形广告牌，国际标准尺寸为4.3米×14.6米，广告宣传效果较为理想。

8.灯箱与道旗（如图4-5所示）

图4-5　灯箱与道旗

　　房地产灯箱广告分室内或户外两种，室内主要安装在售楼处以及地铁站、飞机场候机楼等，户外主要安装在人流量大的街道，灯箱未覆盖路面以道旗辅助。

　　灯箱以聚酯材料、PVC材料和有机玻璃等为广告画面的装裱透光面，以日光灯或霓虹光管（白色）以及专用射灯为光源。尽量选择透光性强、喷绘后色彩饱和度高且不易褪色的广告画面材料。灯箱广告画面设计尽量使用透光时色彩非常鲜明的颜色表现广告画面的主体内容。

9.公共交通媒介（如图4-6所示）

图4-6　公共交通媒介

公共交通媒介主要有公交车站、公交车身、车载电视和道路遮阳棚等，与户外其他媒介相比具有流动广泛、人群面广、时效性长的特点。

拓展阅读4-3

项目营销
渠道与媒介

二、新媒体营销

房地产业在经历高速发展的增量时代后，逐步进入大数据驱动产品优化及服务的存量房时代。数字化已成为中国房地产行业转型升级的核心助推力，供需关系反转，购房者不仅回归理性，而且对房屋质量、交易环节规范和社区运营管理等提出更高的要求。随着移动互联网的发展，人们已经处于被数字化、被线上化的环境之中。

新媒体营销常见方式有搜索引擎营销、即时通信营销（如微信、QQ等）、论坛营销、博客营销、视频营销、事件营销、网络电子订阅杂志营销和口碑营销等。房地产项目的新媒体营销，运用不同营销方式，通过流量、数据和多媒体平台结合，促进房地产交易。图4-7是2019年中国新媒体用户关注新媒体平台广告时所看重因素占比。

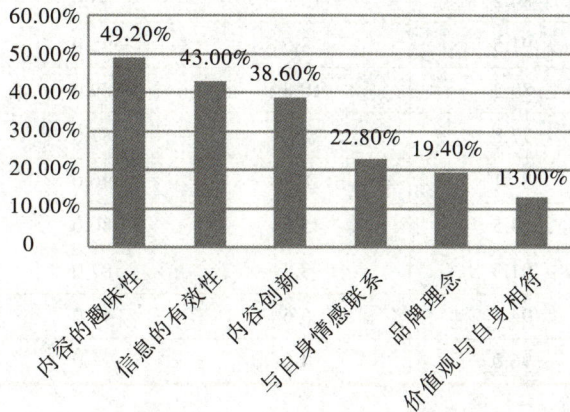

图4-7 2019年中国新媒体用户关注新媒体平台广告时所看重因素占比

数据来源：艾媒咨询。

1.微信营销

微信营销是网络经济时代企业营销方式的创新，主要有个人微信号、公众号和群体营销，相对于其他营销方式，微信营销具有以下的特殊优势，具体见表4-1。

表4-1　　　　　　　　　　　　　　微信营销优势

序号	优势
优势1	庞大的潜在客户数量
优势2	营销成本低
优势3	营销定位准确
优势4	营销方式多元化
优势5	营销方式人性化
优势6	信息达到率高，互动性突出

微信平台的营销，主要有微信对话、朋友圈、二维码扫描、建立微信公众号、查看附近的人和漂流瓶等方式。综合运用这些方式，配合图文和视频，能使营销活动更具吸引力。

2.直播、短视频营销

2019年，"短视频+电商直播"已成为电商营销主旋律，图文、详情页，甚至付费推广慢慢成为引流转化的第二梯队。如表4-2所示，房地产行业视频形式广告占比由2018年的5.6%上升到2019年的57.0%，图文形式由94.4%下降到43.0%，这充分表明情景式、更具真实性的视频类营销模式的发展趋势。

表4-2　　　　　　　　　　2018年和2019年各行业图文、视频形式广告占比

行业类型	2018年		2019年	
	图文形式占比（%）	视频形式占比（%）	图文形式占比（%）	视频形式占比（%）
快消品	56.5	43.5	6.0	94.0
网服电商	84.2	15.8	83.0	17.0
文化娱乐	91.5	8.5	95.0	5.0
3C数码	89.2	10.8	89.0	11.0
汽车	77.8	22.2	87.0	13.0
航空旅游	81.1	18.9	96.0	4.0
金融保险	54.5	45.5	80.0	20.0
耐消品	91.3	8.7	87.0	13.0
房地产	94.4	5.6	43.0	57.0
其他	96.0	4.0	96.0	4.0

数据来源：艾媒咨询。

视频4-1

一品原乡宣传片

根据《2024中国网络视听发展研究报告》，截至2023年12月，我国网络视听用户规模达10.74亿人，网民使用率为98.3%，继续保持"互联网第一大应用"，与排在第二的即时通信之间的差距进一步拉大，领先优势从2022年的184万人提升到2023年的1 414万人。中国网民规模达到10.92亿人，其中97.7%是网络视频用户，为10.67亿人，说明网络视频是互联网应用中极为普及和受欢迎的一种形式。其中，短视频用户的规模占比96.4%，为10.53亿人，比2022年增长了4 145万人，充分印证短视频在中国互联网用户中的极高普及率和用户黏性。5G行业发展进一步推动直播与短视频行业的变革。短视频营销展示直观全面、即时性和交互性强的特点与企业营销的目的更加契合，在大数据以及人工智能技术的加持下，正成为新媒体营销主流方式，逐渐成为房企获客和品牌推广的重要手段。

3.新媒体营销案例分析

（1）微信营销

案例1：颐德公馆，华丽楼书演绎定制级豪宅形态

颐德公馆是广州珠江新城内唯一在售的类别墅产品，拥有高端户型设计、私家电梯、三大人居智能系统、私家花园等定制式的配套，尽享业主的尊贵。微楼书的推出

（如图4-8所示），让颐德公馆在微信营销方面独占鳌头，从广州同期在售的豪宅产品中脱颖而出，赢得了更多的知名度、认知度。

图4-8 颐德公馆微信界面

在房地产微信营销的过程中，互动是房地产微信营销成功的关键，因此只要利用好移动互联网的特性，随时随地做好分享、解答、反馈等环节，就可以通过口碑效应获得更好的营销效果。

案例2：招商地产——"招商云客"

明源"招商云客"（如图4-9所示）微信公众号正式启用，销售、客服两大模块三个微信号同时上线。

图4-9 招商地产微信界面

"招商云客"微信应用的功能特点突出两个"通"字。一个是打通了消费者和开发商之间的新渠道，例如消费者可以注册成为会员，通过微信实现预约看房，销售人员在自己的微应用中就可以看到相应的信息，可以为客户安排合适的时间和置业顾问，提供更周到的服务。

拓展阅读4-4

房地产行业
信息媒介的
变迁

在客服微应用中，业主可以通过绑定房产，提出维修需求，工程师接单、预约时间、进度、成果反馈等各个环节都是透明可见的，服务更便捷，更人性化。

另一个更为重要的"通"就是打通了微信与CRM系统，后台信息及时同步，从而有效避免重复录入信息，以及因信息"时间差"造成客户体验不佳等现实问题。

资料来源：电商中国 盘点：2014年中国房地产微信营销的十大经典案例［EB/OL］．［2024-01-04］．https://news.winshang.com/html/042/5346.html.

（2）短视频营销

案例1：雅居乐破译短视频营销密码

2021年4月，一场名为"以乐之名 嗨战巅峰——雅居乐厂牌天团红人秀"的活动拉开了序幕。这场被冠之以地产营销（创造101）的红人选秀大赛，以出人意料的方式，迅速打破了传统房地产营销和选秀这类红人选拔活动的次元壁，碰撞出不一样的火花。

自4月17日启动以来，红人秀吸引了全国43支战队参加，经过短视频、直播带货两个赛段的角逐，不仅创作出了诸多高质量、颇具创新性的优质视频作品，更是涌现出了一批精通直播的"红人"。

短视频赛期间，这场大赛在抖音上合计播放量超过2 510万次；在微博上引发了超过2.5万条讨论，总阅读量超过了4 550万次。在微博+抖音这两大平台，雅居乐地产收获了超过7 000万的浏览量。

直播赛段中，乐居和淘宝两个直播平台累计直播观看人数超935万、点赞量超288万，淘宝直播间创下了47.8%的成交转化率，远超淘宝快消品行业的平均水平，塑造了房企直播营销的标杆案例。

在活动的最终阶段，雅居乐地产的冠军战队出战"乐居2021微笑天使厂牌之夜"，与多位明星、各路房企同台互动，并于6月26日晚8点在爱奇艺平台上线开播。截至当天24：00，仅仅4个小时，爱奇艺平台上便获得了近2 387万观看量。明星+素人的组合，聚焦当下置业过程中具有代表性的场景（结婚是不是一定要买房），金句观点不断、成功破圈，引发了较高的社会关注。

资料来源：乐居财经。

案例2：线上线下精准推送

8月酷暑，一段"女王的样板"的短视频火爆郑州：六位优雅迷人的精致女性，现身郑州北龙湖·金茂府，以不同身份定位演绎一幕幕生活美学大片，一周的时间内获得超过100万点赞量，案场来电咨询量暴增72倍，郑州北龙湖·金茂府也迅速成为郑州网红楼盘（如图4-10所示）。

图4-10　视频页面

针对本地化营销，短视频平台还开发了同城、POI推送等模式，用户可以选择添加地点信息，或者开通POI信息流，在视频发布后，平台首先会先推送给附近的用户去看，你能精准地触及附近的人。

资料来源：新浪新闻；图片来源：抖音短视频。

任务二　房地产销售渠道策划

【案例分析4-2】

随着科学技术的迅猛发展，VR（虚拟现实）和AR（增强现实）在房地产领域得到越来越多的应用，VR技术主要应用于看房以及楼盘展示，AR技术则更多用于营销推广。如复地（集团）股份有限公司在武汉结合武汉地铁六号线开通制作了一个AR视频，以"全球首座 AR 城市"把地域情怀与时下火热的 AR 技术结合，引发了武汉人在社交圈层的自发传播，最终，在大武汉爆发了高达 1 500 多万的传播量。

分析：市场的逻辑在变化，房地产由卖方市场转变为买方市场，由客户找房子转变为房子找客户。互联网时代，客户获取信息的方式由传统的报纸等权威媒体转向网络、手机移动终端等。在此背景下，传统的营销手法纷纷失效，营销创新是大势所趋。随着移动互联网和智能手机的普及，社交网络的移动化发展迅速。2022 年，移动社交用户规模达到 10.30 亿人，同时，短视频和在线直播用户也均保持较快增长势头，为新媒体营销提供了较好的流量基础。

一、房地产营销推广策略

1. 4P

课程思政教学
设计 4-1

4P 是第一代营销模式，短缺经济时代的"4P"营销组合论，由密歇根大学教授杰罗姆·麦卡锡（Jerome McCarthy）于 1960 年提出。这一营销产生于 19 世纪后期，盛行于 20 世纪初，4P 即产品（Product）、价格（Price）、渠道（Place）、促销（Promotion），其中：

（1）产品包含核心产品、形式产品和延伸产品。产品既可以是有形的，也可以是无形的。产品策略要求产品有独特的卖点，把产品的功能诉求放在第一位。详见"项目三 房地产项目产品策划"。

（2）价格策略是指根据不同的市场定位，制定不同的价格策略，包括基本价格、折扣价格、付款时间、借贷条件，它是企业出售产品追求的经济回报，详见"任务三 房地产产品价格策划"。

（3）渠道策略是指企业为使其产品进入目标市场或组织而实施的各种活动，包括途径、环节、场所、仓储和运输等。

（4）促销策略是指企业通过销售行为来改变消费者购买活动，传统的促销活动包括广告宣传、人员推销、营业推广与公关等，详见"任务四 房地产项目推广策划案例分析"。

2. 4C

4C 是 4P 的发展，与 4P 互补，是第二代营销模式，是饱和经济时代的"4C"营销组合论。1990 年，美国学者罗伯特·劳特朋（Robert Lauterborn）教授提出了与传统营销的 4P 相对应的 4C 营销理论，即顾客（Customer）、成本（Cost）、便利（Convenience）和沟通（Communication），其中：

（1）Customer 是指用"顾客"取代"产品"，要先研究顾客的需求与欲望，然后再去生产、经营、销售顾客所需的服务、产品。

（2）Cost 是指用"成本"取代"价格"，了解顾客对满足其需要与欲望所愿意付出的成本，再去制定定价策略。

（3）Convenience 是指用"便利"取代"渠道"，意味着制定分销策略时要尽可能方便顾客。

（4）Communication 是指用"沟通"取代"促销"，"沟通"是双向的，"促销"无论是推动策略还是拉动战略，都是线性传播方式。

4P是站在企业的角度来看营销。它是由上而下的运行原则，重视产品导向而非消费者导向，它宣传的是"消费者请注意"。而4C是站在消费者的角度来看营销，其中的顾客、成本、便利、沟通直接影响了企业在终端的出货与未来。4C以消费者为导向，宣传的是"请注意消费者"。4C强调企业首先应该把追求顾客满意放在第一位，其次应努力降低顾客的购买成本，然后要充分注意到顾客购买过程中的便利性，而不是从企业的角度来决定销售渠道策略，最后还应以消费者为中心实施有效的营销沟通。

3.6P

6P是4P的扩展。6P与4P的不同，在于营销学界的泰斗菲利普·科特勒（Philip Kotler）加上的两个P：Power（权力）和Public Relations（公共关系）。科特勒认为，企业能够而且应当影响自己所在的营销环境，而不应单纯地顺从并适应环境。在国际、国内市场竞争都日趋激烈，且各种形式的政府干预和贸易保护主义再度兴起的新形势下，要运用政治力量和公共关系，打破国际或国内市场上的贸易壁垒，为企业的市场营销开辟道路。同时他还发明了一个新的单词——Megamarketing（大市场营销），来表示这种新的营销视角和战略思想。

视频4-2

浙江山水六旗国际度假区推广视频

二、房地产销售渠道

房地产销售渠道不仅是渠道，还包括供应商、物流分销商和客户终端建设等部分。由于房地产的特殊性，它不流通，在物流的过程中层层加码的现象不存在，因此，房地产商品的渠道建设比普通商品的渠道建设要简单，成本相对要低。

房地产开发上端渠道主要集中在政府、媒体、企划、广告、金融、建筑、装修、印刷、设计等方面，下端渠道是指房地产销售渠道，是直接面对客户的终端建设。

按照有无中间商的介入，销售渠道可以分为直接渠道销售和间接渠道销售，如图4-11所示。

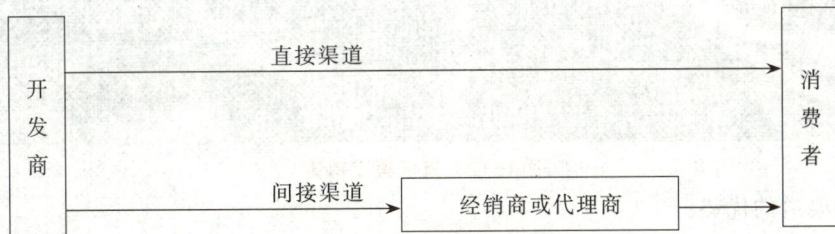

图4-11　房地产项目销售渠道

（1）直接渠道。

直接渠道是指房地产企业利用自己的销售部门对房地产商品进行直接销售，而不通过任何中间环节的销售方式。直接渠道销售策略关系到企业能否将产品及时、顺畅地销售出去，也关系到企业的销售成本和盈利水平，而选择直接渠道销售策略对于房地产开发商收集房地产市场信息，树立企业信誉等有特殊作用。直接渠道销售最常见的媒介是售楼处和房展会，如图4-12所示。

图4-12 直接渠道销售

直接渠道的优势：

① 直接渠道销售能够直接面对客户，掌握客户需求。

② 直接渠道销售能够维护开发商的品牌。

③ 直接渠道销售能够对销售节奏和价格走向进行有效控制。

④ 直接渠道销售可以节省销售佣金，克服消费者的心理障碍，降低消费者购房成本。

（2）间接渠道。

间接渠道是指房地产开发经营企业将其拥有的房地产委托给房地产中介机构，如房地产代理商，由其进行租售活动的一种营销方式，如图4-13所示。

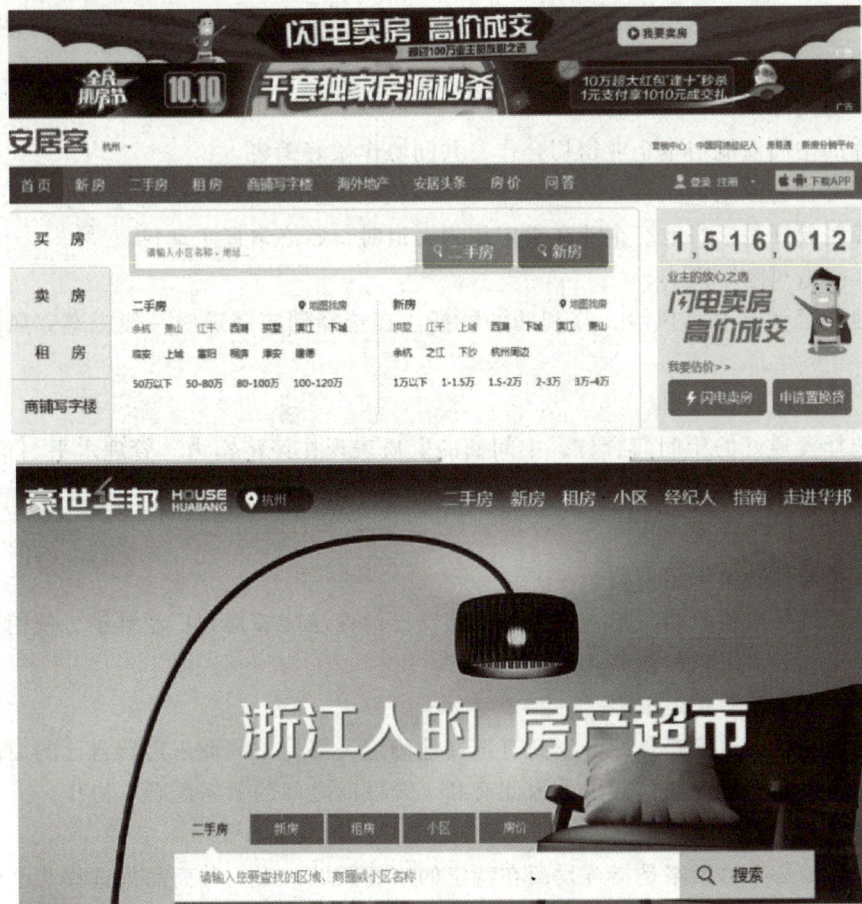

图4-13 间接渠道销售

间接渠道的优势：

① 间接渠道销售可以整合社会资源。

② 间接渠道销售有利于发挥营销专业特长。

③ 间接渠道销售有利于开发商集中精力，缓解人力、物力、财力的不足，重点进行开发、工程方面的工作。

（3）混合渠道。

房地产项目直接渠道和间接渠道销售各有优势和劣势，鉴于此，近年来在直接渠道和间接渠道基础上建立了混合渠道，即联合一体营销渠道。混合渠道的建立旨在集中开发商和代理商的优势，弥补单纯直接渠道和间接渠道的不足，其成功的关键在于开发商和代理商真诚相待，利益共享，这依赖代理商高超的专业素养和优良的职业道德。

三、房地产项目销售渠道策划

1.销售渠道选择原则

（1）效益原则。

在选择房地产销售渠道策略时，首先应考虑效益，以便以最小的投入获得最大的产出。采用不同的销售渠道策略，就会增加不同数额的流通费用，房地产企业直接销售费用最低，经销商经销居中，委托代理商较高，但要综合考虑成本、营业额、销售速度等各种因素。

（2）协同原则。

选择的中间商能与本企业密切合作，共同协作做好销售。

（3）可控制原则。

可控制原则是指房地产企业在决定销售渠道时，始终掌握主动权。

（4）降低风险原则。

房地产经销具有高风险、高利润的特征。在选择销售渠道时一般应遵守风险适中原则。

（5）资质原则。

应选择资质好的中间商合作，中间商的资质表现在经济实力、管理水平、信誉度、市场经历等方面。

2.销售渠道选择策略

（1）普通性销售渠道策略。

普通性销售渠道策略是指开发商为了使自己的商品能够得到广泛推销，使消费者随时随地可以买到而采取的策略。

（2）选择性销售渠道策略。

选择性销售渠道策略是指开发商有选择地确定一部分中间商来经营自己的商品，采用这种策略由于中间商数目较少，因此有利于开发商之间的紧密配合、协作。

（3）专营性销售渠道策略。

专营性销售渠道策略是指开发商在特定的市场区域，对一种商品只选择几个中间商"独家经营"。在通常情况下，双方订有书面契约，规定开发商在这个特定的市场区域内不能再请其他中间商来经营其商品，而中间商也不得再经销其他竞争性的商品。

任务三　房地产产品价格策划

【案例分析 4-3】

根据区域房地产市场交易情况和目标客户调研，某住宅项目制订以下方案：

1.首次开盘推售策略

基于市场：市场存量持续走高，拟选择12月10日第一次开盘入市，主要目的是抓住市场时机，在返乡潮之前入市，以保障项目以较为平稳的价格入市。

基于产品：项目首次推售楼幢为11号和13号楼，面积区间89～120平方米，产品丰富度足够且各户型数量较为平衡，共计269套房源，以保障项目整体推售节奏平稳。

基于客户：本项目与市场客户需求较为吻合。

　　2.价格体系走势建议

　　（1）采取低开高走的整体价格策略。首先以较低价格入市，取得客户资源和项目知名度后，根据分批推售的原则调整价格体系。

　　（2）通过分批次推售小范围改变供需关系，支撑价格体系。

　　（3）提高渠道营销能力，在多批次推售基础上小幅度加价。

　　分析：在房地产营销理论——4P、6P或4C中，产品和价格是消费者考虑的关键因素。而传统房地产一直将渠道和促销作为营销工作重点，认为产品和价格是开发商立项之初就确定的，是难以改变的。其实不然，一个项目只有在产品和价格上取得竞争优势，才能在销售上领先对手。房地产营销策划应该更多探索如何丰富和优化产品、提高竞争力，如何灵活运用价格杠杆引导消费。

　　价格策略是指企业通过对顾客需求的估量和成本分析，选择一种能吸引顾客、实现市场营销组合的策略满足市场需求。

一、房地产价格内涵

　　房地产价格内涵可以从经济学角度和营销学角度两方面来考虑：

1.经济学角度

　　房地产价格是指在房地产开发、建设及经营过程中，凝结在房地产商品活动中活劳动与物化劳动的货币表现。其具体公式为：

　　房地产价格=土地成本+建造成本+税费+利润

　　其中：建造成本等于直接成本与间接成本之和。

2.营销学角度

　　房地产价格是指消费者对房地产商品货币价值的判断。

　　综合上述两方面，房地产的经济学价格内涵需要通过营销学来认定，尤其是在买方市场。

二、定价目标

　　房地产定价目标是指房地产开发或代理企业在对其开发或经营的房地产产品制定价格时，要求达到的目的和标准。定价目标是指导企业进行价格决策的主要因素，取决于企业的总体目标，不同行业的企业、同一行业的不同企业，以及同一企业在不同时期、不同市场条件下，都可能有不同的定价目标。

　　获取利润是企业从事生产经营活动的最终目标，房地产企业也不例外，房地产企业通过项目产品定价并销售房产获取利润，其获取目标利润一般可以分为以下两种：

1.以获取投资收益为定价目标

　　投资收益定价目标是指使房地产企业在开发运营过程中经过一定时期能够回收各项投资并能取得预期的投资报酬的一种定价目标。采用这种定价目标的房地产企业，一般是根据项目投资总额预估收益率，计算出单位房产的利润额，再加上房产各项成本作为销售价格。

2.以获取最大利润为定价目标

　　最大利润定价目标是指房地产企业一定时期内在销售上追求获得最高利润额的一种

定价目标。利润额最大化取决于合理价格所推动的销售规模，因而追求最大利润的定价目标并不意味着企业要制定最高单价。房地产企业达到一定的规模后往往会按照产品类型，如别墅、排屋、多层、高层等，开发不同的产品，以形成系列化产品体系，这时通常采用组合定价策略，即有些业态产品的价格定得比较低，借以提升知名度带动其他产品的销售，从而使企业利润最大化。

三、定价方法

房地产定价通用的定价方法有成本导向法和需求导向法等。

1.成本导向法

成本导向法，顾名思义是以总成本为中心来制定价格。其具体公式为：

价格=成本+利润+税金

其中：利润可用销售利润率计算也可用投资利润率计算。

成本导向法紧紧围绕着开发商的利润目标，有利于最大限度控制成本，而开发商也可根据目前房地产业平均利润率，视自己项目的规模、设计、套型、环境、施工质量等因素相应确定合理的目标利润，这种方法无疑比较简便。但由于开发商取得地块的途径不同，经营管理水平不同，同等楼宇成本的差异也比较大，如果仅以自己的目标成本加目标利润制定价格，就会缺乏客观性，很可能偏离市场能接受的价格，进而导致销售不力或利润损失。

所以，与许多产品一样，房地产价格主要取决于市场供求关系。以需求导向法定价是目前较多开发商使用的较科学合理的方法。

2.需求导向法

需求导向法是依据买方对产品价值的理解和需求强度来定价，不是依据卖方的成本定价，而是根据消费者的价格观念，以较好的房屋设计、完善的配套设施、美丽的庭院、优质的服务等条件来影响消费者的购买行为。根据不同地区、不同时间、不同地点离市区中心的远近程度、繁华程度、交通条件等适当制定不同价格。

要根据市场的供求关系定价，便要了解在房地产所处的环境中各种因素是怎样影响供求关系，从而影响定价的，熟练分析这些因素对合理定价并取得最大利润很有帮助。

3.目标收益率定价法

目标收益率定价法又称目标利润率定价法，是指在成本的基础上按照目标收益率的高低计算售价的方法。

按照本方法计算，需要先计算目标利润，由于目标收益率的表现形式多样，目标利润计算公式也不同。目标利润具体计算公式有：

目标利润=总投资额×目标投资利润率

目标利润=总成本×目标成本利润率

目标利润=销售收入×目标销售利润率

目标利润=资金平均占用额×目标资金利润率

获得目标利润后，可计算房地产物业的销售价格，其具体公式为：

房产品销售价格=（总成本+目标利润）÷预计销售量

目标收益率定价法的优点是保证企业实现目标利润。这种方法适用于在区域市场上具有一定影响力的房地产企业、市场占有率较高或具有垄断特征的企业，这种方法也有利于集团化管控的房地产企业实现对项目公司的利润考核。

4.竞争导向定价法

竞争导向定价法是指房地产企业为了应对区域市场竞争的需要而采取的特殊定价方法，它以竞争者的价格为基础，根据竞争双方的力量对比等情况，制定较竞争者价格低/高/相同的价格，以达到增加利润，扩大销售量，提高市场占有率等目标。

5.价格调整

（1）朝向差，又可以称为水平系数评定，是按同一平面层各单位的差别划分档次，进而量化打分。其影响因素主要有房屋朝向、景观环境、户型结构、视野、噪声等。

（2）垂直系数评定是按同一单位因为楼层高低的变化导致的差异进行打分，主要包括视野景观变化、空间感差异、心理优越性差异、客户心理感受、特殊情况等。

四、房地产价格影响因素

房地产价格确定是在一定内外环境的背景下进行的，将受各种因素的影响，因此价格必须在对各种影响因素进行深入细致分析的基础上制定。

1.供求因素

供求关系为主要影响因素。供给和需求是价格水平形成的两个最终影响因素，其他一切因素要么通过影响供给来影响价格，要么通过影响需求来影响价格。

2.经济因素

经济因素包含物价、土地价格、利率、货币供应量、经济增长率等。物价和土地价格上涨会导致房地产原料价格上涨，商品房价格也会上涨；银行利率提高会使购房需求降低，利率降低会刺激购房；当货币供应量增加时，商品房价格会提高；经济增长使购买力加强，房地产价格上涨。

3.社会因素

社会因素中的人口因素的影响表现为人口增长率高或人口集中地区，对房地产的需求增加，房价自然提高；家庭结构可影响购房目的、购买力；福利性实物分房的停止、住房公积金贷款的实施、微利房的推出等均能提高购房需求。

4.行政及法律因素

房地产是兼具保障性与商品性双重属性的产品，房地产市场受政策影响很大，例如，宏观调控、金融政策、利率政策、产业政策和产业结构调整都将直接影响房地产价格波动。

5.自身因素

自身因素包括区位、实物与权益等，是指那些反映房地产本身的自然物理状况的因素。这些因素主要有：

①位置：房地产价格与位置优劣正相关。一般来说，商业房地产的位置优劣取决于周围环境状况、安静程度、交通是否方便以及与市场中心的远近。

②地质：地质条件对地价的影响很大，地价与地质条件正相关，因为地质条件的好坏决定着建设费用的高低。

③土地面积：规模大的住宅区、封闭式物业管理、完善的配套设施、大面积的花园总能令消费者对楼盘满意。

微课4-1

④空间：日照、朝向、采光、通风、风向等。

⑤建筑物的外观：外观主要指建筑样式、风格和色调。凡建筑物外观新颖、优美，可以给人们舒适的感受，价格就高；反之，单调、呆板，很难引起人们强烈的享受欲望，甚至令人压抑、厌恶，价格就低。

"一房一价表"制定三部曲——一房一价表

⑥心理因素：当经济大环境暂时不佳，前景不明朗时，购房者持币观望。随着楼市的逐步成熟，购房者已不再是盲目跟风的一族，而且各种渠道的信息均可提高他们的分析和判断能力。

任务四　房地产项目推广策划案例分析

【案例分析4-4】

杭州上实海上海项目（如图4-14、图4-15所示）位于三墩北面"白洋港中央生活区（CLD）"板块，是未来的大型滨湖生态居住中心。总建筑面积41.8万平方米（一期22万平方米、二期19.8万平方米），占地面积约12.8万平方米（一期68 364平方米、二期59 640平方米），总户数2 773户（一期1 525户、二期1 248户）。项目北面一路之隔为古墩路小学，高标准36班公立学校，项目一期建成了12班幼儿园（西塘雅苑幼儿园白洋里园区）。项目周边大型商业配套丰富，距离金地Oopcity——16万平方米的商业综合体680米，2.5千米范围内还有永旺梦乐城、西田城、三墩新天地等大型商业综合体。

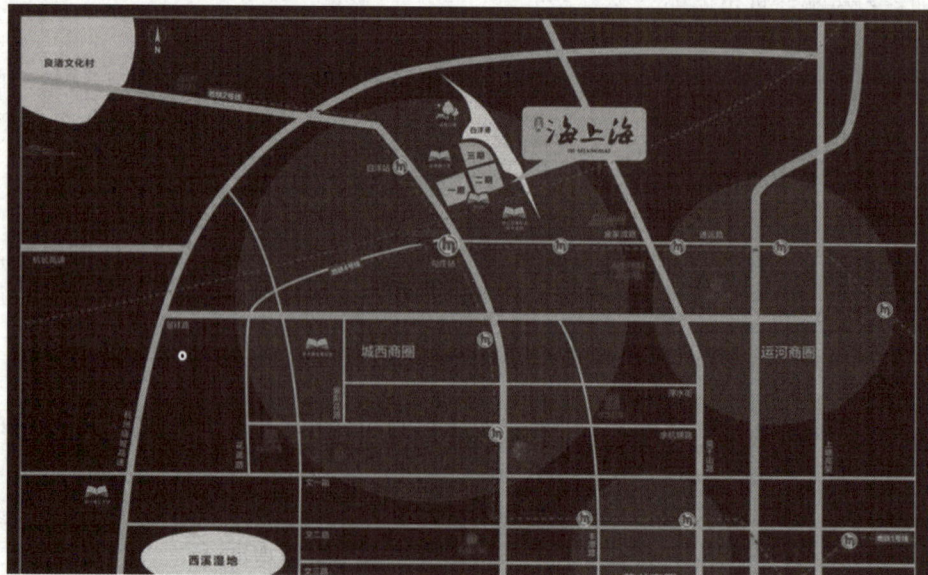

图4-14　项目区位图

问题：房地产项目推广策划的要素有哪些？

　　分析：房地产项目推广策划的要素主要从市场、项目基本情况和项目定位出发，开展价值点分析、推广策略、推广渠道确定、价格策略确定等策划。

图4-15　项目一期效果图、项目二期效果图

一、市场调查

1.政策环境（见表4-3）

表4-3　　　　　　　　　　　　　　2019年房地产市场政策环境

时间	机构	主要内容
2019.02	央行	继续实施稳健的货币政策，房地产金融政策取向不变
2019.04	中共中央政治局会议	要坚持房子是用来住的、不是用来炒的定位，落实好一城一策、因城施策、城市政府主体责任的长效调控机制
2019.04	住房和城乡建设部	住房的定位：房子是用来住的，不是用来炒的；完善住房的"两个体系"：市场体系和保障体系，落实城市主体责任，特别是要把"稳地价、稳房价、稳预期"的责任落到实处；调结构、转方式；大力培育和发展住房租赁市场，重点解决新市民的住房问题；关注政策的连续性和稳定性，防止大起大落
2019.04	自然资源部	住宅用地消化周期3年以上停止供地，调整确定2019年住宅用地供应"五类"（显著增加、增加、持平、适当减少、减少直至暂停）调控目标
2019.06	财政部、国家税务总局	房产继承、赠与直系亲属将不再征收个税

时间	机构	主要内容
2019.09	央行	10月8日后，房地产利率将推行贷款市场报价利率（Loan Prime Rate，LPR）政策

小结：坚持"房住不炒"定位，严格落实国家"稳地价、稳房价、稳预期"要求，做好行业监督管理，加强市场监测分析。

2. 市场现状与发展（如图4-16所示）

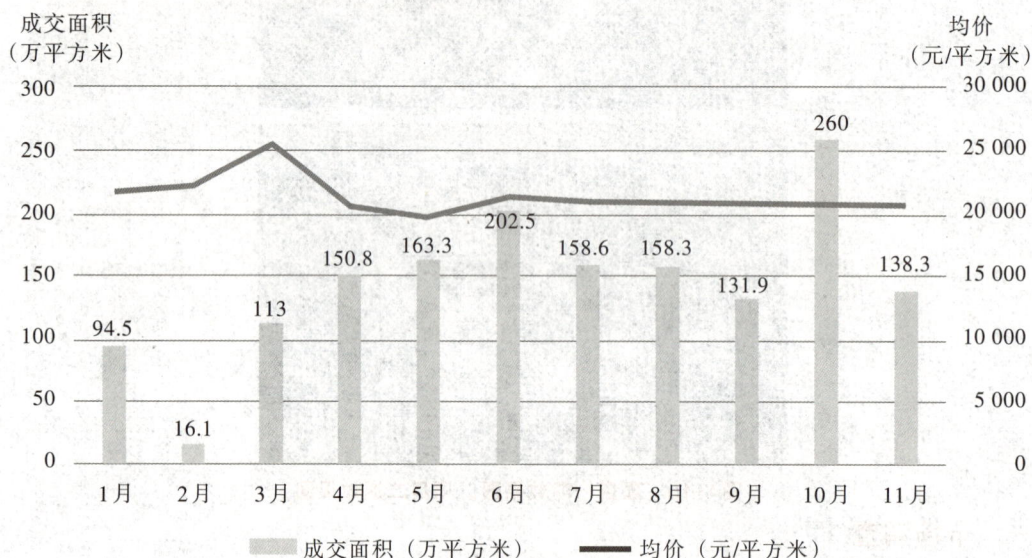

图4-16 2020年1月—11月杭州商品房成交面积及均价

小结：受新冠疫情影响，2020年2月杭州商品房成交面积大幅度下滑，但3月反弹，主要原因是疫情控制和线上营销发力，6月和10月出现小高峰，随着政策出台，11月回落，广义库存2020年6月后持续下降。2020年杭州房地产市场总体平稳。

3. 项目区域（板块）市场研判

（略）

二、价格策略

1. 项目各类型户型价值评价

（略）

2. 产品定价

产品定价选用市场比较法，根据区域地段接近、户型面积相当、档次接近的原则，选择越秀·星汇悦城、奥克斯缔壹城、万科未来城等竞争楼盘作为项目价格参照的对象。以上述楼盘为参照，用市场比较法测算本案高层的静态均价（基准价）。然后，根据市场发展轨迹研判未来预期，在静态价格基础上调整，测算高层的销售均价；按市场上不同产品之间的价差规律，测算小高层和洋房的销售价格；根据不同楼幢之间的价值关系，测算不同楼幢的销售均价；根据推盘顺序，对较晚推售的产品，按一般市场预期调整价格。

项目产品定价步骤详见图4-17、表4-4。

3.价格策略

结合市场环境、竞争楼盘情况、项目产品建设状况，考虑项目将于2021年入市，根据目前市场走势，可以预判2021年市场相对稳健，保守按2%市场年环比增长计算。

基本信息	 万科未来城	 越秀·星汇悦城	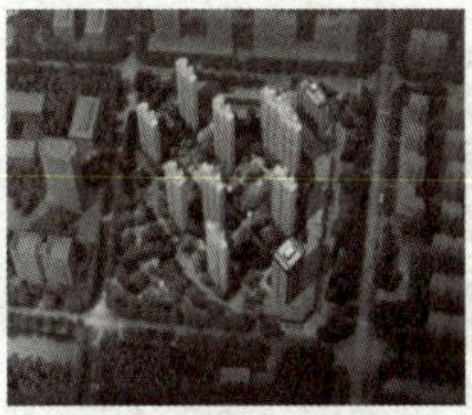 奥克斯缔壹城
近月成交 （2020年12月存量）	均价29 272元/平方米	均价33 446元/平方米	均价28 998元/平方米

图4-17　项目产品定价步骤（1）

表4-4

项目产品定价步骤（2）

		评分指标	权重	本案	万科未来城	越秀·星汇悦城	奥克斯缔壹城
区位	1	片区形象	4%	1	1.2	1	1
	2	与区中心的距离	5%	1	0.95	1	1
	3	道路/交通状况	8%	1	1	1	1
	4	周边自然人文环境	4%	1	1	0.95	0.95
	5	周边配套	10%	1	1.1	1	1
规划设计	6	总体规划	5%	1	1	0.9	0.8
	7	社区规模	6%	1	0.9	0.8	0.8
	8	园林环境	6%	1	1.1	0.9	0.9
	9	建筑外观	4%	1	1.2	1.1	1
	10	户型设计	10%	1	1.2	1	0.9
社区配套	11	社区商业	6%	1	1.1	0.9	1.1
	12	学校	10%	1	1	1	1
	13	公共设施	4%	1	1.3	0.9	0.9
其他	14	物业管理	10%	1	1.2	1	0.9
	15	开发商品牌	8%	1	1.4	1.1	0.9
比准系数				1	1.1135	0.977	0.944
各项目当前均价（元/平方米）				—	29 272	33 446	28 998
比准价格（元/平方米）				—	32 594	32 676	27 374
权重（%）				—	30	40	30
加权价格（元/平方米）				—	9 778	13 070	8 212
本项目高层当前均价（元/平方米）						31 060	

说明：1.竞争楼盘价格数据来自透明售房网。

2.本案小高层为18层，洋房产品竞品区域内无同类型产品竞争对比，故以26层高层作为基础参照价进行定价，考虑到项目产品类型丰富，通过参考部分目前多类型产品楼盘在售均价，预判制定3种产品之间的均价差。

3.案例中可比实例价格为当年增量房均价，不代表目前存量房价格。

4.各楼幢、楼层定价（略）

视频4-3

三、推广策划

1.项目价值卖点提炼

卖点1：生态湖景

项目邻近两百亩水体，水质良好，沿湖将建设环湖步道及体育主题休闲公园，如图4-18所示。

项目价值点
展示

图4-18 项目周边水体

卖点 2：海派风情　稀缺洋房

项目总体规划体现海派风情，产品设计多样化，如图 4-19 所示。

图4-19　项目小区规划效果图

卖点 3：优质户型

项目设计全通透、全明户型，动静分离，小 3 房保证 2 卫全明，得房率均在 90% 以上，超大面宽，主卧私密性强，如图 4-20 所示。

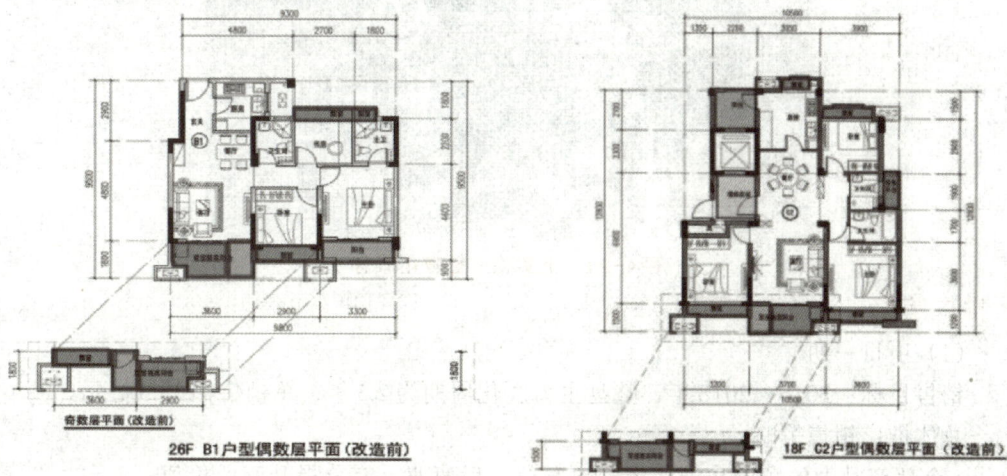

图4-20　户型图

例如 1 号楼 26 层（图 4-20 左侧图片）：得房率 90% 以上，中间套主要功能空间均朝南，边套可享 270 度三面景观。

6 号楼：一梯一户，奢华配置，主卧私密性强的同时，保证赠送面积的利用率，超长 10.5 米开间等。

洋房：得房率 95% 以上，10~13 米面宽等。

卖点4：品质服务

项目聘请上海上实物业管理有限公司承接物业服务。上海上实物业管理有限公司拥有住房和城乡建设部物业管理一级资质，在管物业面积超过1 000万平方米，承担了上海环球金融中心、丹芙春城、华为上海研发基地等重大项目的物业服务管理。本项目上实物业将利用业主微信平台搭建社区服务平台，实现社区O2O生态圈与SNS平台。上实物业智慧化服务如图4-21所示。

图4-21　上实物业智慧化服务

2.推广策略

（1）项目一期

销售目标：2016—2018年，整盘主力去化周期为2.5年，总销售额23.3亿元。

总体推广销售策略：

- 全部产品大的顺序：先住宅、再车位、后商业，充分提升商业价值；
- 住宅部分大的顺序：先高层、再小高层、后洋房，充分提升洋房价值；
- 在推货过程中，会有混推的情况出现；
- 一种产品类型（如高层）的推货顺序原则上是先低价值楼幢后高价值楼幢；
- 建议商铺放在2018年进行销售，最大幅度用时间去换价值；
- 车位随着地上部分的销售跟进分批推售。

项目推广销售时间节点如图4-22所示。

2016年——高调入市
以开盘为核心，小步快走，高频
递增的推盘策略，迅速进入市场。
去化货源：3幢26层
　　　　　2幢18层

2017年——集中去化
充分利用重大的区域配套节点，
主推优质房源，提升溢价空间。
去化货源：4幢26层
　　　　　3幢18层
　　　　　2幢洋房

2018年——主推洋房产品
通过时间沉淀和客户积累，提升
洋房的溢价空间和位置不佳的高
层楼幢价值，亦可利用位置不佳
高层楼幢来最后打击市场，达成
最终去化任务。
去化货源：2幢26层
　　　　　1幢18层
　　　　　5幢洋房

推 1#楼
（100套）

推 4#楼
（34套）

推 18#、17#楼
（212套）

推 3#楼
（198套）

推 8#、10#楼
（66套）

推 20#、9#楼
（142套）

推 2#楼
（198套）

推 6#楼
（68套）

推 21#、
22#楼
（200套）

推 7#、5#楼
（100套）

推 19#楼
（108套）

推 14#、15#、16#楼
（96套）

推 11#、12#、13#楼
（98套）

5月　6月　8月　10月　3月　5月　6月　9月　12月　3月　7月　10月

2016年　　　2017年　　　2018年

8个月完成598套　　　12个月完成616套　　　12个月完成406套

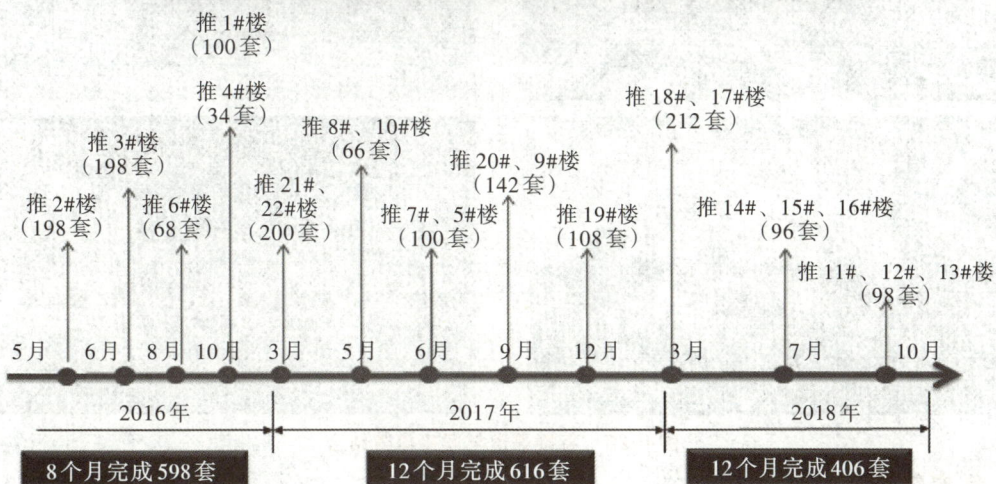

图4-22　项目推广销售时间节点

（2）项目二期

杭州上实海上海项目（二期）在一期推售成功基础上，于2017年9月首开，推广销售计划见表4-5。

表4-5 项目二期推广销售时间节点

销售时间	开盘房源和均价
2017年9月23日	上实海上海（二期）首开17号、20号楼182套房源，均价约24 000元/平方米
2017年11月12日	上实海上海（二期）加推1、14、18、19、21、22号楼618套房源，均价约25 000元/平方米
2019年7月7日	上实海上海（二期）小高层2～9号楼296套房源开盘选房，均价约24 600元/平方米
2019年9月27日	上实海上海（二期）高层10～13、15、16号楼开盘选房，共200套房源，均价约23 542元/平方米

注：杭州部分区域自2016年9月19日起实施摇号限购政策，表内价格为开盘价。

3.推广渠道

联动胡庆余堂、青春宝城市门店建设品牌展厅，最大化发挥本土品牌的情感和文化因素，把胡庆余堂、青春宝的品牌精神传接到上实集团海上海项目上来。直接渠道与间接渠道结合如图4-23所示。

图4-23 直接渠道与间接渠道结合

4.新媒体推广

除传统媒介外，策划微电影、微信（如图4-24所示）、微博等新媒体推广。

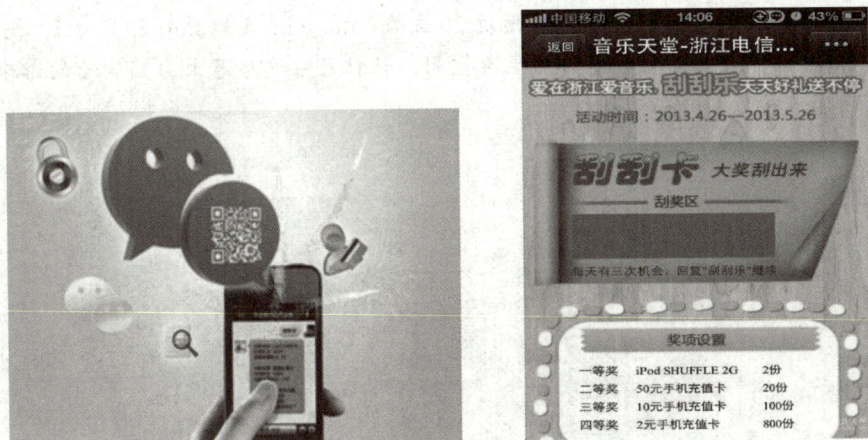

图4-24　微信营销

例如：微电影。

表现内容：上实、胡庆余堂、青春宝的品牌故事结合海上海项目的开发内容。

时长：5~10分钟。

运用手段：线上传播及微信端传播结合线下活动。

费用预算：20万~50万元。

主演人员：可邀请明星参演。

推广阶段：品牌落地期，9月开始投放。

又如：微动画视频（如图4-25所示）。

图4-25　微动画视频

时间：5分钟（结合三维）。

分镜：可剪成几个小片段，便于微信传播。

内容：一天的生活状态记录。

运用：户外、电视、微信、网络。

四、海外房地产项目营销策划案例分析

【案例分析4-5】

英国伯克利集团KidBrookeVillage项目（如图4-26、图4-27、图4-28所示），坐落在东伦敦格林威治区，占地86英亩。其项目布局及蓝图规划非常与众不同，近5 000个全新住宅散布在功能各异的绿意之中，不仅给未来住户创建生机勃勃的社区，也同时保留

原有野生动物栖息的乐园。其中，占地近20亩的 Cator Park（如图4-29所示），衔接了现有的自然保护区，让野外物种有自然生存空间，让社区住户尽享大自然陶冶的都市乐土。

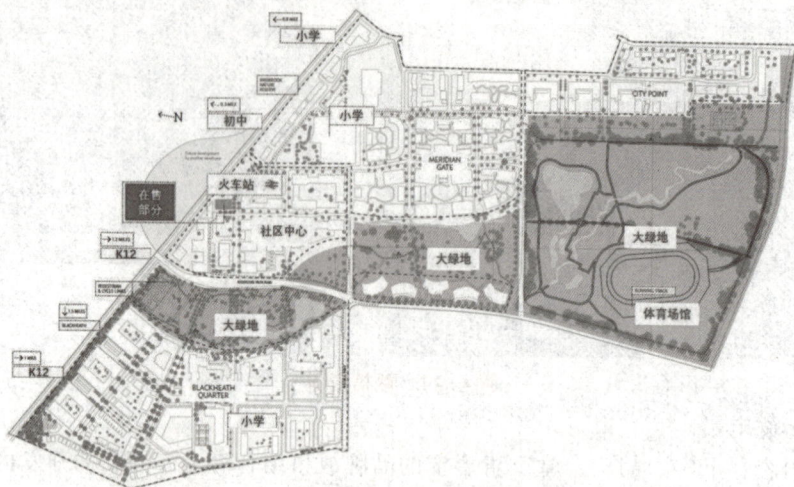

图4-26　KidBrookeVillage项目布局规划图

图片来源：伯克利集团。

图4-27　KidBrookeVillage项目自然生态和谐示意图

图片来源：伯克利集团。

图4-28　KidBrookeVillage项目蜂巢酒店图

图片来源：伯克利集团。

图4-29　Cator Park开幕盛况

图片来源：伯克利集团。

问题：作为海外房地产项目，在国内推广时应侧重策划哪些要素？

分析：案例项目在宣传中突出产品人与自然和谐共融的特色。

（1）项目特色

① 自然共融：一草一木，鸟语花香，人与自然和谐相处，探索自然奥秘，营造和谐社区。

② 健康福祉：草地森林、湿地溪流，贴近自然、亲近自然，清新空气、净化心灵。

③ 生态平衡：植物繁茂生长，动物自由栖息，保护生态，保留野趣。

④ 设计独到：雨燕筑巢，丰富自然生态，配置蜂巢酒店。

⑤ 静谧空间：与伦敦野生动物基金会深度合作，减少人工干预，让动植物自由生长。

（2）海外房地产项目推广策划要素

本案例为英国常见住宅项目，交付以精装房为主。不论是自住还是投资，海外住宅项目在国内推广时，目标客户多为有海外投资经验的中高端白领或企业家，开发商或代理商会对潜在客户深入分析，并侧重个性化沟通与关注。鉴于住宅项目的共性，购买者一般着重关注楼盘的地理位置、楼盘设计及配套服务。

海外房地产项目在国内推广策划时应侧重考量的因素有：

① 交互式情景展示：在国内分支机构办公室（或高星级酒店专场）进行楼盘模型展示，且用互联网交互式方式远程呈现所有楼盘信息（含文字、图片、视频），并在现场向受众以专业场景（情景式）详细介绍项目情况。

② 线上媒体营销：使用微信小程序以中文发布微文，含公司介绍、品牌推广及项目简介，以支持代理商掌握项目资讯与动态，方便代理商推广。

③ 线下活动营销：与全球知名代理商，如第一太平戴维斯、世邦魏理仕等合作，定期在五星级酒店或高端写字楼和合作方共同举办讲座及楼盘推介活动，彰显开发商高端定位，同时推出英伦教育、运动、美食等相关体验或品鉴，让客户充分了解英伦居住环境、生活方式、教育品质、健康关爱、项目价值及投资潜力等。

④ 间接营销代理：前述活动通常由代理商高级销售经理定向邀约客户，参与的销

售人员精通中英文，受过海外教育并有国外生活经验，知晓英国地产、教育、健康等英式体系，平时关注国际市场，了解各国主要币种，熟悉汇率波动对海外地产项目买卖的影响，并有能力适时给客户提出相关中肯意见与购买决策建议。

⑤ 统一促销方式：促销政策通常由伯克利总部制定，多为限时折扣、分期付款（与银行合作提供贷款服务）或销售折扣与家具包结合等促销措施。

📢 项目小结

本项目主要阐述房地产项目推广媒介类型、特点及互联网形势下的新媒体，项目定价方法和策略，并通过案例详细分析项目推广方案的策划流程和要点。

◎ 关键概念

直接渠道　间接渠道　价格策略　互联网营销

💡 基础知识练习

一、不定项选择题

1.房地产促销主要有4种形式，其中（　　）是指企业为树立或提高自身及其产品的形象而通过各种公关工作所进行的宣传报道和展示。

A.人员推销　　　　B.广告宣传　　　　C.营业推广　　　　D.公关

2.房地产市场营销划分为10个阶段：市场调查、购房者需求分析、竞争者分析、项目形象包装策划、产品策略、价格策略、渠道策略、促销策略、客户关系管理、项目选址规划。其中前（　　）个阶段被称为"前营销"。

A.2　　　　　　　B.4　　　　　　　C.5　　　　　　　D.6

3.房地产人员推销流程应为：①接近客户；②推销洽谈；③售后服务；④寻找顾客；⑤促成交易；⑥约见客户；⑦解决异议与抱怨。（　　）

A.①②③④⑤⑥⑦　　　　　　　　B.②①③④⑤⑥⑦

C.④⑥①②⑤⑦③　　　　　　　　D.④①⑥②⑦⑤③

4.在房地产直接的价格调整方式中，（　　）就是对一栋楼的计算价格进行上调或下降。

A.基价调整　　　B.优惠折扣　　　C.差价系数调整　　D.直接让利

5.长三角某城市具体个案定位于高档住宅，容积率为0.8，位于郊区，邻近天然湖泊，空气环境良好，你认为适宜的主力户型规划面积应为（　　）。

A.90平方米以下　　　B.[90，110)平方米　　　C.[110，130)平方米

D.[130，150)平方米　　　E.[150，180)平方米　　　F.[180，250)平方米

G.250平方米以上（含）

6.房地产广告企划媒体主要分为大众媒体与小众媒体，（　　）媒体属于小众媒体。

A.户外　　　　　B.电视　　　　　　C.DM

D.休闲场所POP　　　E.网络

7.某房地产开发商为了销售本企业的写字楼物业,出资举办了关于写字楼市场发展的学术研讨会,并在各大报纸通过专家访谈形式进行了专门报道,开发商的这种促销行为属于( )促销方式。

A.营业推广 B.公关 C.广告宣传 D.人员推销

8.房地产开发经营企业在选择销售渠道时,应考虑销售渠道的( )。

A.时效性 B.可控性 C.社会性 D.适应性

9.一栋新建写字楼的公开售价为26 000元/平方米,开发商推出了以租代售的方式促销,具体方案为:每年需支付净租金5 000元/平方米,5年付清。若同类物业投资收益率为8%,则开发商推出的以租代售方案对购买者来说( )。

A.比售价优惠 B.没有售价优惠

C.与售价一样 D.难以判定是否给予了优惠

10.下列( )不属于间接渠道销售。

A.房地产增量产品代理 B.房地产存量产品代理

C.金融超市 D.房博会开发商展台销售

二、简答题

1.当具体个案正式公开后,一个好的报纸广告必不可少的要素有哪些?

2.楼书设计的必备要素是什么?

实践操作训练

一、案例题

杭州市某项目技术经济指标见表4-6。

表4-6 杭州市某项目技术经济指标

	数据	备注
总占地面积	23 592平方米	
总建筑面积	56 620.8平方米	
住宅面积	46 040平方米	
建筑密度	18.6%	建筑基底占地面积/规划建设用地面积
容积率	2.4	
绿化率	30%	
居住户数	420	
居住人数	1 344	按3.2人/户计算
停车位	1∶1.5	

地块基本情况如图4-30所示。

地块区域图

项目周边环境配套

图4-30　地块基本情况

问题：

针对地块项目，某营销策划团队进行了项目的SWOT分析，如图4-31所示。

Strengths	Weaknesses
①开发商品牌优势：老牌企业对顾客的信心促进 ②区域配套规划完善、科学，未来区域价值明显 ③项目处于产品设计阶段，可按照市场需求特性打造产品特性	①区域现状不成熟，需靠本案加速区域开发速度 ②景观资源有限，仅项目西侧能看到江景，整体景观价值提升度较弱 ③项目附近为毛地，整体形象较差
①城市化进程加速，人均收入水平提高，本案所处区域发展前景乐观 ②所在区域就业人口多，住宅需求量持续增加，为本案提供刚性需求	①市场在售项目较多，未来竞争压力较大 ②国家调控楼市政策频繁出击，整体市场受到一定影响 ③本区域高端物业的强力竞争分流客户
Opportunities	Threats

（中央椭圆：SWOT分析矩阵）

图4-31　某地块项目SWOT分析

请问图4-31的分析是否正确？根据所学知识加以补充。

二、实训题

【实训情景设计】

昆明，素有"春城"美誉，天高云淡，四季如春。昆明，历史悠久，文化灿烂，是国务院公布的首批24个国家历史文化名城之一。公元765年，南诏国在此修筑"拓东城"，昆明始建城。

如今的昆明已是立足西南，辐射南亚东南亚的区域性国际中心城市。2021年11月，中老铁路（昆明—老挝万象）正式开通。昆明正成为中国面向南亚、东南亚和环印度洋周边经济圈的国际物流枢纽城市。

某项目位于昆明市南部，西山区东部，市区与滇池之间的区域。周围环绕着居民区、学校、医院、商业广场，对提升项目价值起到积极作用，项目周边城市道路四通八达，南侧紧邻南三环、广福路，与市中心和滇池紧密相连，交通便利。图4-32为项目区位图。

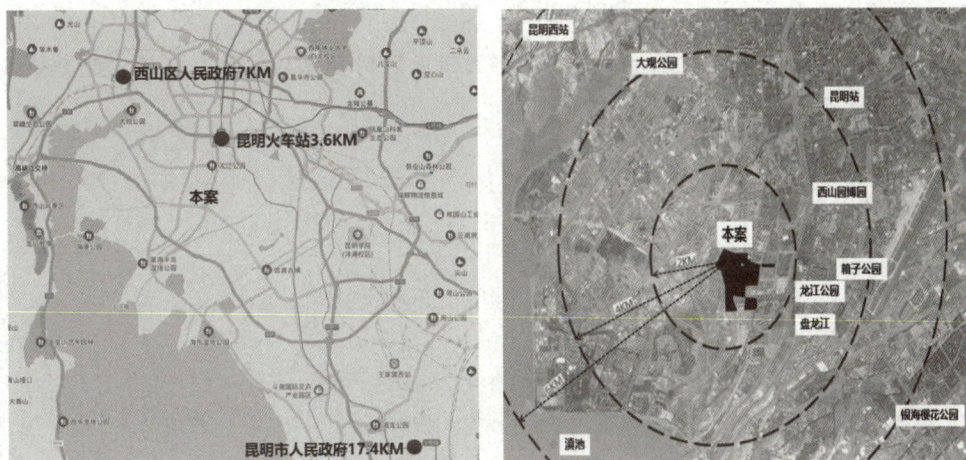

图4-32　项目区位图

该项目位于昆明南市的核心区，是昆明西山区城市改造项目的标杆和典范。项目旨在开发品质住宅，提升人居标准，满足人民美好生活向往。项目区位和板块图、项目周边交通分别如图4-33、图4-34所示。

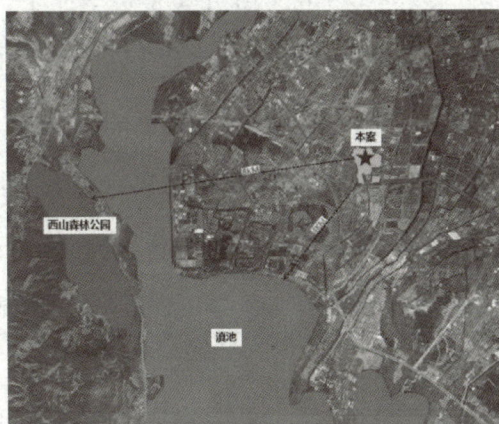

图4-33　项目区位和板块图

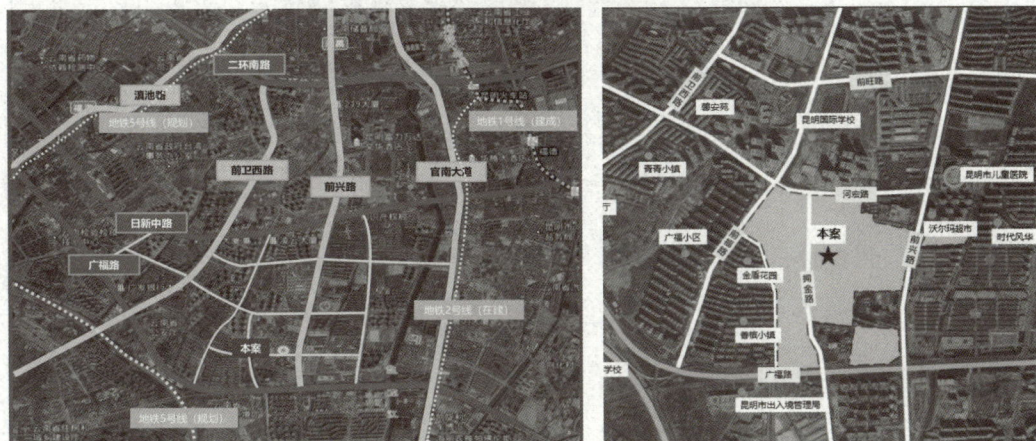

图4-34　项目周边交通

【实训任务要求】

请根据上述材料策划项目的推广方案，利用互联网资源从区位、环境、配套等方面提炼项目价值点。

项目五 房地产项目策划实务

● 学习目标

知识目标

1. 了解房地产项目策划报告的基本结构；
2. 熟悉房地产项目策划中，住宅、商业及综合体项目策划的重点及主要内容；
3. 掌握房地产项目营销策划报告撰写的格式及要求。

能力目标

1. 能运用所学知识进行不同类型项目的市场调查与数据分析；
2. 能运用所学知识进行住宅项目的产品策划；
3. 能够从推广媒介、销售渠道、价格等方面对房地产项目进行综合分析和评估；
4. 能够将知识进行综合，从市场、产品、推广等角度进行全方位策划；
5. 能够撰写住宅项目营销策划报告、商业项目推广策划报告。

素养目标

1. 通过市场调查与数据分析，深入了解民生需求，将人民对美好生活的向往融入房地产项目策划中，体现以人为本的发展理念。
2. 在房地产项目综合策划中注重文化元素的融合，将中国传统文化与现代设计相结合，展现文化自信，促进房地产项目的文化价值提升。

>>>>>>> 项目五思维导图

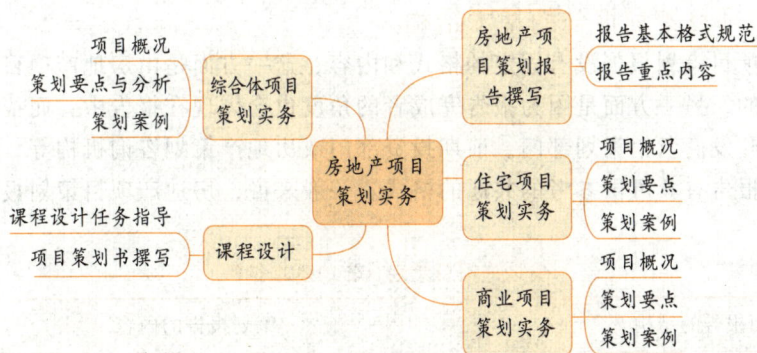

项目概况			报告基本格式规范
策划要点与分析	综合体项目	房地产项目策划报告撰写	报告重点内容
策划案例	策划实务		
		住宅项目策划实务	项目概况
	房地产项目策划实务		策划要点
			策划案例
课程设计任务指导		商业项目策划实务	项目概况
项目策划书撰写	课程设计		策划要点
			策划案例

▶▶▶▶▶▶ 引例

万科桂语东方——美好生活季

杭海新区龙渡湖板块在杭州"中环时代"背书下，正加速融入大杭州都市生活圈。万科桂语东方位于杭海新区龙渡湖板块，可达临平新城核心区，产品规划为19幢瞰景高层、17幢当代新中式叠排，2018年8月开盘，预计2021年8月交付。桂语东方营销策划团队计划2020年一季度推出"桂语美好生活季"、二季度推出"桂语热爱生活季"、三季度推出"桂语感恩钜惠季"。下面为"桂语美好生活季"主题活动方案。

活动主题："美好初心，致敬匠心"生活馆，传颂许村布艺的匠心和万科精装匠心。

活动内容：（1）主题生活馆开放体验内容：①许村家纺布料展陈、许村布艺历史文化展示；②万科三好、精装性能、实体样板房；③现场演示布料扎染工艺。（2）主题生活馆开放仪式：①许村布艺协会领导讲解；②建筑设计师讲解。

线上推广：实体样板房情景拍摄照片、视频。

请业主/演员在实体样板房进行真实生活互动体验，以改善首选（4房）、精装细节（一键断电、凉博士、一键报警等）、户型功能（6.1米大飘窗）为系列。

推广语：桂语东方卓然耀立于此，以首入之姿，带来革新城市人居的美好信念，匠造都市灵感作品，以瞰景高层、当代新中式院落产品，构筑有温度的美好社区。

类型：活动营销。目的是推广项目价值，扩大品牌知名度，塑造温暖社区。

目标客户群：项目周边本地客户、环杭外溢客户。

资料来源：根据新联康（中国）杭州公司桂语东方项目提案整理。

◀◀◀◀◀◀ ───────────────

任务一　房地产项目策划报告撰写

一、房地产项目策划报告的基本结构

房地产项目策划报告没有固定的格式和内容，这一方面是由房地产项目的唯一性和独特性决定的，另一方面是因为报告完成者的角度也会体现在报告中，而报告完成者可能是房地产开发商营销策划部门、前期投资部门或房地产策划咨询机构等。不同种类的房地产策划报告有其可供参考的共通的格式。一般来说，房地产项目策划报告的基本结构见表5-1。

表5-1　　房地产项目策划报告的基本结构

策划报告的结构	策划报告的内容
封面	策划报告的名称、日期、编号和策划成员等
引言	策划的背景、目的、意义和策划的方法
目录	策划报告的基本结构和内容构成
摘要	策划报告的要点说明、整体思路及主要内容

续表

策划报告的结构		策划报告的内容
正文	环境分析	宏观、微观环境分析，预判市场走势
	项目分析	项目全方位的调研和全面分析
	SWOT分析	分析项目外部的机会与威胁，明确项目的优势与劣势
	项目策划	策划报告重点，包括产品策划、价格策划、推广策划等
	投资估算	估算项目所需的成本和收益，测算营销费用
	项目实施	营销策略、方案实施的流程及相应的要求
	调整或风险防范	对方案进行必要的补充，有哪些措施可防范风险
结论及建议		对前述内容的总结归纳，给出相应结论或建议
附录		应附加相关佐证资料，增加报告的可信度

二、房地产项目策划报告的内容

1.封面

封面是策划报告的脸，具有强烈的视觉效果，会带给人直观的第一印象。封面设计的基本原则是清晰、整洁、醒目，让观看者一眼就能知道本策划报告的主题和指向。封面的字体、颜色没有严格的要求，要根据视觉效果具体考虑。

（1）如果本次策划是接受客户的委托而进行的，那么在封面上要明确标出委托方的名称，如××公司××策划报告。

（2）策划报告要有一个清晰、明确的名称，要简明扼要。如果需要，可以在主标题后增加一个副标题，如××项目策划报告——市场营销策略及行动方案。

（3）策划报告的封面上应标明策划报告的提交日期，要按照规范完整的日期格式标注；如果需要，还可标明策划的起止日期，如2019年4月10日至2020年11月5日。

（4）一般在封面的下方要标出策划者，可以是个人，也可以是公司。如果是公司，应该列出企业的全称，不能简写。

（5）有的策划公司还会在封面上标注公司的项目策划编号。

2.引言

策划报告引言的作用与一般书籍的序言作用相同，是对策划项目的起因、目的、意义、背景等需要说明的情况进行介绍。

引言在正文之前，目的是向读者描述报告的内容或相关背景。引言要求使用关键字，表达方式要突出，能使读者感兴趣。

3.目录

目录是每个策划报告必备的内容，目录能够清晰地表明策划报告的结构和内容组成，能让读者对策划者的思路有一个清晰认识，也便于读者寻找相关的内容。

虽然目录位于策划报告的前部，但目录是在策划报告完成后才能确定的，目录与正文要一一对应。

4.摘要

摘要也称概要,是对策划报告的高度概括,能使阅读者明白策划者的思路和意图,知晓策划报告的观点和结论。摘要内容不宜过多,用词要规范严谨,能够清晰地表达报告的主要内容和观点。

摘要有两种写法,常见的是放在报告的正文之前,这样可以使策划者思路清晰,防止正文偏离中心;也可以将摘要放在报告的正文之后,与结论合并。

5.正文

(1)环境分析

环境分析主要分析宏观环境、行业(或市场)环境及微观环境,一般应收集一年内历史数据,以便准确描述环境的现状及发展变化趋势,要形成令人信服的现实依据。

在对环境做描述时,要避免个人的主观臆断,应该客观准确表达,尽量用数据说话,宜图文并茂。

(2)项目分析

①地块周边环境分析

地块周边环境分析部分主要包括土地现状、地块自然环境、地块交通环境、地块市政配套等四个方面。

②区域房地产市场分析

宏观经济数据,可以从地区生产总值、个人可支配收入、财政收入等三个方面来关联房地产项目,考察宏观经济数据。

城市房地产数据,包括项目所在城市的房地产相关政策、房地产市场概况、房地产市场总体供求现状、房地产平均价格和成交量走势等。

地块所在区域或板块房地产市场可以从房地产价格水平、周边历史土地成交情况、房地产供需状况、房地产市场潜力等几个方面考察。

客户群分析,包括地块周边同类项目购买客户的构成,主要指客户群职业分布、收入分布、购买用途等;基于项目的位置及项目规模考虑项目所面对的潜在客户来源,包括哪些地方的自住客、投资客等;每一类客户群的置业特点考虑的主要因素,如配套、高性价比等。

(3)SWOT分析

鉴于房地产项目投资大、风险高、资金回收期长、产品特殊、技术复杂等特点,必须对房地产项目做SWOT分析。SWOT分析是根据企业自身的既定内在条件和所处的外部环境进行综合分析,找出企业内部的优势、劣势,外部的机会、威胁,并确定企业的核心竞争力。其中,S代表Strengths(优势),W代表Weaknesses(劣势),O代表Opportunities(机会),T代表Threats(威胁);其中S、W是内部因素,O、T是外部因素。

(4)项目策划

①项目定位

A.竞争性楼盘分析。对周边竞争性楼盘逐一调查分析,调查的内容包括位置、物业类别、建筑类别、总户数、容积率、绿化率、建筑面积、占地面积、车位数、车位比、开发商、物业管理公司、销售情况等。

B.产品定位、市场定位、客户群定位、建筑风格定位等。

②产品策划

地块技术经济指标包括土地使用面积、规划建筑面积、容积率、绿化率、建筑限高、住宅商业比例、红线退让等，这些指标决定了产品的可能性。根据地块技术经济指标提出产品类型的可能性，高层公寓、小高层公寓、多层公寓、花园洋房、排屋等物业类型组合可能性以及相应的面积比例。

例如，某地块土地使用面积 151 050 平方米，建筑面积 90 690 平方米，容积率 0.6，建筑限高 11 米。则其产品组合体量特征见表 5-2。

表 5-2　　　　　　　　　　　　　　　　产品组合体量特征表

建筑形式	产品表现		规划条件下的产品组合体量特征
	主力产品	附加产品	
联排别墅	双拼别墅		纯双拼别墅社区
	独栋+双拼+联排		区域内高等级产品的复合式别墅社区
多层公寓	3层平层公寓	联排别墅	3层公寓与联排别墅
		双拼别墅	3层公寓主力产品，辅以部分双拼
		独栋别墅	大体量3层公寓，少量独栋别墅

产品规划设计包括建筑空间布局、建筑风格、景观系统规划、道路规划、公建配套、户型配比与设计提示等，详见项目三。

价格策划包括价格测算、价格确定、价格策略等。价格测算可以通过市场法或假设开发法结合多因素修正计算，再根据楼幢位置、面积、楼层，调整水平差价和垂直差价；价格策略应根据市场、企业经营和项目实际情况确定。

（5）投资估算

由于具有投资额巨大，资金占用时间长、周转慢、风险大等特征，房地产企业必须对项目所需的成本及可能产生的收益做到心中有数。房地产项目的成本包括直接成本和间接（期间）成本。通过投资估算，结合开发价值，判断项目的经济性。房地产项目经济评价的主要目标有两个：一是项目的盈利能力；二是项目的清偿能力。项目财务评价根据是否考虑资金的时间价值，分为静态指标与动态指标。静态指标以投资收益率为典型；动态指标以财务净现值和财务内部收益率为典型。

（6）项目实施

项目实施方案是指项目的具体方案和行动方案，主要包括营销策略、方案实施的流程、步骤及相应的要求。方案要考虑全面、周到、细致，一切以取得良好效果、实现战略目标为原则。一般实施方案的内容比较具体，以 5W1H 为基础，即做什么、由谁做、何时做、何地做、为何做、怎么做；还要考虑需要运用哪些资源，需要哪些部门配合，需要多长时间，所需费用为多少，能够达到什么效果等。实施方案一旦确定，具体的实施步骤也随之明晰。

课程思政教学
设计 5-1

（7）调整或风险防范

方案调整是对策划方案的有效补充和完善。在方案实际执行过程中，可能会出现计划与实际不相符的情况，也可能会发生一些突发或意外状况。方案在实施中要根据实际情况的变化或市场的反馈，及时进行修改或调整，以适应环境。为了能更好地实现战略目标，最好在设计方案时有多套备选或应急方案，一旦情况有变，就能够找到相应的应对措施。

6.结论及建议

结论是对整个策划报告观点归纳性的总结，与前言的内容前后呼应，使策划报告有一个圆满的结尾。结论一般强调策划报告的主要观点，并突出重点，明确问题的解决方法。

建议是策划者站在策划角度，对目标确定、方案执行等主要内容给出的一些建设性的意见或想法，可供决策者参考。

7.附录

凡是能够证明策划结论客观性、准确性的相关资料，或者有助于阅读者理解或信任的资料，或者能够给数据准确性提供依据的原始材料，都可以作为附录的内容。例如，市场调查问卷的样本，座谈会的影像资料，项目实施现场拍摄的照片等。附录也可以包括不适合放在正文中的分析、检测过程的资料等。如果附录资料较多，要标明资料的顺序并编号，以便读者查找。

一般的策划报告由以上几项内容构成。在实际策划工作中，根据企业不同、产品不同、策划类型不同、侧重点不同，策划报告编制时的结构和内容可根据实际情况有所不同。

任务二　住宅项目策划实务

该策划主要对天津市北辰区南仓板块的区域规划、土地出让等进行介绍，对住宅供求和目前南仓板块某住宅项目楼盘进行解读，并通过机会分析、战略分析等对潜在客户进行分析，最后提出项目策划方案及未来房地产市场的发展前景。

一、本项目策划报告的结构及内容

第一部分　概要提示

项目位于天津市快速路以内，紧邻中环线，属于河北区、红桥区和北辰区交界，是北辰区的中心位置及核心地段，紧邻地铁4号线，拥有便捷的交通体系和完备的生活配套。

项目总建筑面约45万平方米，由文澜花园、文潼花园及文泽花园三个地块组成，产品包含高层、洋房及叠拼别墅。项目整体容积率仅为2.0，保证低密生活的同时，全面提升了社区整体的生活氛围与人文圈层。建筑风格及立面以浓郁学院风情的都铎风格，展现出新颖时尚的海派建筑形象。景观设计则以英伦风情为主线，不仅营造出记忆深处的异国情调，更融入地域特点，烘托出别样的情景感受。

项目自亮相入市以来，凭借其卓越的产品品质和独特的魅力，迅速在市场上赢得了广泛的认可和青睐。然而，在全球疫情的冲击下，项目的销售一度受到了影响，随着疫情的逐步控制和市场的逐渐回暖，2021年迎来了新的生机，城市面貌更新，配套逐渐完善，项目三期新品适时开盘，以全新的面貌、成熟的居住环境、美好生活社区氛围，吸引广大购房者的目光。

视频5-1

区域沙盘讲解

房地产策划
大赛选拔任
务书示例

第二部分　环境分析

（一）国家宏观环境分析

2021年，我国政府坚持"房住不炒"定位，进一步稳固房地产调控成果，保持政策的延续性和稳定性。"十四五"时期，中国将以发展保障性租赁住房为重点，进一步完善住房保障体系，努力实现全体人民住有所居。2021年11—12月，全国超过10个城市发布支持购房政策、部分三四线城市购房有补贴，政府积极创造营商环境、活跃住房消费需求。房地产将从高增长向高质量过渡，更加强调因城施策、分类指导。房地产是供给侧结构性改革的重要主线，依然是稳增长的重要产业。高品质住房需求为房地产平稳健康发展提供源动力。

2022年政策展望：坚持"稳"字当头，坚持"房住不炒"并严堵监管漏洞，企业降负债、居民降杠杆，房地产实现高质量发展；控制去杠杆节奏，居民按揭支持合理需求、房企债务危机改善，涉房融资或将解冻，房企整体融资环境有望明显改善。

（二）天津市房地产发展状况

2021年，天津在"房住不炒"的基础上，深入优化因城施策，各级政府职能部门频繁发布政策，监管房地产市场、维护楼市稳定健康发展。截至2021年10月，"海河英才"计划已累计引进41.7万人。2021年天津新房成交量为115 207套，较2020年上涨3.46%。12月成交量环比上涨28.61%。新房价格在2021年12月小幅上涨，但同比2020年同期有所下跌。12月新房成交均价为16 878元/平方米，环比上涨1.44%。12月新房供应量有所增加，批准上市面积为79.54万平方米，环比上升17.8%，同比下降36.0%。库存量在12月小幅下降，为2 108.05万平方米，环比下降2%，同比下降1.09%。滨海新区成交活跃度领先，全年成交量突破20 000套。河西区成交活跃度提升显著，涨幅为69.6%。2021年销售额突破百亿元的房企有3家，融创中国以139.42亿元的销售金额位居首位。2022年一季度，天津市新建商品房销售面积同比增幅高于全国平均水平。

综上所述，2021年天津市房地产市场在成交量、价格、供应、库存、区域成交活跃度、房企销售额等方面均表现出一定的稳定性和理性发展态势。展望未来，天津市房地产市场预计将继续保持稳定发展的态势。

（三）天津市土地市场

土地分布：2021年天津土地供应138宗，成交107宗，供求比为1.29。市内六区成交14宗，环城四区成交38宗，远郊五区成交33宗，滨海新区成交22宗。

供求分析：2021年天津供应建筑面积1 580万平方米，成交建筑面积1 255万平方米（综合），成交楼面价8 220元/平方米，量价环比呈现上涨。即使二、三次供地多底价成交，但由于全市成交地块以市区及环城为主力，成交楼面价出现大幅上涨，如图5-1、图5-2所示。

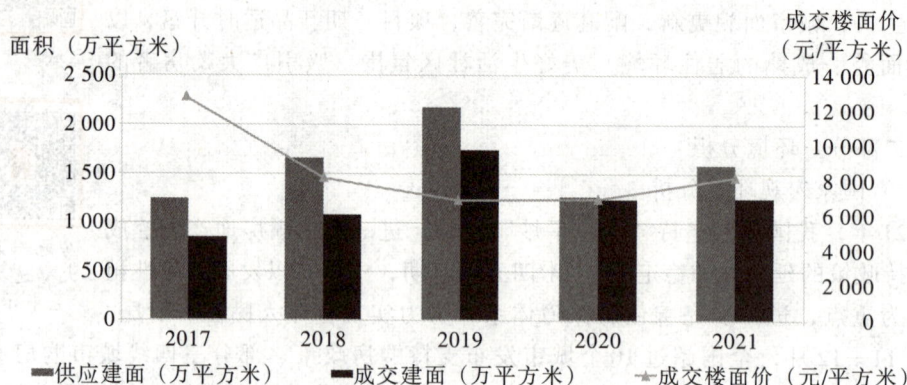

图5-1　2017—2021年全市商品宅地供求量价走势

数据来源：合富研究院。

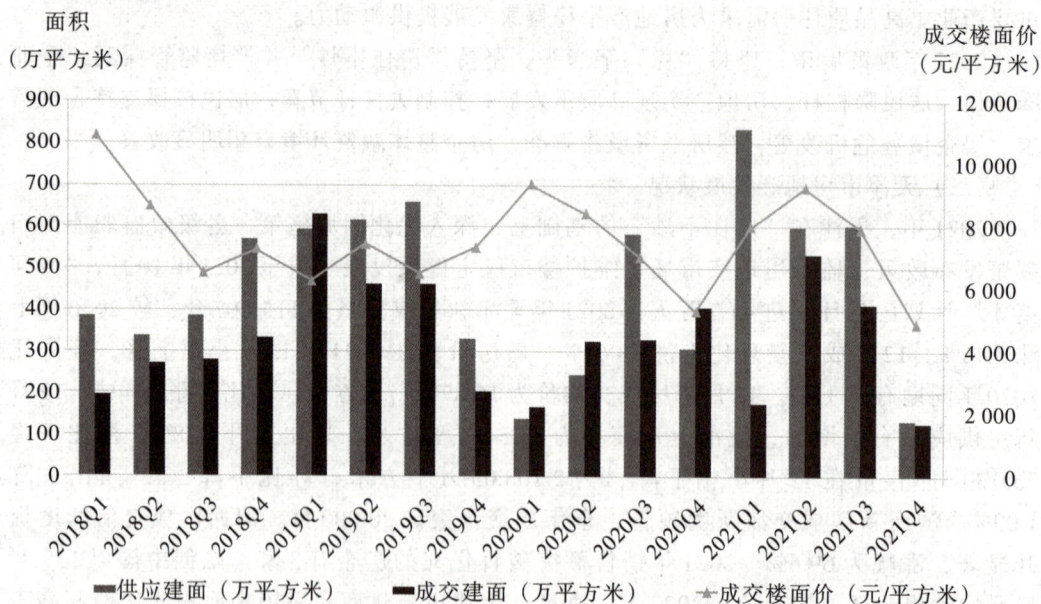

图5-2　2018—2021年各季度土地市场概况

数据来源：合富研究院。

分区供求：2021年成交面积最大的为滨海新区330万平方米，其次为武清区140万平方米，再次为北辰区129万平方米。市内六区均有土地成交，红桥区成交面积最大，为57万平方米，南开区成交楼面价最高，为27 533元/平方米。

（四）天津市住宅市场

2020年天津商品住宅成交面积1 215.9万平方米，同比2019年下降6.9%。疫情后整体市场恢复，成交同比小幅下降，成交量与限购后的前两年（2017—2018年）基本持平，如图5-3所示。

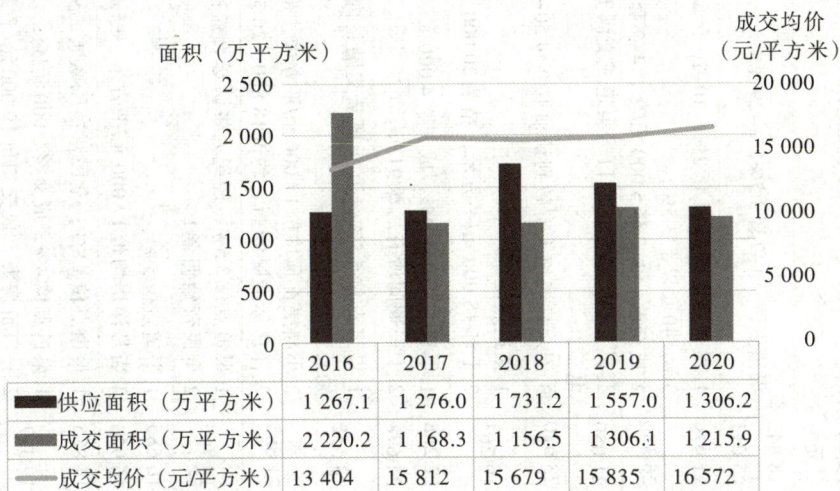

	2016	2017	2018	2019	2020
供应面积（万平方米）	1 267.1	1 276.0	1 731.2	1 557.0	1 306.2
成交面积（万平方米）	2 220.2	1 168.3	1 156.5	1 306.1	1 215.9
成交均价（元/平方米）	13 404	15 812	15 679	15 835	16 572

图5-3　2016—2020年天津住宅供求量价

（五）北辰区域房地产市场

1）区域基本情况

北辰区获批国家级产城融合示范区，涉及规划面积203.62公顷。土地规划调整后除产业用地外还包含居住用地、商业服务业用地、社区体育运动场用地及中小学用地。

北辰区作为环城四区中之前关注度并不太高的区域，近年来因为外环拓圆、修建地铁和高铁等因素，逐渐成为热点区域。北辰区的热点板块包括铁东北路、小淀、宜兴埠和大张庄。其中，宜兴埠因为地理位置优越，邻近河北区和红桥区，所以未来有望承接市区外溢人口。北辰区的轨道交通发展迅速，地铁1号线、3号线、5号线已经通车，4号线北延至小街站正在建设中，未来将与市区融为一体，这将对房地产市场产生积极影响。

2）北辰区房地产市场

2021年天津市北辰区的土地市场活跃，成交面积达到129万平方米，显示了区域房地产市场的潜力。2019—2021年北辰区住宅成交量基本持平，年市场容量约110万平方米（190亿元）。2021年1—11月天津房地产累计投资2 624.24亿元，相比2020年同期增长了156.08亿元，表明市场投资意愿较强。

北辰区的房地产市场在2021年表现出了一定的活力和增长潜力，特别是在交通和区域发展方面的优势，以及政策支持力度加大和市场信心的逐步恢复，预示着该区域房地产市场的积极前景。然而，去化压力和库存量的挑战仍然存在，需要进一步的市场调整和政策引导。

3）竞争项目分析

表5-3为本项目2021年的在售竞品分析表。

表5-3 本项目2021年的在售竞品分析表

板块	项目	产品	面积（单位：平方米）	9月 成交套数	9月 成交均价（元）	10月 认购套数	10月 成交均价（元）	11月 认购套数	11月 成交均价（元）	12月 认购套数	12月 成交均价（元）	优惠政策
南仓	A	高层	90 115	12	18 870	9	19 286	3	19 171	7	18 843	渠道点位：1~7套3.5%，8~29套4%，30套以上5%
		洋房	115 127 143	11	24 458	4	23 656	5	24 616	6	25 011	
	B	高层	92 115 122	18	23 329	20	22 014	17	22 260	15	21 979	1.渠道点位：1~9套2%，10~20套2.5%，21~39套3%，40套以上3.5%；2.成交奖：1~3套5 000元/套，4~7套8 000元/套，8套以上1万元/套；7~11号渠道成交满工套抽一辆欧拉电车；3.周六日经纪人有效到访抽取红包50~500元
		洋房	98 120 143	16	27 211	7	27 336	22	26 329	20	26 336	
	C	高层	84 102	13	22 243	10	21 739	12	20 940	12	21 050	1.渠道点位2.5%；2.毛坯18 000元/平方米，精装20 000元/平方米
		洋房	97	22	24 382	13	24 008	22	23 750	17	23 620	
瑞景	D	高层	86 92 103	63	19 103	33	19 438	24	19 706	18	19 263	1.渠道点位涨至4%，成交4 000元/套；2.十一期间所有房源91折
		小高层	112 119									
	E	小高层	93 115	2	23 191	21	22 565	16	22 445	22	22 268	1.渠道点位5.5%+1万元现金奖励；内部员工推荐奖励总房款2%；2.小高层首顶均价17 000元/平方米，带精装，小高层及洋房标准层94折，均价18 800、20 500元/平方米
		洋房	108	0	0	3	23 325	10	24 772	19	24 678	
	F	小高层	55 76 85 96	48	20 355	39	20 251	76	18 710	152	18 552	1.渠道点位3.5%，经纪人带访送天猫精灵；2.全民营销佣金1%
		洋房	105	21	22 303	25	22 114	47	22 334	62	21 685	
淮河道	G	小高层	85 105	0	0	0	19 629	12	19 596	11	19 769	1.渠道点位5%
	H	小高层	85 98	16	16 934	8	16 669	9	16 771	1	16 685	1.当月洋房均价17 000元/平方米，赠送车位一个
		洋房	98 116	16	17 743	12	16 822	31	16 841	17	16 936	
	I	小高层	86 104 115	34	15 632	24	15 552	27	14 955	29	14 885	1.渠道点位1.8%；2.全民营销凤凰通，奖励3 000元
	J	洋房	80 95 105 125	38	19 567	31	19 647	79	19 601	35	19 307	1.渠道点位4%，成交奖2 000元；2.一口价房源，成交均价19 000元/平方米
	K	小高层	110	7	18 365	27	18 584	46	18 210	21	18 258	1.渠道2.5%，完成每月任务量60%，跳点3%；2.全民营销1.5%

竞品市场小结：

10月1日起各竞品项目已通过高渠道点位、降价促销、补货低总价产品等方式冲刺年关业绩，区域市场价格持续下滑；前期市内各区地王项目已迫于资金压力低价入市；

瑞景板块：作为区域最成熟、品质改善首选板块，在售项目最多，库存压力较大，F项目自10月1日起率先开始大幅降价并提高渠道点位，随后B、C及E项目则通过高渠道点位抢夺客户；

南仓板块：A项目因客诉问题无法降价导致下半年销售量下滑，L项目受业绩压力，重新降价开放，2个项目2022年皆为现房，清盘压力大加之金隅地块2022年下半年入市，未来该板块竞争压力最大，预计价格将继续下滑；

淮河道板块：自2019年3月F项目降价后，该板块长期处于以价换量的价格战中，10月起H项目和K项目已通过降价/补货低总价产品进行销售冲刺，板块库存较少，价格已趋于平稳；

其他板块：M作为常年全市成交TOP1项目，四季度迫于业绩压力已开始降价促销；前期市区地王项目也迫于资金压力低价入市。

（六）市场走势研判

北辰区作为天津市的重要区域，受益于天津市的城市规划和发展战略，未来发展潜力巨大。随着区域发展的不断推进，该项目及其所在的南仓板块逐渐受到市场的认可，依托于周边的自然景观或城市绿地，为居民提供了良好的生态环境，增加了居住的吸引力。项目所在的居住区正在逐步成熟，随着越来越多的居民入住，该区域的居住价值和社区氛围得到了显著提升。随着北辰区的快速发展，项目周边的教育、医疗、商业等配套设施日益齐全，提高了居住的便利性和舒适度。

总结：随着各项目经营恢复正常，宏观政策刺激加码，市场预期有望回升。购房客户选择半径扩大，各项目竞争范围扩大，品牌房企的项目受到客户关注。该项目凭借其得天独厚的地理位置、完善的配套设施、便捷的交通网络以及优质的居住环境，正逐步成为天津市房地产市场的热点区域，吸引着众多购房者的目光，未来发展潜力值得期待。

第三部分 项目市场定位

（一）天津市住宅需求特征分析（略）

（二）北辰区域客户特点分析

通过对区域内五个项目进行成交客户结构分析，得出结论：低总价类产品客户辐射全市范围，改善类产品外来客户较少，以区域内客户为主。低总价是区域内吸引外来人口的第一要素。

特点一：区域内项目成交客户均以地缘性客户为主、市区外溢人口为辅。其中低总价类产品，辐射市区范围较大，以全市为主，改善类产品辐射外来区域范围较小，以区域内客户为主。

特点二：低总价类客户偏年轻化。改善类产品年龄跨度较大，各年龄段成交均匀分布，辐射全年龄段客户。

特点三：区域内地铁上盖项目，以邻近地铁线客户分布为主。

根据红桥区、河北区、北辰区的业内人士访谈得出结论：北辰区域内存在大量外来客户，主要来自市区外溢及外地在津工作人员。其特点为总价承受能力有限，对户型的功能性及配套比较重视。

特点一：北辰区内项目成交的客户仍然以地缘性本地人为主；存在大量外来客户，一部分为市区外溢客户，以红桥区和南开区为主；其余为在天津工作的外地人，他们在北辰区沿地铁线购房。

特点二：对于北辰区产品需求以刚需婚房为主，受总价影响颇深，低总价的80平方米左右两室最为热销，高层产品市场认可度最高，首付30万~35万元之间辐射客户范围最广。

特点三：大部分客户是年轻人，对于产品户型功能性、邻近地铁沿线及教育资源十分重视。

（三）目标客户群定位

项目规模超大和北辰区人口基数小，说明不能单靠北辰消化，必须导入外区人口。综合市区高房价挤压和北辰的环内优势，因此目标客户群体定位立足北辰，并吸纳北三区外溢客户。大盘客户群应复合多元。本案应满足不同客户的不同诉求（敏感点）。项目要实现单价的超越，就必须以中高客户群为目标进行重点研究，见表5-4、表5-5。

（四）市场定位

1）项目价值梳理

（1）品牌实力

央企实力，当前区域内少有的重量级企业；全国总部所在地提升潜在价值。

（2）区域价值

津北核心生活圈内，未来发展潜力巨大；毗邻北辰经济核心区域，前景无限；据守北中环，低密宜居生活板块。

（3）社区规划

百万平方米大盘，独立成城，服务体系极为丰富；多维市政休闲绿化公园，出门即享；自有独立公园体系，生态配置丰富；洋房+别墅+高层组合，墅境宜居社区；英伦风格建筑群，气质典雅，历久弥新；重点小学学区房，教育资源稀缺。

（4）产品优势

大面宽、短进深、全通透户型设计，舒适度极高；88~167平方米全线户型区间，迎合全年龄层客户；大尺度别墅产品，舒适度更高，区内稀缺；高附加值赠送面积，全面提升附加值。

（5）三维交通

规划地铁轨道交通便利；三横五纵快速干道通达全城；多条公交线路直达城市各区。

表5-4　客户群分析

客户类型		客户基数（户）	年均意向客户（组）	承受总价（万元）	（家庭）年收入与偿付能力	可投资资产	客户特征	产品诉求与敏感点分析
区域内	高端改善	4 000~7 000	500~900	Top1. 300~500 Top2. 250~300	年收入 50 万元以上；公积金 7 000 元以上/月	150万元以上	年龄：40~55 岁 家庭结构：中年之家、中产阶级	产品：电梯洋房、类别墅 敏感点：重点小学、园林、物业、车位
	改善初改	10 000~12 000	1 000~1 500	160~250	年收入 50 万元以下；公积金 5 000~7 000 元/月	80 万~150万元	年龄：35~55 岁 家庭结构：后小家、中年之家	产品：小高层、电梯洋房，95~105平三室，120~140平三室 敏感点：公办幼儿园、重点小学、社区公共活动空间、全人车分流社区、地铁
	刚改	30 000~43 000	3 000~5 000	120~160	年收入 30 万元以下；公积金 3 000~5 000 元/月	30万~80万元	年龄：30~45 岁 家庭结构：两口之家、小太阳、后小太阳	产品：高层，80~85 平两室，90~95平小三室 敏感点：公办幼儿园、小学、公交、菜市场、出房率
区域外	改善客户	60 000~80 000	6 000~9 000	Top1. 300~500 Top2. 220~300	年收入 60 万~130万元；公积金 8 000 元以上/月	150 万~250万元	年龄：40~55 岁 家庭结构：中年之家、后小太阳	产品：类别墅 敏感点：重点小学、交通、园林、物业
	刚改初改	170 000~190 000	13 000~16 000	160~220	年收入 30 万~60万元；公积金 4 000~8 000 元/月	80 万~150万元	年龄：30~45 岁 家庭结构：三口之家、三代同居	产品：小高层、电梯洋房，100平左右三室，120~130平三室 敏感点：重点小学、公办幼儿园、地铁、生活配套
	刚需	200 000~250 000	18 000~20 000	120~160	年收入 15 万~30万元；公积金 3 000~4 000 元/月	30万~80万元	年龄：25~40 岁 家庭结构：两口之家、小小太阳、小太阳	产品：高层，70~85平两室，90~95平小三室 敏感点：总价、地铁、小学、公办幼儿园、生活配套

表5-5　　　　　　　　　　　主力客群描摹及客户比例

客户分类	产品需求	客户敏感点排序	总房款（万元）	客户来源	客户年龄特征	客户比例
高端改善	类别墅、电梯洋房	社区档次、社区景观、物业服务、停车、教育	Top1：300~500 Top2：220~300	北辰5~7成	35~55岁	10%~20%
				河北、红桥、南开、外环等3~5成		
改善初改	电梯洋房 95~105平小三室 120~140平三室	教育、轨道交通、社区公共环境	180~220	北辰4~5成	30~40岁	20%~40%
				河北、红桥、南开、外环等5~6成		
刚需刚改	高层 75~85平两室 90~95平小三室	总价、教育、交通出行、得房率	120~180	北辰3~4成	25~40岁	50%~70%
				河北、红桥、南开、外环等6~7成		

结论：北辰区成为城市北部承接低总价外溢的主要区域，满足河北、红桥、南开等区域外溢需求，且北辰区域内仍存在购房需求。低总价、功能性产品（户型）、社区配套是目前区域内客户最为关注的三大要素。

2）整盘项目定位语

北中环　百万平方米　健康活力城

北中环：紧邻天津环线地标，强化位置的稀缺性和城市资源的紧密联系性。

百万平方米：项目规模强化，城市地标地位彰显，区域辐射力、影响力强化，完善生活氛围强化。

健康活力城：项目纯粹的居住属性，强调产品的舒适度以及第一居所功能。

第四部分　产品策略

（一）地块现状分析

1）地块环境调查

项目所属区域的天津北辰南仓板块，位于天津市北辰区南仓道以南，朝阳路以西，紧邻京津公路沿线，是天津主城区的"北大门"。该区域作为城市副中心的延续，具有重要的地理优势和发展潜力。健康生态、教育人文和便捷生活，这些因素将共同推动项目的发展和居民的生活质量提升。

2）地块周边环境调查

下楼即达双公园，2万平方米市政公园+尚辰路带状公园。

3）地块交通条件调查

10分钟步行至地铁4号线（在建）顺义道站，拥有610、611、961等20余条公交线路，紧邻西北半环快速路南仓道路段。

4）周边市政配套设施调查

（1）教育配套

天津师范大学北辰实验学校，A3配置12班编制社区幼儿园。

（2）商业配套

京津路两侧华润万家、物美超市、辰悦广场等，北侧综合性农贸市场 高峰路菜市场，驱车10~15分钟，可达北宁万福广场、南开熙悦汇、南开大悦城、红桥水游城、陆家嘴购物中心。

（3）医疗配套

三甲医院北辰医院、北辰中医院、天津市第二儿童医院、天津市第一医院，天穆骨科医院。

（二）SWOT分析

优势S：★板块优势：北中环唯一代表，尽享三大板块价值合力

· 品牌优势：央企品牌，公信力加持

· 规划优势：片区唯一百万体量，自给自足，活力之城

· 产品优势：产品精雕细琢，契合目标人群需求，更具独特亮点

劣势W：★首次开发，无说服目标人群的现房

· 部分低密度产品邻近南仓道快速路，噪声问题降低产品价值

· 片区周边住宅区形象较差，城市感弱

机会O：★北辰成为开发热点，众多一线品牌进入，提升片区发展潜力

· 周边轨道贯通在即，实现市区人口的进一步导入

· 市区价格的不断攀升，带来了大量外溢人群

威胁T：★众多一线品牌林立，片区内竞争压力大，客源截流严重

· 本案蓄客周期长，入市晚，主要竞品均早于本案入市，储客难度大，客户易流失

· 百万体量开发难度较大，如何长期对抗干扰形成稳定源源不断客源成为难点

（三）产品策略

（1）产品定位

复合型、具备成长性，满足全生命周期家庭需求的功能大盘。产品具有多种物业形态和丰富的形式，可满足各种家庭结构的不同需求。成熟的规划理念，跳脱区域市场的楼盘形象，塑造全新的城市大盘。

（2）住宅规划布局

本案拥有百万巨幅体量，完善的规划，形成自给自足的模式，未来将成为拥有源源不断涌入的各阶层客户的活力之城。医疗、教育、商业配套等公建一应俱全，满足生活娱乐各类需求，健康、绿色主题突出，路网便捷发达。稀有的百万平方米规模，中低密度，各期体量适中，利于打造梯度升级复合大盘，见表5-6。

表5-6　　　　主要经济技术指标

总建筑面积		116.98万平方米
一期用地面积		33.54公顷
二期用地面积		42.61公顷
三期用地面积		23.62公顷
居住用地	用地面积	47.07公顷
	建筑面积	94.14万平方米
	容积率	2.0
	停车位	8 923个

（3）丰富的品类匹配

四大品类合理搭配，梯度鲜明。

• 叠拼拉升项目形象及品质，实现溢价——面积控制优势显著，是板块内绝对稀缺型产品；

• 高层、小高层成为流量保障——市场主流热销尺度，成为项目流量的绝对保障；

• 而中低密度的洋房则在保障社区品质的同时，兼顾热销及溢价空间——主要针对再改人群，尺度合理，具备热销素质。

（4）园林景观

分散布局、主题连贯的园林景观，英伦风情演绎品质，红砖尖顶，贵族符号。

视频 5-2

洋房、高层、叠拼的区别

（5）设计独具亮点

本案拥有片区内罕有的叠拼产品，且设计上有突出亮点。其他产品也属于市场主流热销设计，且优于同尺度竞争。

叠拼：别墅化设计，稀缺品类；

室内楼梯与公用楼梯巧妙结合，提高出房率；

大开间设计，保证舒适度；

具备地下室、阁楼、院落等附赠空间，提升价值；

上叠电梯直达，保证舒适度同时，提高尊贵感。

叠拼设计如图5-4所示。

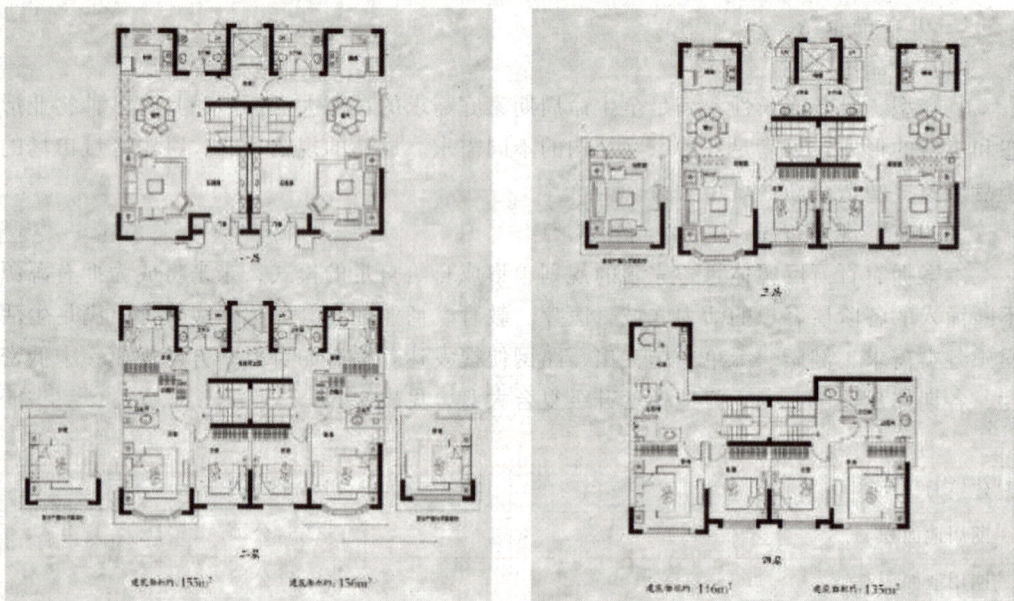

图5-4 叠拼设计

洋房：二层外跨楼梯直接入户，增加亲地性产品比例；

三开间设计，保证舒适度；

四居室设计，功能性更具竞争优势。

洋房设计如图5-5所示。

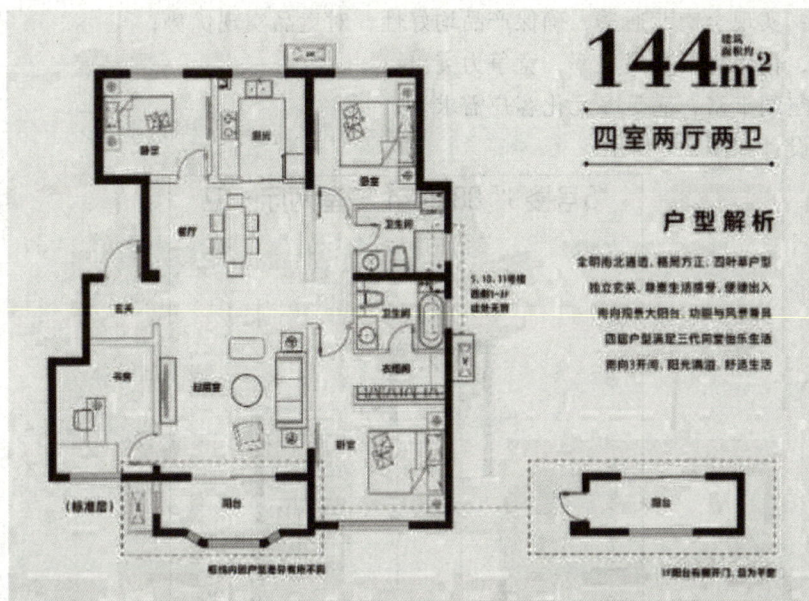

图5-5　洋房设计

小高层：户型尺度紧凑，功能空间丰富度与尺度控制合理结合；

一梯两户设计，实现洋房化品质；

南北通透，高出房率。

小高层设计如图5-6所示。

图5-6　小高层设计

高层：实现全南北通透，确保产品均好性，对竞品实现优势；

同时，仍保持较高出房率，竞争力突出；

功能空间丰富，满足多元化客户需求。

高层设计如图5-7所示。

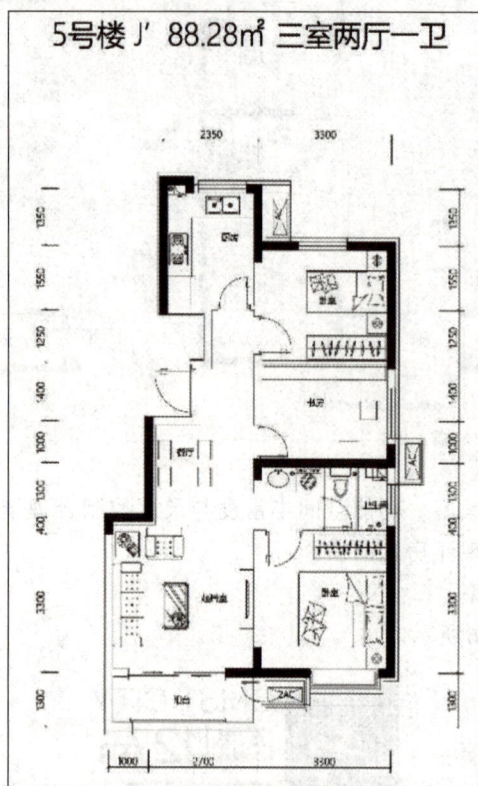

图5-7　高层设计

第五部分　价格策略

（一）定价原则（略）

（二）价格策略

由于本项目周边尚不成熟，且项目体量较大，项目分多期进行销售，一方面可以在项目运作过程中及时调整后面的产品、价格及推盘节奏，另一方面在项目推广过程中区域也在不断成熟和被客户认知，有利于后面的价格提升，如图5-8所示。

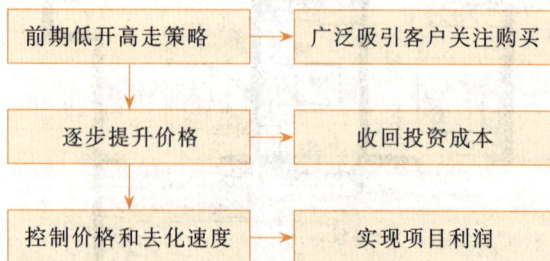

图5-8　本项目价格策略

（三）价格调整方案

1.开发成本核算（略）

2.价格定位

（1）权重因素

对各项目的地段、交通、品质、规划以及配套等各方面因素综合权重评定。

（2）选择项目

选择本区域内4个项目。

（3）价格比较（见表5-7至表5-10）

表5-7　　　　　　　　　　　　　价格比较（1）

修正因素	地段因素	交通因素	品质因素	规划因素	配套因素	工程进度	均价（元/平方米）
权重	15%	15%	30%	15%	15%	10%	
A项目	1	1	1	1	1	1	
本案	0.8	1.1	0.8	0.7	0.8	0.5	

表5-8　　　　　　　　　　　　　价格比较（2）

修正因素	地段因素	交通因素	品质因素	规划因素	配套因素	工程进度	均价（元/平方米）
权重	15%	15%	30%	15%	15%	10%	
B项目	1	1	1	1	1	1	
本案	0.8	0.8	0.8	0.8	1	0.5	

表5-9　　　　　　　　　　　　　价格比较（3）

修正因素	地段因素	交通因素	品质因素	规划因素	配套因素	工程进度	均价（元/平方米）
权重	15%	15%	30%	15%	15%	10%	
C项目	1	1	1	1	1	1	
本案	1.2	1.2	1.2	0.8	0.8	0.8	

表5-10　　　　　　　　　　　　　价格比较（4）

修正因素	地段因素	交通因素	品质因素	规划因素	配套因素	工程进度	均价（元/平方米）
权重	15%	15%	30%	15%	15%	10%	
D项目	1.2	1	1	1	1	1	14 300
本案	1.2	1.2	1	0.8	0.8	0.5	

第六部分　营销策略

（一）推广主策略

线上线下配合+社群运营+展示升级，塑造品质生活社区。实景现房&成熟社区生活的价值输出将是项目营销推广重点。

营销推广基础动作（40%）：

① 户外广告、线上媒体短期节点配合发声；

② 适量安排小蜜蜂；

③ 暖场活动系列化，选择参与度高、喜闻乐见的活动内容，如相声会、艺术沙龙等；

④ 阵地包装，样板间；

⑤ 周边企事业单位互动。

营销推广创新动作（60%）：

① 渠道维系+针对性激励政策；

② 大数据利用，定向人群投放；

③ 大V直播宣传；

④ 抖音号、视频号配合运营，打造网红IP，打造网红打卡地；

⑤ 社群运营，组织娱乐活动、硬件提升回馈业主；

⑥ 现房装修套餐。

（二）渠道策略

全年启用渠道，结合推售节点多次举办渠道誓师大会进行聚焦。

定期下店培训、举办重点片区经理私宴，持续维系关系，保证项目聚焦。

针对销售节点设立渠道短途赛，全面调动冲刺积极性。

（三）推广策略

1）线上推广策略

以推售带项目，围绕当阶段主推产品，制定推广主题，形成聚焦。

2）推广形象

家 · 就在眼前

3）推广载体

（1）弱化传统推广方式，以新兴自媒体作为主要推广通路；通过高曝光量+精准定位的推广投放，广招市场客户。

（2）选择自带流量的大V抖音进行投放，同时配合聚焦产品邀请流量主播进行实景探盘。

（3）针对节点聚焦产品，短期使用传统媒体进行针对发声。

4）自媒体运营

（1）三管齐下 联动发声。自媒体从三个角度全维度地运营抖音账号、微信公众号、微信视频号。

（2）举办抖音大赛，发动全员拍摄抖音，并对所有参赛及高点赞项目视频进行奖励，增加项目线上曝光度，持续释放市场声音。

（3）与专业公司合作，创建"邦倒忙"品牌生活号，结合项目的优势，规划5大栏目进行发声。

（4）销售团队结合项目节点及实时热点，自制抖音视频在官方抖音号发声。

（5）三号同时发声。抖音号A：面向已入住业主，强调服务性，直接讲卖点；抖音号B：通过四大栏目宣传项目"实景现房""绿城物业""改善户型"等价值点；抖音号C：以社群IP"流浪猫"的项目生活剧情发声。

（6）微信视频号：开辟《生活FUN映室》打造品牌系列主题小剧场；全面展示业主社群生活，记录美好点点滴滴。

（7）微信公众号：精于内容+加强互动。升级栏目包括【实景鉴赏】【品牌资讯】【美好社群】。

（四）营销活动策略

1）全年活动规划

以"向往的城邦生活"为主题，举办突出城邦生活氛围的系列活动提升现场氛围，促进客户转化。

（1）2—4月——乐在城邦，城邦相声会；

（2）5—6月——喜在城邦，"桃花缘"婚纱摄影全城征集；

（3）7—9月——美在城邦，儿童/成人写真拍照、城邦幸福生活视频大赛；

（4）10—12月——玩在城邦，十一城邦嘉年华、第三届斗地主大赛。

2）事件活动

（1）活动主题："在那桃花盛开的地方"唱响城邦歌唱大赛；

（2）活动时间：2021年4月（A2地块桃花堤公园开放后）；

（3）活动地点：展示中心；

（4）活动形式：为期一个月，每周举办一次，分别为海选、八强、总决赛，参赛歌曲需以桃花为主题；

（5）奖项设置：第1名万元手机、第2~8名品牌家电、参与奖智能音响；

（6）目标人群：邀约城邦老业主及意向客户；

（7）活动宣传：前宣预热（朋友圈单图、抖音、视频号等话题营销）和后宣通稿（房天下、今日头条等新闻媒体配合推广宣传）。

（五）包装策略

1）导视类包装

以现房优势为主诉，进行全面的阵地包装及动线引导，增加围挡、道旗、楼体布标、蓝白牌、发光字等阵地包装，增加项目的价值输出及昭示性。对项目周边已开通道路进行灯杆道旗包装，增加项目的价值输出及昭示性。

2）商业街包装

制作采购花箱、灯杆、桌椅、小品、门头等，对商业街进行形象氛围包装，提升社区成熟度。

（六）社群运营

1）2021年项目社群运营口号

社群2.0，总有城邦共美好。

2）项目业主分析

业主年龄层分布较为均匀，上有老、下有小的中年业主占比最大，社群活动向全龄人群方向扩展。

让青年人在城邦，感受生活的乐趣与未来——趣味活动，创意内容。

让中年人在城邦，忘掉工作的疲惫和家庭的琐碎——重拾爱好，找到自我。

让老年人在城邦，可以老有所依，老有所学——关注健康，愉悦身心。

3）社群运营

（1）四大场景 营造城邦生活的温度

Ⅰ.成长。针对儿童成长，教育方式的更多课外探讨和资源导入的成长模块——给孩子专属的课外乐学、手工课（泥人张、风筝）、儿童节、平衡车比赛、嘉年华。

Ⅱ.亲邻。打造更有归属感的社区文化，拉近邻里社区之间距离的亲邻模块——业主生日宴、观影季、春游踏青。

Ⅲ.健康。带给业主更健康、绿色、有机的生活理念——美食节、社区花园私享宴、酒吧沙龙。

Ⅳ.艺术。引入多彩的艺术资源，为新生代人群提供更人文更趣的生活方式——市集、设计沙龙、大V讲座、花艺课。

（2）以四大模块为主核，洞察业主需求不断延伸主题社群

每个模块打造4个基础主题社群，16个社群，16位群主，创造属于所有业主的2.0时代（如图5-9所示）。

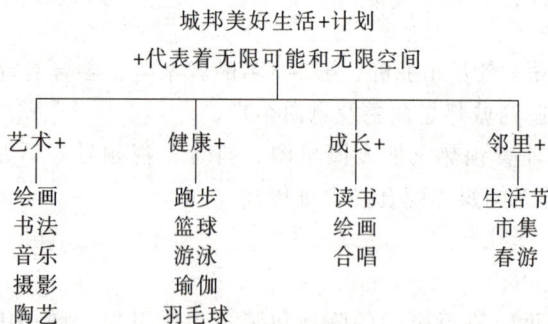

```
              城邦美好生活+计划
           +代表着无限可能和无限空间
     ┌──────────┬──────────┬──────────┐
   艺术+        健康+        成长+        邻里+

   绘画         跑步         读书         生活节
   书法         篮球         绘画         市集
   音乐         游泳         合唱         春游
   摄影         瑜伽
   陶艺         羽毛球
```

图5-9 社群运营

第七部分 营销成本

假设本案件的总销售金额为10亿元，按照1.5%的费用比例计算，总的推广费用约为1 500万元。营销总体预算见表5-11。

表5-11　　　　　　　　　　　　　　　　营销总体预算

项目	金额（万元）
营销管理费	
营销人员费用（薪酬、保险等）	240.00
营销办公费	10.00
合同资料费	6.00
营销管理费合计	256.00
广告费	
广告策划费	
全案策略及广告设计	96.00
微信策划运营服务	60.00
小计	156.00
广告宣传费	
长期发布（户外）	
户外路牌	30.00
跨线桥	120.00
交通指示牌	48.00
道旗	—
小计	198.00
不定期发布	
网络广告	50.00
地铁等交通类	40.00
电视、广播等	15.00
报纸、杂志等纸媒	10.00
手机客户端	40.00
楼宇、电梯广告	10.00
社区广告点	15.00
其他	60.00
小计	240.00

项目	金额（万元）
渠道推广	
企事业单位巡展	18.00
投递、派单	35.00
三级或业主联动	100.00
小计	153.00
数据库营销	
网络拦截	27.00
电开等	18.00
手机推送	20.00
小计	65.00
推广活动	
节点性活动	60.00
日常	60.00
主题客资活动	30.00
小计	150.00
制作费	
销售印刷物料（楼书、户型图等）	13.00
沙盘	—
宣传片	—
三维系统	—
礼品	20.00
拍摄、效果图	—
阵地包装等	15.00
精神堡垒	—
不可预见	60.00

续表

项目	金额（万元）
小计	108.00
广告费合计	1 070.00
销售环境费用	
售楼处	
设备设施、使用物品	
示范区绿化养护、更换	40.00
日常使用（鲜花绿植、饮品）	12.00
日常费用（水电费等）	60.00
物业费（保安、保洁、日常用品）	144.00
小计	256.00
样板间	
日常使用（鲜花绿植、鞋套等）	6.00
日常费用（水电费等）	24.00
物业费（保安、保洁、日常用品）	72.00
小计	102.00
销售环境费用合计	358.00
总计	1 684.00

第八部分　行动方案控制

（一）内部认购期

目的：预热期，主要通过硬性广告配以软性文章在报刊、媒体上进行形象宣传，向市场导入本案个性特征，吸引市场注意力并通过内部认购价试探市场，以确定产品价格定位的准确程度。亦可使得部分买家预付定金，为开盘引爆市场积累客源。

市场情形：近年，由于住宅市场竞争激烈、促销方式繁多，各开发商一方面为了摸清市场情况，另一方面为了提前将产品导入市场，往往在各销售前准备工作未完成时便开始内部认购，且有愈拉愈长之势。通过长阶段的内部认购操作，开发商在项目开盘前积累了大批意向买家，为项目开盘火爆成功奠定了基础。

（二）开盘期

目的：项目全面向市场展现，主要通过主流媒体以强大的宣传攻势，使其成为当期市场阶段的中心点，在最短的时间内吸引尽可能多的买家成交，通常开盘期的销售状况决定此项目的成功与否。

市场情形：市场中各项目开盘方式不一，主要分为：展会开盘，利用当月一次房展会亮相；现场开盘，利用自身售楼处样板间全面开放之际，现场举办抽奖、酒会等促销活动。

项目开盘时，与之配合的一切销售工具应该完全准备到位，包括样板间、楼书、沙盘等。媒体宣传除主流报纸外，还应电视、广播、杂志多方位出击。

（三）强销期

目的：利用主流媒体将产品自身卖点逐一向市场展示，通过不同卖点的宣传以及灵活的促销方式，吸引不同需求的买家，以达到销售的目的。

市场情形：广告投放量少于开盘期而趋于稳定，将产品自身卖点逐一放大宣传，同时增加市场好感。应定期在现场开展营销活动，例如，通过客户嘉年华会、产品说明酒会等营造现场销售气氛。

（四）持续期

目的：持续维持市场竞争力，争取大批前阶段未购客户成交。

市场情形：此时，开发商已完成总销售金额的60%以上，已无太大销售压力，应将广告投放量继续压缩，将主要精力用于已购客户签约及后期服务上，同时，力争将前阶段已有购买意向但未下决心的客户拉回。

（五）收盘期

目的：完善后期服务，结束销售。

市场情形：此时，销售已接近尾声，好的户型已基本卖光，剩下多为较差户型，此时应采用部分让利政策尽快完成销售。

策略安排：

客户答谢会和"珍藏"产品抽奖配送活动。

配合物业进行园内绿地、花草、鸟类或小树认养活动。

（六）预计销售周期

预计销售周期如下：

① 案前准备期：当年4月—当年5月。

② 内部认购期：当年4月—当年6月。

③ 开盘销售期：（国贸秋展）当年7月—当年9月。

④ 强销攻击期：当年10月—次年2月。

⑤ 持续攻击期：次年3月—次年5月。

⑥ 收盘期：次年6月—次年7月。

（七）销售管理流程（如图5-10所示）

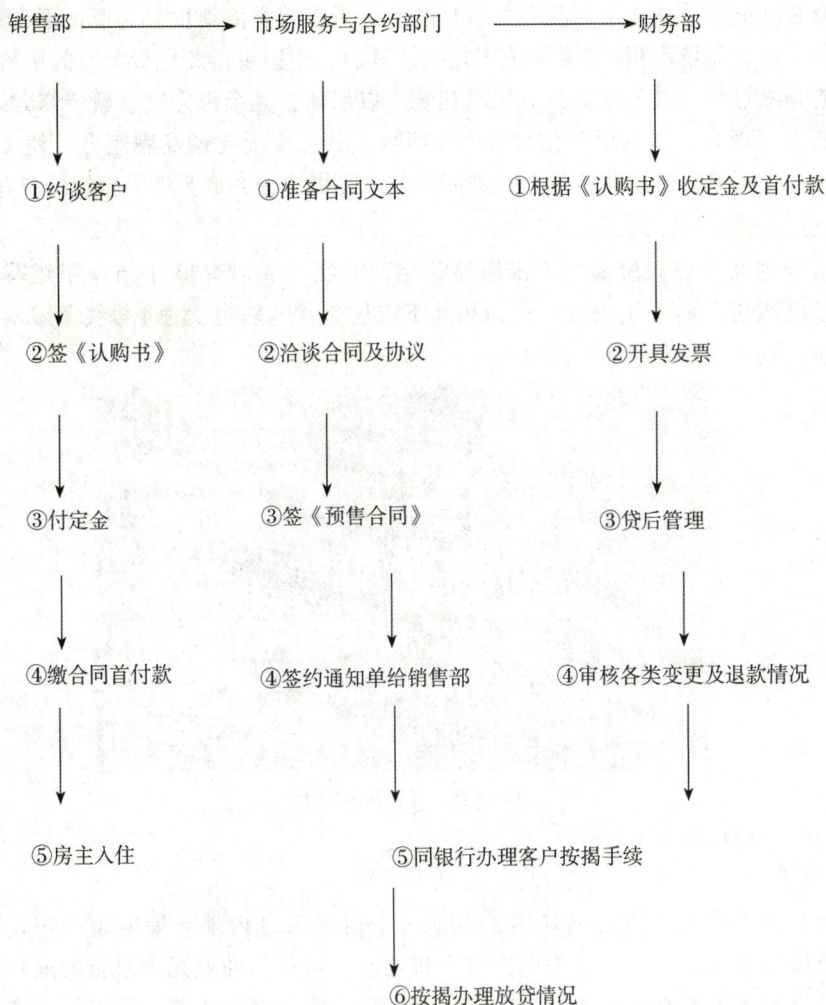

销售部 ⟶ 市场服务与合约部门 ⟶ 财务部

①约谈客户　　　　　①准备合同文本　　　　①根据《认购书》收定金及首付款

②签《认购书》　　　②洽谈合同及协议　　　②开具发票

③付定金　　　　　　③签《预售合同》　　　③贷后管理

④缴合同首付款　　　④签约通知单给销售部　④审核各类变更及退款情况

⑤房主入住　　　　　⑤同银行办理客户按揭手续

⑥按揭办理放贷情况

图5-10　销售管理流程

第九部分　结束语项目

策划运用整合营销传播手段，通过各种媒体的综合运用，创造有价值的新闻话题，使产品迅速切入市场，利用各项活动，为项目实现预期目标而努力。

任务三　商业项目策划实务

与住宅策划不同，商业地产项目策划需要根据市场调查情况开展业态分析研究，确定商业业态定位；根据业态和功能定位设计产品，在建筑设计、空间规划、主力店定位、交通动线等方面更需要与专业机构合作，注重异质性和创新性；根据业态规划开展营销招商，注重体验感和艺术感。

本案例以上海K11购物艺术中心为例，阐述商业项目策划特点和策划书撰写要点。

一、项目背景

上海K11购物艺术中心（简称K11）的前身为中国香港新世界大厦地下3层至地上5层的裙房商场，商场面积在3万平方米左右。其后，中国香港新世界大厦的裙房开始了漫长的改造升级过程。其外立面部分风格建筑予以保留，其余部分则重新装修，融入绿色、环保、艺术等理念，包括绿化植被等生态组件，凸显多元化的品牌组合，使K11成为淮海路上的一个汇聚人流的特色景点，进而把淮海路周边提升成为世界顶级的商业集群。

二、区位交通

中国香港新世界大厦矗立于淮海路黄金商务区，周边有超过15家甲级写字楼及数十家五星级酒店，商务氛围较浓；商场地下二层直接与轨道交通1号线黄陂南路站地下通道相连。具体区位如图5-11所示。

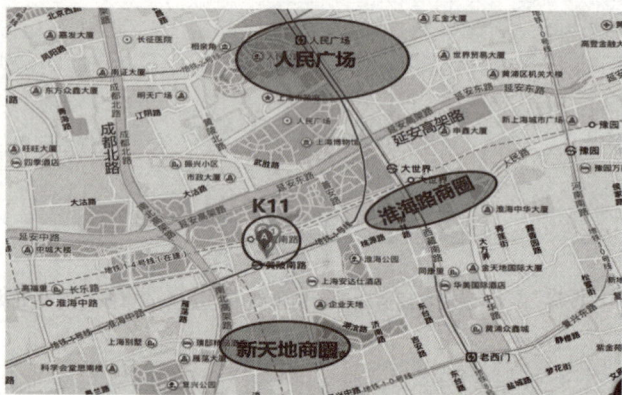

图5-11　K11区位条件

图片来源：K11商业报告。

三、项目概况

上海K11购物艺术中心（如图5-12所示）作为K11内地拓展的第一步，将K11的品牌特色诠释得淋漓尽致，成为国内首个将艺术、自然与商业完美融合的成功案例。作为商业项目与艺术融合的典范，在购物中心开辟一定区域用于艺术品展示，在为消费者带来更多感官体验的同时，加深消费者对商场的个性印象。

图5-12　K11实景图

图片来源：百度图片。

商业总建筑面积：4万平方米

楼层：地下3层，地上6层

艺术馆面积：3 000平方米

品牌数量：78个

改造总金额：5亿元

停车场：6～9层

车位数量：270个

四、项目定位

市场定位：K11的艺术立足于当地的文化底蕴，营造国际化氛围以及艺术气质，并使其与购物行程强烈契合；并非一味追求"高端""高档"。

客群定位：K11定位于25～50岁追求现代生活的社会消费群体；中高端商务人群；中产阶级以及拥有一定经济能力、懂得享受并追求生活品位的消费者。

五、建筑特色

K11的中庭，建筑外部的水幕、植物墙、艺术家隋建国特意为K11定制的金属镂空蝴蝶（如图5-13所示）、环绕式鸟鸣声都意在营造一幅森林的情景。K11采用垂直绿化墙设计，有效降低能耗，而垂直绿化墙的灌溉系统，使用了领先的环保技术，收集中国香港新世界大厦整栋楼洗手池下水，通过污水处理系统使之循环利用，有效节水达33%。

图5-13　金属镂空蝴蝶

高9层的垂直水幕（如图5-14所示），背面是垂直电梯，人工水景瀑布飞泻而下，逼真的水流声、鸟叫声让人仿佛置身都市丛林。

图5-14　垂直水幕

图片来源：百度图片。

多维阳光顶棚（如图5-15所示）在减少B1层灯光能耗的同时，以其树干、树枝的创新造型与周围的垂直绿化融为一体。扶梯直通地下一层。

图5-15　多维阳光顶棚

将停车位引导至商业价值较低的6～9层，与户外露台自然绿化的搭配布局，尤其是停车场的美化处理让人心情愉快，如图5-16所示。

图5-16　停车场

图片来源：百度图片。

屋顶花园放置一些童趣雕塑小品，还有可用来休息的桌椅，如图5-17所示。

图5-17　屋顶花园

图片来源：百度图片。

六、动线设计

B2层与地铁衔接，因而布局了一个名品集合店和几个大的服装配饰店，来吸引顾客进入项目。

主动线呈"回"字形，可见性较好，基本无视觉死角而且店铺展示性较好。在项目另一端布局了美妆零售和美食小吃，把顾客向里引导，如图5-18所示。

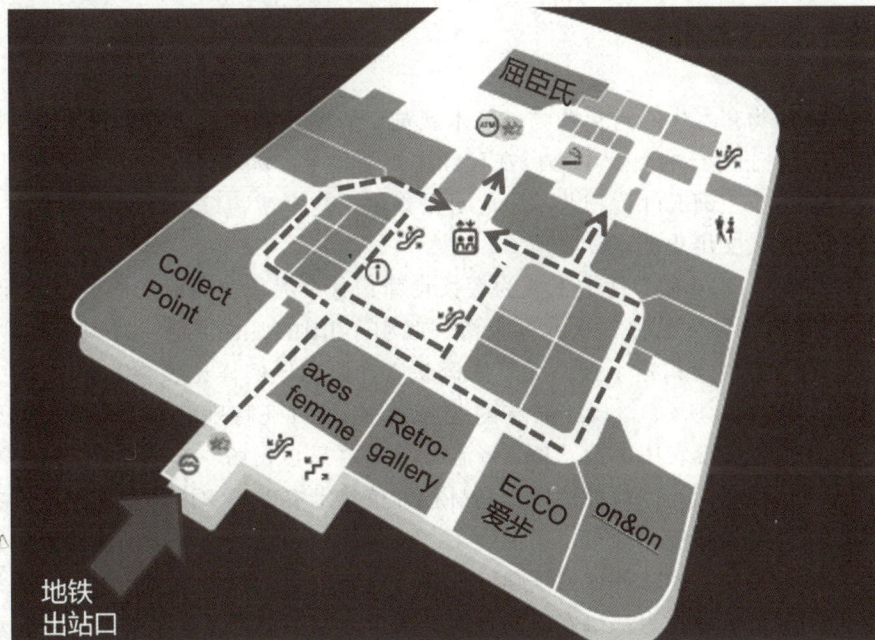

图5-18　B2层动线设计图

图片来源：K11商业报告。

首层主动线是"一"字形，稍加一点曲折，如图5-19所示。这样的视觉引导使顾客在购物中心里面没有视觉疲劳，又能增加美感，不会像方框看起来那么死板。

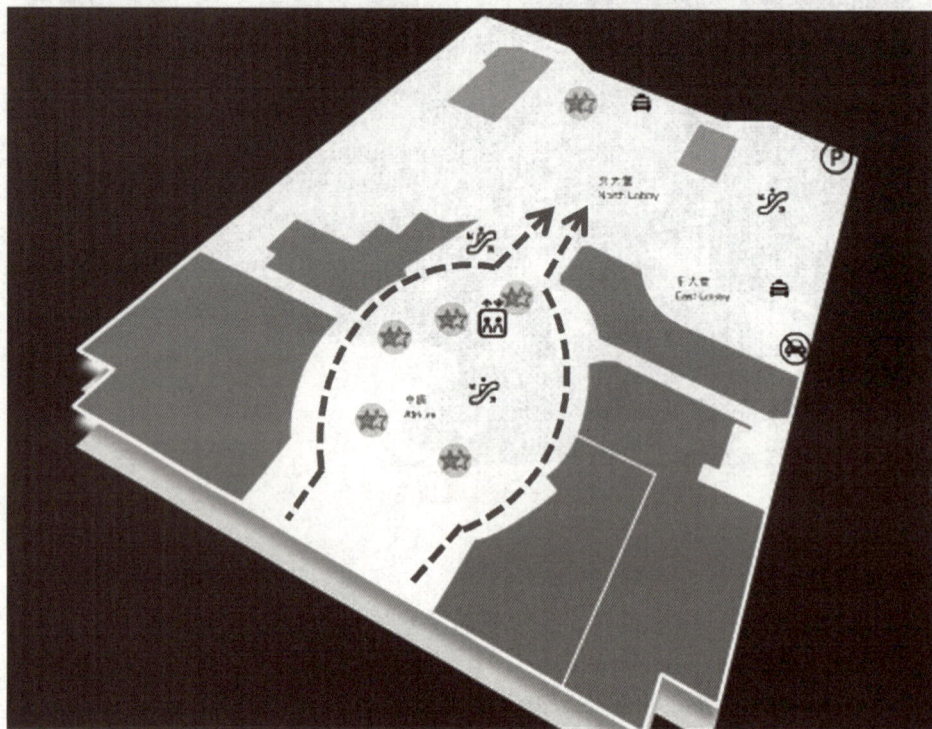

图5-19 首层动线设计图

图片来源：K11商业报告。

七、业态规划

上海K11购物艺术中心是集购物、艺术展览、演出、工作坊、零售、休闲、餐饮和娱乐等众多元素于一身的商业中心。在延续中国香港K11购物艺术中心的艺术、人文、自然定位基础上，上海K11购物艺术中心更是提供了艺术博物馆、环保体验中心、主题旅游景点和展示人文历史的绝佳场所。

K11共拥有租户80家，其中30%为餐饮食肆，其余大部分为时尚服装及潮流配饰。有近20%的零售及餐饮品牌首次入驻上海。吸引了BURBERRY等一线国际品牌入驻，并结合K11的核心理念构建了独一无二的概念店（业态比例详见表5-12和图5-20，分层业态布局如图5-21所示）。除了传统的业态之外，K11还特别融入了体验型的全新业态模式。在3楼的都市农庄一角，K11将流行游戏"开心农场"实体化，把300平方米空间打造成室内生态互动体验种植区。高科技种植技术突破了室内环境的局限。在室内模拟蔬菜的室外生长环境，种植了奶油生菜、菠菜等，并专门开辟出了体验种植区，让大众零距离接近自然，体验种植的乐趣。在都市农庄内除了植物观赏，每周末还举办丰富多彩的互动种植活动，为都市农庄的顾客带来全方位亲近自然的新体验。农庄种植区分为植物观赏区、无土栽培区、种子互动区3个模块，每个模块都会根据季节变化种植不同植物。

表5-12   K11业态比例

	B2层	B1层	1层	2层	3层	4层	合计	各业态占比
时装配饰	18	9	5	8	1	2	43	53.75%
餐饮	12	2	2		4	5	25	31.25%
生活	4	1			1		6	7.50%
美容护理	3	3					6	7.50%
合计	37	15	7	8	6	7	80	100%

数据来源：K11商业报告。

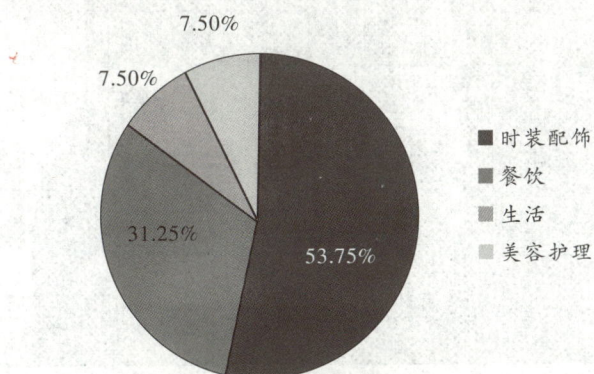

图5-20　K11业态比例

数据来源：K11商业报告。

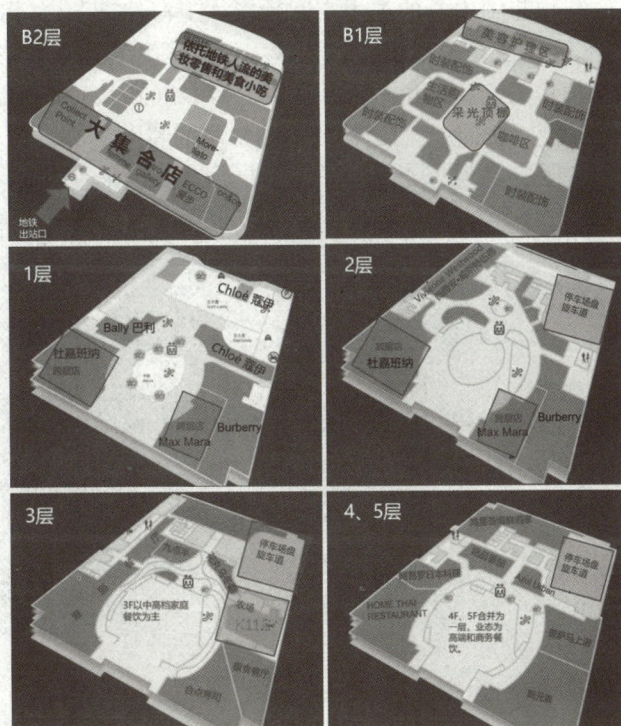

图5-21　分层业态布局

图片来源：K11商业报告。

八、营销推广

K11设有受白领青睐的"K11文华学院"，人们可以去上"艺术人生的软陶课"，也可以去学习鸡尾酒的调制、插花等。除此之外，K11会在商场定期举办艺术推广活动（如图5-22所示），延续自身的购物艺术中心定位，同时吸引消费者。

图5-22 印象派大师——莫奈特展

图片来源：百度图片。

例如，上海K11购物艺术中心的艺术空间预展"上海惊奇"，如图5-23所示。展览回顾了过去15年艺术馆、独立艺术机构、艺术中心、画廊、出版社等的繁衍、转型以及艺术家和艺术创作群体的变化。K11倾力呈现诸多本土艺术家的作品，为市民们描摹过去10多年里上海当代艺术成为人们记忆或不被知晓的瞬间。

图5-23 "上海惊奇"展

图片来源：百度图片。

任务四　综合体项目策划实务

【案例5-1】

　　L.A.LIVE是在美国洛杉矶市中心打造的一座体育娱乐中心，是集办公、酒店、餐饮、购物和娱乐为一体的综合娱乐性区域，建设总投资约25亿美元，整体区域共有6个街区，聚集了斯台普斯中心、格莱美展览馆。此外还有19家餐厅、超过1 000间酒店房间和224套奢华公寓，如图5-24所示。斯台普斯中心是整体项目规划的核心，是被人们熟知的NBA洛杉矶湖人队与快船队的共同主场。在举办多种体育项目之外，斯台普斯中心还举办演唱会、颁奖晚会等文艺演出，格莱美奖颁奖典礼多次在斯台普斯中心举行。

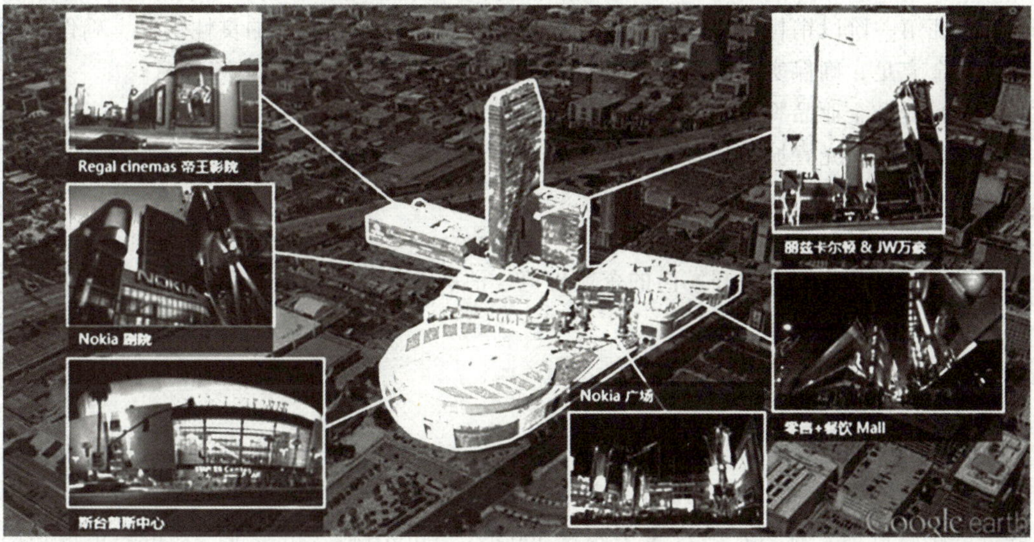

课程设计实践
教学示例5-1

图5-24　L.A.LIVE综合体总体布局

　　分析：洛杉矶L.A.LIVE是城市体育综合体规划运营典范。体育综合体是城市综合体的延伸，在体育、娱乐、餐饮与零售等各业态间建立起相互依存、相互助益的能动关系。随着我国人民生活水平不断提升，健康越来越受到重视，国家出台多项政策大力扶持体育产业发展，体育综合体作为体育产业发展的重要依托载体之一，不仅能满足家庭式消费需求，也能以消费带动体育产业的快速发展。

　　资料来源：派沃设计微信公众号.

一、项目简介

1.用地情况

　　地块位于S市朝阳区长安西路南侧，西临华美商城，东接S市邮电局，南近S市中心商厦，北与中心饭店一路之隔，属城市核心商圈内的绝版地块。地块周边休闲、购物、娱乐、医院等生活设施配套齐全，交通便捷。

该地块整体呈"品"字形，最长东西面宽132.4米，南端东西面宽67.74米；南北最大进深112.78米，最小进深61.99米，地块占地11 692.59平方米。

2.项目规划

项目规划为包括商业广场、投资型公寓和写字楼的综合体。其中，商业形式为独立商铺布局，配合大开间框架可自由分割商业布局，约20 491.85平方米；住宅形式为小户型酒店式公寓布局，约9 609.32平方米；办公形式为可自由间隔式写字楼布局，约22 791.36平方米。

停车场形式为地上81个，地下326个，共407个车位（地下两层停车布局，约13 691.36平方米）。建筑密度为42%，绿地率为25%，容积率为4.5。

二、综合体项目策划（节选）

1.项目目标的界定——实现效益和品牌的双赢

（1）销售目标顺利完成。

保证第一阶段销售成功，顺利度过项目风险期，以实现资金的良性运作，确保后续开发资金充足，确保实现总销售额××、回款额××、销售进度××、利润目标××。

（2）提升企业品牌影响力，为后续项目提供资金。

综合提升阳光青城的品牌知名度、美誉度，借助项目运作的成功，扩大项目开发商在S市房地产行业的地位和影响力。

（3）核心目标——树立品牌。

树立项目品牌，实现开发商的企业价值、消费者的客户价值、项目的自身价值同步提升。

2.项目的SWOT分析

（1）项目优势。

①地理位置优越，商圈人气兴旺。

阳光青城位于S市中心地带，属于长安路顶级商业中心向商旅娱乐中心过渡的核心地带，距秋叶原、徐家汇、宝皇不超过500米，S市剧院、S市饭店、S市宾馆近在咫尺，交通便利，可以说是目前S市城区内最具发展潜力的商业用地。

②商业配套完善，商业活动便捷。

由长安路相连的南京路与中心路地段是S市朝阳区最为成熟的商业活动区，汇聚的商业、酒店、娱乐设施等均在整个S市具有绝对代表性。随着近年来国民经济的稳步发展，居民生活水平的不断提高，大规模新型商业项目的投入使用，该地段商业配套越发成熟，已成为S市最为频繁的地区。

③属于三位一体的商业项目模式，开发潜力巨大。

项目是集商业广场、投资型公寓和写字楼于一体的综合体，可实现商业经营、旅游居住与商务活动的优势互补。

（2）项目劣势。

周边商业竞争较多，从某种程度上分流了消费群体。

虽然街区具有良好的商业环境，但是邻近项目如华美商城、北方商厦目前经营状况不乐观，容易造成客户的对比心理，为后期销售招商增加压力。

目前S市高档写字楼市场供应量较大，已建成的有黄金大厦、国贸大厦、瑞蚨祥、珠玉岛、众成商城等项目，且朝阳地区的高档写字楼租赁情况不理想，中低档写字楼因租金优势较被市场认可。目前市场上写字楼投资回报率较低，缺乏投资者关注，且中小型公司因为经济实力有限，多以租赁为主，购买意向不强。

（3）机会点。

① 经济发展利好因素。

长安路地位的提升，与其说是近年来各开发商着力打造的结果，不如说是S市经济稳步发展、核心商业圈多元化发展的必然。目前已形成南北以中心路、南京路为轴，东西以长安路为轴的格局。而中心路与长安路也因地处城市轴线中心的缘故，商业地位迅速上升。

②地理区位优势。

目前S市房地产市场已日渐成熟，该项目的地理区位优势必然会有较大的发展趋势。因此，以超前的决策意识和科学的态度研究"供给–需求"，便可以抢占"先机"。

③项目联动实现价值最大化。

本项目周边是S市顶级商务娱乐场所，而左边不超过500米又是几大著名商场的聚集地，项目自身综合体的独特开发特点，能完善并补充市场缺陷，降低运作成本，实现本项目物业潜在价值最大化，使发展商充分兑现收益。

④中心城市的建设汇聚了人气。

随着政府"发展中心城市"力度加大，朝阳区对"五区三县"的影响力和知名度提升，区位优势必然会带来人气的上升，而本项目开发周期估计完全可以"借势造势"，为增加项目开发的安全性打下良好的基础。

（4）风险。

①市场因素。

周边即将开售的珠玉岛大厦和黄金大厦项目均体量巨大，且都是集商业、酒店、写字楼及住宅于一体的综合体。这些超大型项目均在本项目开发周期内面市，同期上市必将与本项目形成竞争关系。

②自身因素。

与本项目一墙之隔的华美商城及长安路的其他大型商场已经有强烈的对比，假如本项目没能在项目定位、经营特点及硬件设施上有所超越的话，销售的风险性和困难度是显而易见的。

（5）综合分析。

通过分析可以看出，投资者的考虑因素主要表现在：一是地段和人气。地段和人气是决定商铺租金的重要因素，人流量大、道路畅通、能够留住行人和有稳定消费群体等都是投资考虑的主要因素。二是商业模式和经营理念。S市当前的商业模式开始从条状商业街向集聚式商业区转化，综合性的商业步行街、一站式购物的大卖场等新的经营管理模式所带来的影响是不言而喻的；同时随着市场上产权式酒店、投资型公寓及中高档写字楼等房地产项目的出现，投资物业的多样性也开始逐步形成。因此，同属投资型商业形态，本项目要立于市场不败之地的关键就是如何开发出适合区域今后发展的商业模式，并引入先进的经营理念。三是产品和配套。商业产品的设计和周边资源状况，包括产品本身、产品形象、产品位置对消费及投资者的有效引导，还有商业项目的功能定位、软硬件配套设施、人流走向等技术性内容，都会对商业项目的功能产生较大影响。

（6）项目开发建议。

① 引进先进的商业规划，应特别注意引进新业态和设计好项目的业态组合。

② 通过前期销售与招商的同步进行，引进众多国内、国际知名商业企业和品牌，颠覆现有区域商业格局。

③ 注意引入商业物业和统一运营管理概念，精心包装项目。

④ 通过超常规宣传和项目营销进行造势宣传，让该项目的开发成为当地市民关注的热点，形成良好的口碑并且节约宣传费用。

⑤ 通过适当灵活划分商铺面积来控制"总价"，推出短期租赁政策，尽量降低投资门槛，使项目积聚大量的潜在客户群。

⑥ 充分利用综合体项目的不同特点，形成优势互补。

3.项目总体形象定位

本项目所处地段位于S市的商业核心圈。通过对该核心圈进行细分，不难发现该圈左边以商业为主，而右边以酒店、银行、娱乐及通信行业为主，初步形成了目前全国大中型城市致力打造的中央商务区的雏形——CBD。

CBD在由雏形向成熟转变的过程中，存在以下几个共同特征：第一，最初是和商业中心混杂而居；第二，规模较小，功能主要集中在一定区域内；第三，区域内自然形成了由众多商业、酒店、写字楼、银行、公寓项目组成的混合发展经营模式，而非单个项目所能完成；第四，随着区域内城市标志性物业的投入使用，该区域CBD形象才逐步走向成熟，形成对整个城市及周边的影响力，发挥"中央商务区"的真正功能。

4.项目综合体策划

（1）技术经济指标。

建筑密度42%；容积率4.5；商业建筑面积20 491.85平方米；停车位407个，其中地上81个，地下326个；层数4层；层高4.5米；绿地率25%；项目北侧南向沿长安路商铺临街面宽77.8米；项目联通南北长安路与居住区的临内街商铺宽85.95米；沿南侧北向临居住区商铺面宽38.9米。

（2）规划理念。

本项目是一个以市场为导向，以人为中心的标志性综合体，项目特点鲜明，与周边融为一体，注意人的社会需求和精神需求；强调与项目其他产品定位的优势互补，形成自身的小型商业生态链；注重与区域的协调性，填补CBD中心商圈大业态功能的空白，成为与核心商圈相辅相成的大型商业生态链。

（3）规划风格。

整个设计规划具有浓郁的现代特色，设计风格前卫，是领导时尚潮流的新型商场。该项目主要从三大方面进行规划：第一是项目交通组织的科学性、方便性以及合理性；

第二是项目的外立面新颖；第三是功能配置的先进性和完善性。通过以上三大元素，能充分体现国际商业广场前卫的现代风格。

（4）总体规划与功能规划的复合性。

本项目地处S市朝阳区共青团西路南侧，西临华美商城，东接银行，南近商厦，北与剧院隔街相对，位居S市最繁华的核心商圈内。地块周边休闲、购物、娱乐、医院等生活设施配套齐全，交通便捷。本项目综合体包括三部分：一是商铺；二是小面积写字楼；三是小户型投资公寓。三大板块作为一个整体，应统一规划、统一建设、统一推广，自身小业态互补；与周边商业物业形成CBD区域性互补，进行资源整合，共同发展。在建筑规划上以两条东西走向的横轴线为主导，采用相同色调的外立面、共同体形的建筑，来达到协调统一。

5.项目综合体之商业广场

（1）商业广场规划。

以提高各层的市场价值为主导思想，建设一座环保、节能、新型的商业消费平台。

①"双首层"的规划理念。

利用S市商业经营和消费习惯，结合项目工程结构与销售策略，淡化原建筑结构上的首层、2层形态，推出"双首层"概念（如图5-25所示），同时也符合拟定业态（服装名店、商务配套的餐饮和娱乐、百货）的经营布局，以便达到缩减单位推货量，迅速回笼资金的效果。

图5-25　"双首层"设计

②新创举——环回立体车道设计。

建造环绕商场建筑主体的"环回车道",不仅将项目北面长安路主商业街与南面居住区直线距离缩短,使交通动线畅通,从而为商铺有效地聚集各方人流,而且大大方便了商铺经营商家运货进场。

(2)商业广场的交通组织结构。

3条商业街呈"工"字形布局,项目中庭内街两端分别连通长安路主商业街与居住区小街,拉动城市消费、居民日常消费与项目商务消费3方面的消费需求,使得首层、2层商铺"铺铺临街",实现全街区商业功能,有利于获取商业价值最大化。

在本项目总体规划设计中,"两横一纵"的"工"字形街区布局,是整个建筑设计的精华所在。依据本项目的地形、地貌特点,应采用中国传统的建筑规划思路——对称建筑。本项目的第一横轴是指:项目北侧主干路,临街首层商铺以经营名品服装、潮流精品为主,门前设立绿色生态休闲广场,并计划留出区域作为各商家定期举办产品促销活动的舞台。第二横轴是指:项目南侧临居住区小街,商铺以经营为社区配套的日用百货和为商务配套的美容美发、桑拿沐足等休闲娱乐业态为主。"纵轴"是指项目联通南北人流的内步行街,是项目东西对称的中轴线。

(3)室内垂直交通设计要求。

为了保障2层、3层与首层的交通顺畅以及便于批发商家运输货物至首层,本项目的功能分布应具合理性,此外,如何组织垂直式交通同样举足轻重,因此应在各区配备足够的手扶电梯以及垂直式电梯,保障交通的通畅和井然有序。

①首层、2层每套商铺内均有楼梯上下(具体措施略)。

②3层垂直交通设计。商场主入口一组手扶电梯(含上行、下行)直达3层,建议将项目西南角临居住区的1部垂直电梯功能定位为客货两用,营业时间载客停靠3~4层,非营业时间运货,方便居住区客户就近到达3~4层消费,设计规划的西塔两部电梯也在3~4层停靠。这样通过梯道的合理分布和功能划分,将有3部垂直电梯和一部手扶梯到达3层,使得原3层商铺通过梯道的分布成为实际商业价值上的2层商铺,进一步提升了原建筑结构3层商铺的商业价值。

③4层垂直交通设计。原规划设计的商场主入口的两部观光电梯只为4层服务,西塔公寓电梯停靠4层,建议再增加一组3~4层手扶梯和商场西南角临住宅区的客货两用梯停靠4层。这样,原商场结构4层的消费人流动线有了极大的提升,加之4层拟定位为经营电子数码产品,不封闭的柜台和开架式摆放设计,经营面积可大可小,灵活分割,最小的是面积仅为4~5平方米的微型商铺,所以4层商铺也将变成炙手可热的旺铺。

(4)中庭位的设置。

项目内步行街两侧临街铺多为特色餐厅、商务简餐店。在内步行街中部有一个中庭广场,上方是白色透光板天顶,既能在冬天、雨天正常遮风避雨,又能利用自然采光;采光天顶的中心点就是项目的中心点。以此中心点为圆心,以7米为半径的区域,地面用特定的图案、颜色、材质铺就固定区域,作为内庭饮食娱乐主题广场表演区。在该表演区距内街左右两侧商铺均有5米宽步行通道，不但不会影响内街两边娱乐和餐饮的经营，还加大了人流密度。

综观成功的商业区，饮食和娱乐一直都是最能吸引人流的业态组合，所以这两种商业元素是CBD最具潜力的商业物业。

（5）园艺设计。

尊重自然是园林设计的首要原则，应以最少的投入、最简单的维护，因地制宜地充分利用项目原来的环境和特色，设计符合项目的风土人情。规划设计首先应注意整体风格的把握，为了创造高品质的、丰富美景内涵的商业街区景观，在进行项目环境设计时，硬软景观要注意美景风格和文化内涵的统一，使得消费者步行于此亦能欣赏到别具一格的园林，形成良好的视觉感观。

6.项目综合体之公寓

健康舒适的居住环境，超五星级的英式管家服务、城市职场白领生活的态度，是酒店式公寓的延伸及载体。

（1）环境设计。

①空间环境要满足人的活动要求。

提供充分的空间环境是营建居住区的基本条件。满足儿童教育、购物、文化活动、医疗、居民交往休闲、老人儿童的通道、道路、停车场地及市政设施等用地需求；住宅的内部空间要满足会客、起居、餐饮、学习、工作、盥洗、烹饪及贮藏等需求。五天工作制的推行以及家务劳动社会化，使生活闲暇时间增多，健身、文化、娱乐成为生活中不可缺少的部分。

卫生间和厨房须具备一定采光及通风，因均为小户型单位，应避免发生一些事故，在有限的空间里，合理规划户型面积。

②生态环境要有益于人的生理需求。

项目虽具有日照和通风条件，但位于主干道旁，属噪声地段，所以需考虑建筑材料和公共绿地树种的隔音、防尘功能。

③视觉环境要满足人的心理需求。

视觉环境要满足人们对舒适环境的心理需求。居住区内的住宅、公建、小品和绿化设施必须进行整体考虑和相互协调。平面设计必须注意相邻两户的晒衣架、空调机等的安放，均应进行整体考虑，以免破坏居住区的视觉效果和降低居住区的视觉环境质量。

④文化环境要达到陶冶人的要求。

本项目的目标客户大都是城市高收入年轻群体，整体素质较高。所以必须在居住环境内提供一个供人们陶冶情操的高品位的文化环境。居住区要融合居住文化、教育文化、饮食和娱乐文化，在居住的建筑里，公建、绿化乃至小品方面均要有文化品位，使人们在居室、会所、文化休闲和购物饮食的场所内部感受到一种高雅的文化氛围。

⑤人文环境要照顾人的交往要求。

在人文环境上必须体现满足邻里交往、儿童教育、行业交流、安全措施及进行园区活动等功能要求，突出以人为本的人文环境设计，应让居住区内邻里更和睦、更安全，老人儿童更有归属感。

⑥智能环境要预计人的信息需求。

必须考虑居住生活在信息时代的进化及演变，必须在互联网、光纤通信、太阳能、绿色建筑、节能环保、水质处理、安全警报、防灾控制以及利用自然通风等方面考虑新技术，以便满足快节奏和高效生活的要求。

⑦管理环境要符合人的方便要求。

居住区的管理必须全面和周到，以使居民在繁忙的工作和生活条件下感到方便。房屋以及设备的修缮必须及时、主动和迅速。各类物品的输送要快速无误，以节省居民的时间，保证生活的运转并使人们感到方便和愉快。

（2）英式管家服务。

公寓不仅需要具备等同于家庭住宅功能的私密性和自主性，而且要有酒店综合配套服务的方便性和全面性，尽情享受这种大隐于市、闹中取静的惬意生活，完全释放工作的压力，真正让自己的心情放松。

本项目公寓的英式管家配置将包括首席管家（相当于物管主任）、大管家（相当于物管各配套服务部门主管）、管家。（具体服务内容略）

7.项目综合体之写字楼

本项目写字楼安排在 5～26 层，均为办公标准层，每层总建筑面积 1 053.29 平方米，每层总使用面积 760.28 平方米，使用率 72.18%。

写字楼项目紧密结合国家自主创业产业政策，目标客户定位为处于起步阶段的小企业、小公司，职业集中在注册律师、注册会计师、经纪人、商贸公司、咨询公司、财务公司、软件公司、技术服务公司或者市调公司，也可能是极富创造性的独立设计师、影音工作室等。我们将写字楼销售面积控制在 45～89 平方米，这样的办公间隔为所有公司都提供了更多的可能性。

（1）写字楼项目为目标客户量身定制七大服务体系。

①商务服务。有强大的外部网络会员单位支持，一个人也可以让公司高效运作。

②集约化办公。客户可以省去秘书、前台、复印、传真等相关人力成本和办公设备成本。

③精简的工作空间。客户在购买写字楼单位时省去了前台、会议室、接待室等使用频率不高的办公面积。

④便捷的产权分割。创业初期几个合伙人一起出资购买可以打通合并成大的办公空间，同时为将来可能出现的产权分割提供便利条件，降低了客户的经营风险，解决了客户的后顾之忧。

⑤买得起、用得值、前景好。投资很少即可拥有位于 CBD 核心区的写字楼，无论日后自用或转让都极具升值潜力。

⑥ 交流沟通的互动平台。项目硬件配置的会所、多功能厅，外部网络会员单位的组建，让各企业通过写字楼这个共同的平台，实现充分的沟通、资源共享和整合，产生更多的灵感和合作机会，达到共同发展、共同进步的目的。

⑦ 快速提升企业形象。在CBD拥有如此精致的办公场所，坐拥超强人流和极为便捷的交通优势，对提高办公效率、迅速提升公司形象提供了极大的帮助。

（2）写字楼项目为目标客户量身定制的硬件配套。

① 大堂。

豪华气派的酒店式大堂，设计现代感极强的、明晰的公司水牌更能提升并彰显客户的企业形象。内设多媒体触摸屏、伞袋机、备用雨伞、电子擦鞋机，为大厦的客户提供酒店式贴身服务，增加客户的满意度。

② 多媒体触摸屏。

多媒体触摸屏方便来访客户和大厦内业主了解大厦其他公司的位置分布、公司简介、主要产品、经营项目的图片展示资料，同时可以介绍大厦的物管内容、配套服务项目的分布位置、安全通道位置、大厦所属CBD商圈的相关物业、大厦周边公交信息、S市旅游信息与著名企事业单位的黄页信息等。

③ 伞袋机、备用雨伞、电子擦鞋机。

这些都是为大厦客户提供的酒店式贴身服务，让客户体验酒店式尊贵服务。

④ 自助商务中心。

自助商务中心设置在大堂电梯间旁，内设一个接待前台、一台传真机、多条上网线、多台电脑、多台自助式打印机、多台自助式复印机、多台IP电话机等。为入驻公司节省办公设备投入的初始成本，满足日常办公的商务需要，以便更有效地利用办公空间。接待前台常设一名服务人员，在入驻公司全体人员外出时/休息日，提供简单接待来访客户、资料转交、电话联系、留言转告等秘书服务，日常商务服务内容中还包括文字输入、制表、打印、复印、代客电话回访客户、代发传真等。

⑤ 在每层楼放置的5块牌。

每层电梯间放置该层各公司水牌、楼层平面图示意牌；电梯口侧面走道处设置指示牌；公司门口放置统一制作的公司名牌；显眼位置放置楼层服务人员名牌（包括服务人员姓名、相片、工号和服务投诉电话）。这些都可以方便客户的关系单位的访客找寻，并对服务质量进行监督。

⑥ 会议室配套。

为了帮助所有入驻公司减少不必要的办公面积，在29层共配置了4间30平方米的小型会议室，2间100平方米的中型会议室和1间200平方米的大型多功能会议室。

⑦ 主题会所。

综合体项目中的公寓内主题会所设置在4~5层的转换层，不仅服务于公寓，而且服务于5~26层的写字楼里的客户和1~4层商铺里的经营商家，甚至不仅限于服务综合体项目，而是服务于所有在S市工作生活的城市精英，是各界有识之士、创业人士相识和交流的平台。

主题会所不仅是一个配套服务的地方，更是一个交流沟通的场所。在该区域内提供简单的咖啡、茶水、啤酒、果汁、牛奶等软饮料，电子擦鞋机、饮料自动售货机、手机充电站、复印机、宽带网线、电脑、书报架等配套服务设施。主题会所的配套服务项目应体现智能化和方便的特点，如通过桌上的电子按铃呼唤服务，在阅览室可以买到科技类、经济类、时政类、文艺类的报纸、杂志等，所有的消费均可使用银联、微信等支付，让客户切身感受星级酒店服务的周到和便捷。

⑧洗车点。

在地下停车场设置洗车服务点，让客户享受顶级写字楼才能得到的全方位配套服务。

（3）写字楼项目为目标客户量身定制的软件配套。

①成立会员俱乐部。

成立会员俱乐部，将各公司和入驻企业接纳为会员俱乐部成员。因为入驻本大厦的大多为刚刚起步发展的中小型新锐公司，以会员单位整体形象面向大众，可以达到相互借势、多渠道多方位展示并传递信息的效果，有利于迅速发展壮大。会员俱乐部包括阳光名筑球迷助威团、国际学术研讨会等活动。

②实现资源共享。

资源共享有利于本大厦内各会员单位进行内部交流，利用资源共享、优势互补、创造合作的机会，实现资源整合，共同发展、共同进步。例如，相关行业的人士在大厦的行业主题会所、多功能厅内利用这种近距离短暂放松时刻进行一些专业上的多频率互动交流和脑力激荡，在业务合作领域进行一些相关探讨，可产生很多工作灵感和合作机会。

③提供统一的配套服务。（略）

8. 目标客户群分析

（1）目标客户群定位。

本案的目标客户群可划分为隐性目标客户群和显性目标客户群两大部分。隐性目标客户群是针对项目本身的氛围与形象，以及服务配套的好坏、独特与否吸引而来的人流类型而提出的。显性目标客户群是被本案所能供给的、良好的、创新的氛围与场地，以及大量人流等先决条件所吸引，通过购买或租赁本项目来经营的大大小小的各类型商家、公司、企业及投资者。

（2）目标客户群描述。

①隐性目标客户群。

本案的隐性目标客户群主要包括进入项目购物、娱乐、商务及办公的人流，应该包括商务活动者、本地人等，而且本案要达到的目的是使来过本案的人都能成为回头客、熟客，是显性目标客户进入的前期和基础。省内（市内）人流成为熟客，使本案成为其在本地进行商务活动的首选地点，是省外人流来到S市必到的首选地点，本地人也会认识到这是S市CBD的一个标志性商务中心及最值得到的购物地点。

②显性目标客户群。

从目前掌握的市场情况来看，S市写字楼的租金价格比较平稳，投资回报率较低，缺乏投资者关注，而中小型公司因为经济实力有限，多以租赁为主，购买意向不强；高档写字楼供应量较大，同时这些高档写字楼租赁情况不理想，中低档写字楼因租金优势容易被市场认可。由此可以看出，本案显性目标客户群主要有：国内外知名企业或本地区大型企业，中小型企业，品牌经销商，娱乐业、餐饮业经营者，投资者等。（具体分析略）

9.综合体项目在策划时还应考虑的延伸价值

（1）新都市主义规划观念的延伸价值。

通过考察新都市主义的城市建设理念，我们可以看到，新都市主义所有主张的背后，都蕴含着一个极其重要的思想，即人文关怀。无论是混合街区功能的考虑，还是对交通系统的组织，抑或其他城市建设主张，都强调要满足人的需求，尊重人性发展。新都市主义者重新反思人类与自然的关系，主张城市建设应充分研究自然环境，城市规划因形就势，建筑设计应适应气候要求，从而使城市与自然形成和谐共存的局面。对于本项目而言，应重视新都市主义的规划观念及延伸价值。

（2）艺术化建筑设计的延伸价值。

建筑不等于艺术，因为建筑设计首先考虑的是不同项目的具体要求，建筑必须有功能性，它涉及结构、力学、工程学等，建筑不仅仅是表现。建筑艺术价值观的演变分为五个阶段：

① 实用建筑学阶段，追求适用、坚固、美观的建筑。

② 艺术建筑学阶段，视建筑为"凝固的音乐"。

③ 机器建筑学阶段，把建筑看作"住人的机器"。

④ 空间建筑学阶段，认识到"空间是建筑的主角"。

⑤ 环境建筑学阶段，认为建筑是环境的科学和艺术。在本项目中，我们要着重体现的是空间建筑学与环境建筑学相结合的本质。

（3）主题性环境设计的延伸价值。

主题文化是项目的灵魂。项目的主题文化定位是创造项目个性，体现物业差异性，从而引领潮流，成为引导新的生活方式的坐标，也是项目建筑风格、环境风格设计的依据。

（4）后价值开发的延伸价值。

这里指的是后价值开发体现出品牌经营的持续性与持久性能够为将来的品牌创造与品牌经营打下坚实的基础。

任务五　课程设计

一、课程设计目的

课程设计是系统学习房地产项目市场评估、产品策划、推广策划等理论知识和不同类型房地产项目策划实务后的综合性实践教学环节，是在知识与技能教学基础上针对课程的实践操作。房地产营销策划课程设计主要考核学生项目市场调查、项目分析、项目定位和文案撰写能力，以及项目策划过程中需要遵循的法律法规、政策规范和职业道德，培养学生文化自信、团队合作、客观公正和创新意识。

二、课程设计任务

本课程设计选择某城市某区域板块近2年出让地块，学生在老师指导下针对地块开展项目环境分析、项目定位、产品设计、营销策划和经济分析，撰写项目策划书，并以小组PPT形式汇报策划方案，如图5-26所示。

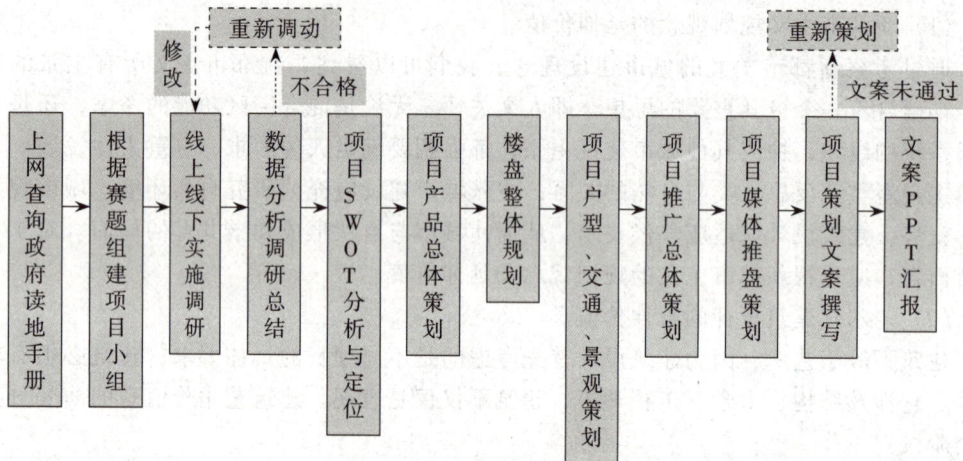

图5-26　课程设计任务流程

三、课程设计任务书示例

课程设计任务书
项目营销策划报告

1.地块选择

请从杭州市2022年三批集中供地的土地出让信息，即杭政储出〔2022〕2（第一批），39、46、47（第二批），63、68、75（第三批），萧政储出〔2022〕6、7（第一批）的9幅地块中任选一地块作为房地产项目策划课程设计任务。

2.策划书主要内容

策划书名称：××项目营销策划报告或××项目策划书（其中××为独创的楼盘名称）

第一部分：宏观与市场分析

这部分内容包括但不限于：

（1）杭州市及区域经济基本情况：包含地区生产总值、人均地区生产总值、产业结构、居民可支配收入、房地产投资情况、人口情况，并计算增长率。要求：每个指标选取的数据不少于5个，且包含最新数据，可选用年度、季度、月度数据。

小结：根据以上数据分析杭州市总体情况。

（2）相关政策及影响：与房地产有关的金融、土地、购房政策和法规。时间要求：2022年（列举其中对房地产项目开发与销售影响较大的政策，可参照表5-13）。

表5-13　　　　　　　　　　　　　　　　　购房类政策汇编示例

发布与实施时间	发文机构	名称	主要内容	关键词	目的或影响
2021年8月5日发布并实施	杭州市住房保障和房产管理局	《关于进一步加强房地产市场调控的通知》	1.规定落户本市未满5年的户籍家庭，在购房之日前2年起已在本市限购范围内连续缴纳城镇社保满24个月，方可在本市限购范围内限购1套住房。2.规定非本市户籍家庭，在购房之日前4年起已在本市限购范围内连续缴纳城镇社保或个人所得税满48个月，方可在本市限购范围内限购1套住房	限购管理社保缴纳时间延长	支持自住，抑制投机，购房门槛提高，符合条件的家庭减少

（3）根据以上政策绘制思维导图。

根据最新政策参考思维导图示例（如图5-27所示）编制。

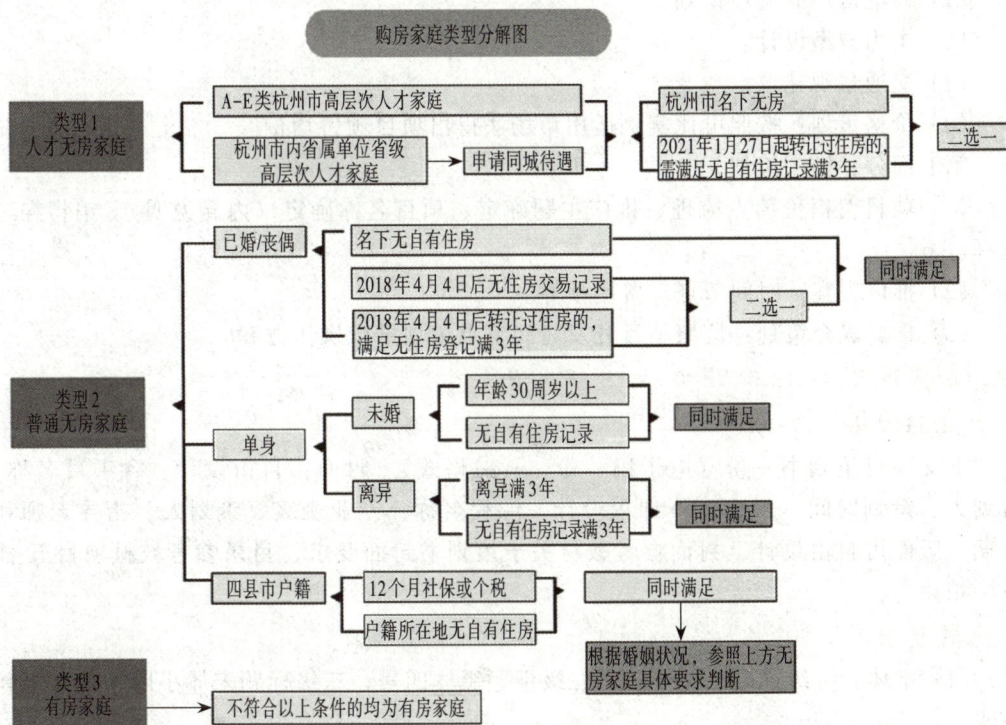

图5-27　思维导图示例

图片来源：作者根据相关资料整理。

小结：根据以上信息分析2022年杭州市政策总体情况。

（4）2022年杭州房产市场库存与销售交易情况（月度供求及均价、库存及去化情况，如有地块所在区域或板块的市场数据可加分）。

（标注数据来源出处）

小结：根据以上数据分析 2022 年杭州房地产市场情况。

第二部分：项目分析

（1）项目地块概况，主要包括技术经济指标，地块区位图，周边环境实景图，周边交通、商业、教育等配套及其他项目有关概况，未来规划（查找控规图并以此为参考依据），尤其是地铁、高架等交通和教育、商业开设情况，参考教材中"房地产项目策划报告撰写"。

（2）项目的 SWOT 分析。

要求：矩阵分析。

小结：根据以上信息进行地块总结。

（3）竞品分析（至少选择 3 个竞品楼盘，住宅和商业分开选择）。

第三部分：市场调查（问卷调查+结果分析）

（1）户型设计需求。

（2）装修需求。

第四部分：产品定位

（1）住宅区产品初步策划。

（2）主力户型设计。

（3）交通景观建议。

（4）价格策划：按照可比实例运用市场法得出项目预售均价。

第五部分：推广策划

（1）项目营销价值点梳理、推广主题确定、项目名称确定（内涵说明）、销售渠道选择。

（2）推广方案：时间节点、费用预算。

（3）推广媒介策划：按照项目开发时间节点策划推广操作方案。

四、成果形式

1.上交的成果

上交项目策划书一份（电子稿一份，word 格式）。封面：自由设计，含项目名称、策划人、策划时间；封底：××课程设计，课程名称、专业班级、策划人、指导老师和日期。版面可自由设计，封面参考教材关于策划书封面要求，目录参考教材项目五 任务一相关内容。

2.格式要求

（1）字体：一级标题黑体小三，二级标题黑体四号，三级标题宋体小四，正文宋体小四。

（2）行间距：1.5 倍。

（3）段间距：0 行。

（4）正文内的标题号用一、（一）1.（1）①等依次标出。

（5）要求设置大纲级别，自动生成目录、页码。

（6）数据要求标注来源。

（7）图表要求注明表格和图片的名称，表格名称标注于表格上方，图片名称标注于图片下方。

五、评分标准

1.报告质量

报告质量要求数据真实，内容完整，设计创新、科学，格式规范，页面排版规范。

2.成绩按百分数计

各部分占比分别为：项目分析15%，项目定位30%，产品设计30%，推广策划25%。

📢 项目小结

房地产住宅、商业及综合体项目的策划，最终都是以项目策划报告的形式体现的。房地产项目策划报告要求思路清晰、结构完整、内容翔实、依据充分。住宅、商业及综合体项目特点各有不同，策划报告的侧重点也有所不同，但基本的要求是一致的。

◎ 关键概念

策划目标

💡 基础知识练习

一、单项选择题

1.在房地产项目策划报告SWOT分析中，发挥企业内部优势、充分利用外部机会的战略是（　　）。

A.ST组合　　　　　B.WT组合　　　　　C.SO组合　　　　　D.WO组合

2.以下（　　）不是策划报告前言的作用。

A.策划的起因　　B.策划的结论　　C.策划的目的　　　D.策划的重要性

3.在进行销售策略策划时，利用主流媒体将产品自身卖点逐一向市场曝光，通过宣传以及灵活的促销方式，吸引不同需求买家，以达到销售目的，这在销售步骤安排中属于（　　）。

A.内部认购期　　B.开盘期　　　C.强销期　　　　　D.持续期

4.房地产项目策划报告一般不包括（　　）。

A.项目概况　　　　　　　　　B.项目成本预算

C.项目推广经费预算　　　　　D.项目楼书设计

5.房地产策划中的个案概况一般不包括（　　）。

A.项目区位图　　　　　　　　B.项目地块技术经济指标

C.项目户型　　　　　　　　　D.项目周边配套

6.投资可分为短期投资与长期投资两类：长期投资多投资商业或写字楼，以出租形式获利；短期投资多投资（　　），靠短期价格波动赚取差价。

A.酒店　　　　　B.住宅　　　　　C.医院　　　　　D.餐饮

7.从选购产品的动机来说，购买住房最主要是为了自住，其次是兼有自住和投资目的，最后是纯投资目的。从静态来看，住房购买的投资性需求同城市的发达程度、家庭收入水平（　　）。

A.相关　　　　　B.成正比　　　　　C.成反比　　　　　D.无关联

8.房地产价格是由地价、工程造价、各种税费、银行利息和销售费用等因素构成的。一般市场定价须从3个价值取向来考虑：市场价值、成本加利润及（　　）。

A.区域位置　　　　　　　　　B.广告宣传

C.开发商品牌知名度　　　　　D.消费者心理价值取向

9.结论是对整个策划报告观点归纳性的总结，一般强调策划报告的主要观点，明确问题的解决方法。建议是策划者站在策划角度，对目标确定、方案执行等主要内容给出的一些（　　）的意见或想法，可供决策者参考。

A.决定性　　　　　B.建设性　　　　　C.概括性　　　　　D.评价性

10.“调整或风险防范”的内容，从结构上应该放在策划报告的（　　）之中。

A.前言　　　　　B.摘要　　　　　C.正文　　　　　D.结论及建议

二、简答题

1.房地产项目策划报告的基本结构有哪些？

2.如何对房地产住宅、商业及综合体项目进行分析策划？

3.房地产项目策划报告应该包括哪些内容？

实践操作训练

一、案例题

提供一份房地产项目策划报告，由学生根据本项目策划报告的格式及内容要求，解读策划报告。解读分为两部分：第一步（必做），能够将策划报告的目的、内容、SWOT分析的结果清晰准确表达；整理出报告编写者的思路及策划的重点。第二步（拓展），根据报告的内容，在已有策略的基础上，能够补充提出相应的策略，并给出自己的建议。

二、实训题

【实训情景设计】

将学生分为3组，分别进行房地产住宅、商业及综合体项目的调研，根据"任务一 房地产项目策划报告撰写"的格式及要求，学习编写项目策划报告。

【实训任务要求】

分别就住宅、商业及综合体项目设计方案进行市场调查；整理与分析调查数据；出具房地产项目策划报告。

【实训提示】

可参照任务二、任务三、任务四的实务，针对具体项目，报告的侧重点可有所不同，但报告的基本格式应符合任务一的要求。

[1] 董金社. 商业地产策划与投资运营 [M]. 北京：商务印书馆，2013.

[2] 科特勒，凯勒. 营销管理 [M]. 何佳讯，于洪彦，牛永革，等译. 15版. 上海：格致出版社，上海人民出版社，2016.

[3] 朱德义. 房地产项目策划：调研·定位·方案 [M]. 北京：化学工业出版社，2019.

[4] 余源鹏. 三四线城市综合体项目开发经营实操指南 [M]. 北京：中国建筑工业出版社，2018.

[5] 戴承良. 创意地产 [M]. 上海：学林出版社，2008.

[6] 贾士军. 房地产项目策划 [M]. 2版. 北京：高等教育出版社，2011.

[7] 应佐萍，桑轶菲. "互联网+"背景下智慧养老研究 [M]. 大连：东北财经大学出版社，2019.

[8] 应佐萍. 房地产营销与策划 [M]. 北京：中国建筑工业出版社，2016.

[9] 巴曙松，杨现领. 房地产大转型的"互联网+"路径 [M]. 厦门：厦门大学出版社，2015.

[10] 苏毅. 房地产从入门到精通：营销策划·整合推广·销售管理 [M]. 北京：化学工业出版社，2021.

[11] 余洁. 房地产营销策划与执行 [M]. 北京：化学工业出版社，2018.

[12] 孙华良. 绿城乌镇雅园 开创中国学院式颐乐养生养老模式 [J]. 新民周刊，2014（25）.

[13] 高忠萍. 绿城·桃李春风 那个杭州史上83平方米最小别墅 [J]. 楼市，2015（6）.

[14] 智研咨询集团. 2020—2026年中国移动互联网行业运营态势及发展趋势研究报告 [R]. 北京：智研咨询集团，2019.

[15] 天火同人房地产研究中心. 房地产营销策划分步实解 [M]. 北京：化学工业出版社，2015.

[16] JOBBER D，FAHY J. Foundations of Marketing [M]. 3rd ed. Berkshire：McGraw-Hill Higher Education，2009.

[17] 罗斯劳尔，梅斐尔德. 房地产市场营销 [M]. 王霆，译. 3版. 北京：中国人民大学出版社，2009.

[18] 张敏莉. 房地产项目策划 [M]. 北京：人民交通出版社，2007.

[19] 陈林杰. 房地产营销与策划实务 [M]. 北京：机械工业出版社，2012.

[20] 李玉海，李逊. 营销策划实务 [M]. 北京：北京邮电大学出版社，2013.

[21] 闵新闻. 商业地产策划招商运营一册通 [M]. 北京：人民邮电出版社，2018.

[22] 天火同人工作室. 商业地产项目运营精准执行：招商实务与管控 [M]. 北京：化学工业出版社，2016.

[23] 周济，孙旭东. 社区型商业地产操盘实务 [M]. 北京：人民邮电出版社，2017.

[24] 中国城市规划设计研究院. 完整居住社区建设指南与实践 [M]. 北京：中国建筑工业出版社，2022.

[25] 中华人民共和国住房和城乡建设部. 城市居住区规划设计标准 [S]. 北京：中国建筑工业出版社，2018.

[26] 中华人民共和国住房和城乡建设部. 住宅设计规范 [S]. 北京：中国建筑工业出版社，2011.

[27] 王直民，黄卫华. 房地产策划 [M]. 北京：北京大学出版社，2012.

[28] 兰峰. 房地产项目策划 [M]. 西安：西安交通大学出版社，2009.

[29] 崔发强，臧炜彤. 房地产市场调查与预测 [M]. 2版. 北京：化学工业出版社，2015.